KB121694

이 정도는 알아야 할
정치의 상식

이정도는 알아야 할 정치의 상식

신동기 지음

"모든 국민은
자신들의 수준에 맞는
정부를 가진다."

알렉시스 드 토크빌

서문

———

    책을 쓰면서 가장 힘든 일 중 하나가 바로 책 제목을 정하는 것이다. 이 책의 제목을 처음에는 '대한민국 정치 비판'으로 했다. 칸트의 《순수이성 비판》을 떠올리면서, 대한민국 정치에 대해 '이리저리 따져보는 것'이니 딱 좋은 제목이다 싶었다. 그런데 가까운 이들의 반응이 별로였다. '비판'을 '이리저리 따져보는 것'으로 받아들일 사람은 별로 없을 것이라는 지적이었다. 아마 대부분은 '비판'을 '비난'으로 받아들일 것이라는 이야기였다. 그것은 내 의도와 달랐다.

    그 다음 생각한 제목이 '대한민국 정치를 위한 변명'이었다. 우리나라의 정치 발전을 위하는 마음으로 쓰는 것이고, 또 '변명' 역시 '옳고 그름을 가려 사리를 밝히는 것'이니 적당하다 싶었다. 물론

《소크라테스의 변명》이라는 책 제목도 조금은 의식했다. 그런데 가까운 선배가 의외의 지적을 해왔다. '그렇다면 대한민국 정치는 개선의 여지가 없다는 것인가? 지금의 정치 그대로 갈 수밖에 없다는 이야기인가?'라는 반응이었다. 사람들이 '변명'을 '옳고 그름을 가려 사리를 밝히는 것'이 아닌 '잘못이나 실수에 대한 구실'로 대부분 받아들일 것이라는 지적이었다.

그래서 마지막 세 번째로 생각한 것이 '정치의 상식'이었다. 여기에 출판사의 의견이 더해져 이 책《이 정도는 알아야 할 정치의 상식》이 탄생하게 되었다.

제목을 정해놓고 보니 작명이 잘 되었다 싶었다. 책에서 다루고 있는 내용이 사실 특별한 것이 아닌 모두 상식에 해당되는 것들이기 때문이다. 보수와 진보가 탄생하게 된 역사적 배경, 평등이나 자유 개념에 대한 역사적·논리적 이해, 자본주의와 공산주의의 장단점에 대한 명확한 이해와 같은 내용들이 사실 특별한 내용일 수 없다. 모두 정치에 대해 말하고 들을 때 내 의도를 정확히 전달하고 또 상대방이 하는 말을 올바르게 이해하는 데 필요한 상식에 해당되는 것들이다. 어린아이가 수학을 공부하기 위해 먼저 기본 개념과 공식을 알아야 하듯, 정치를 제대로 말하고 듣기 위해서는 정치의 기본 개념과 그 개념들 간 관계에 대한 정확한 이해가 필요하다. 이 책의 내용이 다름 아닌 바로 그것들이었다.

이 책의 의도는 분명하다. 이 땅에 궤변과 잘못된 확신이 난무하는 몰상식의 정치가 사라지고 논리와 사실에 입각한 '상식의 정치'가 하루빨리 자리 잡기를, 그리고 정치인을 보는 사람들의 눈이 '정치의 상식'에 발을 딛고 매처럼 날카로워지기를 바라는 마음이다.

이 책의 주요 의의 중 하나는 '정치 진화론'이다. 바로 '정치혁명의 구조'인 '정치혁명 Ver. 1.0', '정치혁명 Ver. 2.0' 그리고 '정치혁명 Ver. 3.0'으로 진행되는 정치 진화 패러다임의 제시다. 이 새로운 정치 진화 패러다임이 독자들의 대한민국 정치에 대한 냉철한 인식에 도움이 되기를 바란다. '상식의 정치'와 이 땅 모든 이들의 행복을 바라며.

2019년 3월
저자 신동기

차례

1부

정치의 역사

1장

보수와 진보의 탄생

그릇된 것에 대해 아무 생각도 하지 않는 것이 오랜 습관으로 굳어지면,
그 그릇된 것은 표면상 옳은 것처럼 보이게 된다. 보수든 진보든 지향점
은 하나여야 한다. '무엇이 인간과 전체 사회를 더 행복하게 할 것인가?'
에 초점이 맞추어져야 한다. 그것 말고 혁명을 일으킬 일이 무엇이 있을
것이며, 또 그 외에 혁명을 막을 명분이 무엇이 있을 것인가?

로시터C. Rossiter는 보수와 진보의 대립을 기질적temperamental, 상황
적situational, 정치적political, 철학적philosophical[1] 네 가지로 나눈다. H.
세실은 보수와 진보의 대립을 자연적인 측면과 정치적인 측면, K.
만하임은 심리적인 측면과 사상적인 측면으로 구분한다[2]. 보수, 진
보가 정치 또는 사상에 국한되지 않는 보다 보편적인 개념이라는
이야기다. 물론 우리가 여기서 관심을 갖는 것은 정치적 또는 사상
적인 측면에서의 보수와 진보 개념이다.

　소크라테스는 '반대되는 것을 가지고 있는 것은 모두 그 반대의
것으로부터 생기는 것이 아닌가? 가령 아름다움과 추함, 옳음과 옳
지 않음 같은 것이 말일세. −중략− 보다 약한 것은 보다 강한 것에

서 나왔고, 보다 빠른 것은 보다 느린 것에서 나왔지. 보다 나쁜 것
은 보다 좋은 것에서, 보다 옳은 것은 보다 옳지 않은 것에서 나오
지 않았겠는가?'[3]라고 말한다. 최초에 그냥 정치가 있었다. 어느 날
'진보'가 등장한다. 이때부터 진보 이전의 정치는 진보 아닌 그 무엇
이어야 한다. 사람들은 그것을 '보수'라 부른다.

보수와 진보의 원류를 찾아서

정치에서의 보수와 진보는 1789년의 프랑스혁명이라는 사건과,
이 혁명을 둘러싼 에드먼드 버크(1729-97)와 토머스 페인(1737-1809)의
논쟁으로부터 시작된다.

프랑스혁명은 미국독립혁명의 영향과 계몽주의 그리고 프랑스의
흉작에 따른 불황 등 복합적인 원인에 의해 발생했다. 미국독립혁
명은 두 가지로 프랑스혁명에 영향을 미친다. 하나는 혁명의 직접적
원인이었던 프랑스의 미국독립혁명 지원에 따른 국가재정 파산으
로, 그리고 다른 하나는 인류 최초의 공화정 등장, 두 가지다.

루이 16세(재위1774-92)는 재정문제를 해결하기 위해 1789년 5월 5
일 삼부회를 소집한다. 그러나 성직자와 귀족 계급의 기득권 고수
로 재정문제 해결은 고사하고 제3신분의 평민 계급 주도로 새로 구
성된 국민의회를 승인하기에 이른다. 부르주아 중심의 국민의회는

1789년 7월 9일 제헌국민의회로 명칭을 바꾸고 헌법제정 및 의회정치 준비에 나선다. 그러자 왕은 국경으로부터 군대를 불러들이고 제헌국민의회에 적대적인 새로운 내각을 구성한다.

파리 시민들은 의회를 지키기 위해 7월 14일 국왕 권위의 상징인 바스티유 감옥을 공격해 점령한다. 8월 4일 의회는 봉건적 신분제와 영주제 폐지를 선언하고 8월 26일에는 라파예트(1757-1834)가 기초한 「프랑스인권선언Déclaration des Droits de l'Homme et du Citoyen de 1789」을 발표한다. 그리고 10월 5일에는 30만 명 이상의 파리 시민들이 루이 16세가 있는 베르사유 궁으로 몰려가 왕을 파리로 데려온다. 사실상의 절대왕정 종식이다.

그러다 1791년 4월 입헌군주정을 견지했던 미라보(1749-1791)가 급사하는 사건이 발생하고, 의지처를 잃은 왕은 6월 20일 파리 탈출을 기도하다 시민들에게 잡혀 다시 파리로 송환된다. 9월 제헌국민의회는 프랑스 최초의 헌법을 제정한 뒤 해산하고, 헌법에 따라 10월 1일자로 입법의회가 출발한다. 의회는 우익의 푀양파École de Feuillants와 좌익의 지롱드파Girondins로 나뉘어 대립한다.

프랑스혁명은 국내외적으로 혼란을 불러일으킨다. 바깥으로는 왕정카르텔을 지키기 위한 오스트리아와 프로이센 등의 공격이 지속되고 내부적으로는 1792년 8월 파리 시민들이 파리시청을 점령하는 등 혼란이 지속된다. 9월 20일 입법의회가 해산되고 국민공회가 들어선다. 국민공회는 왕정 폐지와 함께 공화정 실시를 선포한다. '왕이 없는 나라', 즉 공화국Republic이 미국에 이어 인류 역사상 두 번째로 탄생한다.

국민공회는 우익의 지롱드파와 좌익의 자코뱅파로 나뉘어 대립한다. 두 파는 국왕을 어떻게 할 것인가를 두고 대립한다. 투표에서 자코뱅파가 승리를 거두면서 루이 16세는 1793년 1월 21일 단두대의 이슬로 사라진다. 왕의 죽음은 국내외로 강한 충격파를 던진다. 혼란은 지속된다. 독주체제를 갖춘 자코뱅파는 혼란을 통제하기 위해 6월 전시내각인 공안위원회를 설치해 인민의 이름으로 독재에 나선다. 공안위원회의 혁명재판소는 1년여의 활동 기간 동안 마리 앙투아네트를 비롯한 수만 명의 사람들을 혁명의 이름으로 단두대로 보낸다. 질서는 회복되고 왕정카르텔 세력은 격퇴된다.

그러나 1794년 7월 27일(테르미도르 9일) 신념의 독재자 로베스피에르 역시 국민공회 내 반反로베스피에르파에 의해 단두대의 이슬로 사라지고 만다. 혁명재판소도 마찬가지로 역사의 뒤안길로 사라진다. 로베스피에르를 제거한 테르미도르파는 부활한 반동의 왕당파가 1795년 10월 5일(방데미에르 13일) 쿠데타를 일으키자 군대를 동원한다. 난세는 언제나 영웅을 기다린다. 나폴레옹의 등장이다. 쿠데타를 진압하고 실력자로 올라선 나폴레옹은 1799년 11월 9일 이번에는 자신이 쿠데타를 일으킨다. 그리고 '혁명은 끝났다'고 선언한다.

'미네르바의 부엉이는 황혼이 깃들 무렵에야 비로소 날기 시작한다'[4]는 헤겔(1770-1831)의 주장은 맞다. 프랑스혁명이라는 인류 초유의 사건이 발생하고, 이 사건을 둘러싼 버크와 페인의 논쟁으로부터 정치에서의 보수, 진보의 역사가 시작된다.

보수와 진보 사이의 최초 논쟁
——

논쟁은 팸플릿 형식의 저술을 통해서였다. 영국의 하원의원이었던 에드먼드 버크(1729-97)는 프랑스혁명이 발생하자 그 파급으로부터 영국헌정을 수호하기 위해 혁명 발발 1년여가 지난 1790년 11월《프랑스혁명에 관한 성찰》을 편지 형식으로 펴낸다. 그러자 영국인으로서 미국인들에게 영국으로부터의 독립과 민주주의 국가 수립의 필요성을 알린 명저《상식》(1776)의 저자 토머스 페인이 버크의 주장을 반박하기 위해 1791년《인권(1부)》를 펴낸다. 이어 버크가 다시《구 휘그당원에 대한 신 휘그당원의 호소》를 펴내자, 페인이 1792년 다시《인권(2부)》를 펴내 버크의 주장을 반박한다.

프랑스혁명으로 '진보進步'의 수레바퀴가 움직이기 시작하자 버크가 구체제를 '보수保守'하기 위해 군주정 옹호론을 내놨고, 그러자 페인이 계몽적·이성적 사회 발전을 주장하기 위해 '진보'의 공화정을 주장하고 나온 것이다.

1789년의 프랑스혁명을 기점으로 하는 버크와 페인의 최초의 보수주의·진보주의 대립은 바로 정치체제로서의 '군주정'과 '공화정'의 대립이었다. '공화정'이 등장함으로써 보수와 진보가 탄생한 것이다.

프랑스혁명이라는 미증유의 사건에 대해 보수주의의 원조 버크는 '이제까지 세상에서 벌어진 일 중 가장 경악스러운 일이다. 매우 놀라운 이 사태가 많은 경우 매우 불합리하고 우스꽝스러운 수단에 의해, 매우 우스꽝스러운 방식으로 그리고 명백히 가장 멸시받아 마땅한 도구들에 의해 생겨났다. 경박함과 잔인함이 빚어내고, 모든 종류의 죄악이 모든 종류의 어리석은 짓과 더불어 뒤범벅이 된 괴상한 이 혼란 속에서는 모든 것이 본성에서 벗어난 듯싶다'5)라고 평가하면서 멸시와 분노가 번갈아 치밀어 오른다고 말하고 있다.

같은 사건에 대해 페인은 '프랑스혁명은 표면적으로는 혼동으로부터의 창조인 것처럼 터졌지만, 이미 그 전부터 프랑스에 존재해온 정신혁명의 결과에 다름 아니다. 국민의 마음은 이미 변한 상태였고, 사물의 새로운 질서가 자연스럽게 그 새로운 사고의 질서를 따른 것이었다'6)라고 말하고 있다.

보수주의와 진보주의의 원조답게 같은 사건을 두고 두 사람이 정반대의 입장을 취하고 있다. 감정을 중요시하는7) 인물답게 버크가 감정적 비난 일변도인 데 반해, 페인은 《상식》의 저자답게 몽테스키외 등으로부터 시작된 계몽주의 정신혁명이 현실에 적용된 질서일 뿐이라고 상식적·논리적으로 대응하고 있다.

버크는 혁명을 사람에 대한 것으로 보고 있다. 반면에 페인은 원리에 대한 것으로 파악한다. 버크는 루이 16세의 왕후 마리 앙투아네트에 대해 '고귀한 신분의 수난, 특히 그 많은 왕과 황제의 후손인 여성으로서 미인이며 온화한 성품을 지닌 인물의 수난은 가장 슬픈 사태에 대한 내 감성을 적지 않게 자극한다'[8]라고 말하는 등, 루이 16세와 같이 성품이 온화한 왕에 대한 혁명은 정당하지 않다[9]고 주장한다.

페인은 버크의 그런 근시안적이고도 편협한 혁명관에 대해 '프랑스 국민이 혁명을 일으킨 것은 루이 16세에 반대해서가 아니라 전제적 국가원리에 반대해서였다'[10]라고 자신의 혁명관을 밝힌다. 혁명의 안개가 서서히 걷히면서 혁명은 왕 교체와 같은 말단이 아닌 제도 변화와 같은 원리의 문제라는 것이 명료하게 드러난다. 《프랑스혁명에 대한 성찰》이라는 제목으로 책을 내놨지만 버크는 사실 혁명의 의미에 대해 충분히 '성찰'하지 못하고 있었던 셈이다.

프랑스혁명을 감정적으로 무조건 거부하는 입장이었던 만큼 버크는 '국가의 의사를 최종적으로 결정하는 권력'인 주권에 대한 국민의 소유도 당연히 부정한다. 버크는 '영국인은 법에 따른 왕위세습 계승을 자신들이 지닌 오류가 아니라 옳은 것으로 간주한다. 불평거리가 아니라 혜택으로, 예속의 표지가 아니라 자유의 보장으로 여긴다'[11]라고 말하면서, 국민의 통치자 선택과 부당한 통치자의 추방 및 국민의 정부 수립 권리에 대해 '영국민은 그것(권리)을 전적으로 부인한다. 그 원리를 실천하려고 할 경우 영국민은 생명과 재산을 바쳐 저항할 것이다'[12]라고 말한다. 오로지 군주 주권의 세습적 계승만을 인정하겠다는 입장이다.

이에 대해 페인은 '인간이 그들의 권리를 주장하기 위해서가 아니라, 권리를 갖지 않겠다고 주장하기 위해 무기를 들고 일어나 자신의 생명과 재산까지 버린다니!'[13] 하고 버크의 무리한 주장에 놀라움을 나타낸다. 그러면서 태초의 인간의 단일성과 인간 탄생에 대한 기독교의 하나님 형상론에 의한 인간의 평등성, 그리고 이 평등과 사회계약론에 입각한 국민의 주권을 주장한다[14]. 무지막지한 감정적 억지와 논리적 주장이 선명하게 대비된다.

한 국가의 설계도인 '헌법'에 대한 이해에 이르면 두 사람의 간극은 더욱 벌어진다. 버크는 혁명 전까지 프랑스의 지도자들은 영국의 헌정에 감탄하고 거의 숭배하는 상태였다고 말한다[15]. 영국은 1215년 7월 15일 존 왕에 의해 영국 최초의 헌법이라 할 수 있는 대헌장(Magna Charta)이 승인되고, 1628년에는 찰스 1세에 의해 권리청원(Petition of Right)에 대한 동의가 이루어진다. 그리고 1689년 2월에는 윌리엄 3세와 메리 여왕에 의해 권리장전(Bill of Rights)이 선포된다. 버크는 대헌장에서 권리장전에 이르는 영국의 헌법에 통일성이 유지되고 있다면서, 그것은 바로 국왕과 귀족의 세습제라고 강조한다. 그리고 이러한 헌법에 근거한 영국의 정치체제는 세상의 질서와 조화를 잘 이루고 있다[16]고 자평한다. 그러면서 프랑스의 혁명헌법은 유치하고 현학적이며 그 일부의 취약성이 드러나면 연관된 부분들과의 부적합성과 해악이 한꺼번에 드러나게 될 것[17]이라고 혹평한다.

페인은 헌법의 정의로부터 시작한다. 바로 '헌법은 국가에 선행하는 것이고 국가는 헌법의 창조물에 불과한 것이다. 어떤 국가의 헌법은 그 국가의 법이 아니라 국가를 구성하는 인민의 법이다. -중략- 그 속에는 국가를 수립하는 원리, 국가를 조직하는 방식, 국가의 권력, 선거방법, 의회나 그 밖의 다른 이름으로 불리는 기관의 존속기간, 국가의 집행부가 갖는 권력 등 요컨대 시민국가의 완전한 조직에 관련된 모든 것과 시민국가가 행동하고 제약을 받는 원칙이 포함돼 있다'[18]라는 내용이다. 오늘날 우리가 이해하고 있는 헌법의 의미 그대로다.

페인은 영국에는 헌법이 존재하지 않는다고 말한다. 그것은 영국에 헌법이라고 부르는 것이 있다 할지라도 '국민에 의해 만들어지지 않았고'[19], 또 '나라 어디엔가는 별도로 통제를 가하는 권력이 반드시 존재해야 한다는 그들의 잘못된 신념'[20]을 근거로 해서다. 국민에 의해 헌법이 만들어진다는 것은 누가 국가를 맡든 그 수임자는 관리자에 지날 뿐 주인은 언제나 국민이라는 이야기다. 따라서 국민은 헌법을 통해 정부를 통제하고 정부는 제정 법률을 통해 국민 개인을 통제하게 된다.

그렇다면 영국의 대헌장이나 권리장전은 무엇인가? 페인은 대헌장은 왕에게 횡령한 것의 일부를 포기하도록 강요한 것에 불과하고, 권리장전 역시 정부의 여러 부문이 권력, 이익, 특권을 나누어 갖기 위해 흥정한 것에 불과하다고 말한다[21]. 한마디로 영국의 대헌장과 권리장전은 국민의, 국민에 의한, 국민을 위한 국가설계도가 아니라는 이야기다.

정치체제에 대해 두 사람은 당연히 군주정과 공화정으로 대립한다. 버크는 영국의 왕은 영국의 법에 따라 세습이라는 확고한 규칙에 의거해 왕이 된 것이며, 통치에 관한 협약의 법적 조건들을 왕이 이행하는 한 왕은 왕위를 보유해야 한다고 주장한다[22]. 그러면서 왕위가 세습으로 이어지듯 귀족을 포함한 모든 국민들 그리고 그들 후손들의 복종의 의무 역시 영원히 세습되어야 한다고 말한다[23]. 버크의 군주정 옹호의 근거는 지금까지의 관행이니까 앞으로도 당연히 지켜져야 하고, 앞선 협약은 그 후손들까지 당연히 구속한다는 주장이다.

페인은 국가발생 근원을 ①미신(사제의 국가), ②권력(정복자의 국가) 그리고 ③사회의 공통이익과 공통된 인권(이성의 국가) 세 가지로 구분한다[24]. 앞의 둘은 정당하지 않다. 미신은 사기이고 권력은 폭력이기 때문이다. 미신이나 폭력으로 만들어진 국가는 똑같이 미신이나 폭력으로 무너트려도 무방하다. 세 번째는 설립 근거가 정당함은 물론 인간의 자연권에 근거한 유일한 국가발생 근원이다. '군주정' 국가는 이 세 가지 중 두 번째 '권력'에 의해 설립된 국가다. 그리고 '공화정'은 세 번째인 '사회의 공통이익과 공통된 인권'에 의해 설립된 국가다[25]. 페인은 국가의 존재 의미에 대해 '국가란 국민의 결합에 불과하고, 그 결합의 목적은 개인적으로나 집단적으로나 모두의 복지를 위한다'[26]라고 말한다. 진부할 정도로 지극히 상식적인 주장이다.

그런데 놀랍게도 버크도 이와 비슷한 주장을 하고 있다. 중간까지이긴 하지만. '공공사회가 인간의 이익을 위해 형성된 것이라면, 그 형성 목적인 이익 전체가 인간의 권리가 된다. 사회는 혜택을 얻기 위한 제도다. -중략- 그러나 국가경영에서 개인이 가져야 하는 권력·권위·지휘권의 배분에 관해서는, 나는 그것이 공공사회에서 인간이 지닌 직접적인 본원적 권리에 속한다는 것을 부정한다'[27]라고 말하고 있다. 국가 또는 공공사회가 사람들의 복지를 위해 존재한다는 것은 너무나도 명백하고 당연해 부정하지 못하고 있다. 그러면서도 일반 국민은 국가경영과 관련해 어떤 권리도 가질 수 없다고 주장하고 있다. 한 사회를 구성하는 대다수 사람들이 그 사회의 규칙과 제도를 정하고 집행하는 데 아무런 권리도 가지지 못할 때 그들이 자신들의 이익을 추구할 수 있는 수단으로 그 외 달리 무엇을 가질 수 있다는 것인가? 궤변이다. 버크가 군주정을 옹호하면서 관행이나 인습 외 달리 타당한 근거를 내놓지 못하고 있는 배경이기도 하다. 지금까지 그래왔으니까 앞으로도 계속 그래야 한다는 억지 외에 논리적 근거를 찾을 방법이 없기 때문이다.

보수주의의 원조 버크의 입장은 완고하다. 한마디로 군주정과 귀족제 그리고 그들의 세습을 바탕으로 하는 신분제는 한 치의 흔들림도 없이 그대로 유지되어야 한다는 것이다. 일반 국민들은 그냥 주어진 현실에 만족하고 복종만 해야 한다는 것이다. 그러면서 진보주의자들에 대해서 '혁신하는 정신은 일반적으로 이기적 성향과 편협한 시각의 산물이다. 선조를 결코 돌아보지 않는 사람들은 후손도 내다보려 하지 않는다'[28]고 매우 주관적이면서도 상대적인 비난을 퍼붓는다. 주장은 강하나 논리는 허약하다. 보수주의자 S. P. 헌팅턴(1927-2008)이 보수주의를 '상황적 이데올로기Situational ideology'라고 규정한 것처럼, 기존 제도에 대한 심각한 위협 발생 시 현상유지를 위한 주장으로 등장하는 것이 보수주의이다 보니 그럴 수밖에 없다. 버크 스스로도 말했듯이 감정적[29]이고 비체계적이다. 주장의 객관성은 물론 정당성이 떨어진다.

거기에 반해 진보주의의 원조 페인의 주장은 선명하다. 그것은 바로 몽테스키외를 비롯한 계몽주의자들의 '논리'와 미국독립혁명이라는 역사적 '사실'에 근거를 두고 있기 때문이다. 논리와 사실은 연역법과 귀납법 자체로 과학이 되기 위한 유일한 통로이고, 그 과정과 결과는 바로 이성이다. 당연히 객관적이고 정당할 수밖에 없다. 버크의 감정적·비체계적, 그리고 페인의 이성적·객관적 주장의 차이는 오늘날 우리가 전체주의와 민주주의에 대해 갖는 인식 차이와 같다. 한쪽은 상식적이지 않고 다른 한쪽은 상식적이다.

보수의 원조 버크가 거듭 소환되는 이유

———

그렇다면 프랑스혁명으로부터 200년 이상이 지난 지금 그리고 민주주의와 공화정이 상식화된 오늘날 왜 사람들은 여전히 버크를 소환하고 있는 것일까?

첫째는 프랑스혁명에 이어진 역사 상황에 대한 그의 예견력 때문이다. 버크는 혁명이 한창 진행 중이던 1790년, 자코뱅파의 혁명재판소를 통한 전제[30]와 대중의 인기에 바탕한 강력한 군사 독재자의 출현[31]을 예고했다. 바로 로베스피에르와 나폴레옹의 등장이다. 물론 그가 결코 원하는 결과는 아니었지만 프랑스혁명이 세계사에 대지진을 일으킬 것[32]이라는 것도 일찌감치 예견했다. 그의 예견대로 오늘날 인류는 프랑스혁명의 영향으로 모두 민주주의와 공화정을 향유하고 또 그것을 상식으로 받아들이고 있다. 물론 그 충실도에는 국가에 따라 차이가 있지만.

두 번째는 인간에 대한 통찰 때문이다. 버크는 인간의 저열한 속성을 꿰뚫어보았다. 물론 신분제와 세습제로 꽁꽁 무장한 그였기에 그에게 그 통찰의 대상은 왕이나 귀족은 제외한 일반 국민들에 한정해서였다. 그는 혁명의 원인을 자신들의 불우한 상황에 불만을 가진 계몽주의자들과 소유재산에 걸맞은 사회적 대접을 받지 못해 불만인 부르주아 계급의 야합으로 돌렸다[33]. 부정할 수만은 없는 주장이다. 인간은 그 누구도 자신을 완전히 벗어날 수 없다. 당연히 오늘날에도 여전히 유효한 통찰이다.

그 외 여러 가지 날카로운 지적들이 있다. 악독한 군주는 오히려 사람들에게 경외심을 불러일으킨다[34]거나, 다수결의 원리인 민주주의에서는 부자에 대한 안전책이 필요하다[35]는 지적, 지혜와 미덕 없는 자유는 큰 해악이 될 것[36]이라는 주장, 대중의 인기 경매장에 스스로 응찰자로 나서는 정치 지도자는 입법자 아닌 아첨꾼이 되고 말 것[37]이라는 포퓰리즘에 대한 경고, 문제는 개인 탓으로 돌리고 행복은 사회 탓으로 돌려야 한다[38]와 같은 지적들은 동의하기 유쾌하진 않지만, 그렇다고 마냥 부정만 하기에는 어딘가 걸리는 지적들이다.

진보주의는 사회 발전을 믿기도 하지만 사람도 잘 믿는다. 사람을 긍정적으로 바라본다. 페인은 '사람이란 국가에 의해 타락하지 않는다면 당연히 서로 친구이고, 인간 본성은 그 자체가 사악하지 않다는 것을 보여준다'[39], '이성은 스스로의 의지로 복종한다'[40], '차별 없는 곳에 우월이란 있을 수 없다. 완전히 평등하다면 어떤 유혹도 있을 수 없다'[41]라고 말한다. 인간, 인간의 이성 그리고 인간의 의지를 전적으로 신뢰한다. 사람에 대한 신뢰는 곧 사회와 제도에 대한 불신으로 연결된다. 어떤 사람에게 문제가 발생했을 때 그 원인을 개인 아닌 사회 탓으로 돌리기 쉽다. '자유는 지구 어디서나 박해를 받아왔고, 이성은 반역으로 간주되었으며, 공포의 노예가 된 인간들은 생각하기를 두려워했다'[42]고 말한 페인 그 자신의 시대에서는 그렇게 신뢰할 수도 있겠다. 여태껏 인간의 이성과 의지가 테스트 받아볼 기회 자체가 없었으니. 그런데 기본적으로 자유와 평등이 보장되는 지금 이 시대에도 여전히 왕성하게 존재하는 사람들의 타락, 갈등, 비이성, 무의지는 어떻게 이해할 것인가? 인간 속성에 대한 지나친 낙관일 수 있다. 페인이 그리고 진보주의가. 물론 페인 본인도 로베스피에르 때 1년간 감옥살이를 하고 난 뒤 혁명의 폭력성에 실망을 드러내고 프랑스를 떠난 일[43]이 있었다.

감정적·주관적 주장에도 불구하고 버크가 오늘날 여전히 보수주의의 원조로 사람들의 관심을 모으는 데는 그의 탁월한 예견력과 통찰력 외 또 한 가지 우연한 배경이 있다. 바로 20세기 후반에 등장한 반공주의이다. 반공주의가 등장하면서 버크가 비판했던 '프랑스혁명'을 사람들이 '사회주의 혁명'으로 간주[44]한 것이다. 즉 버크가 사회주의를 반대한 것으로 잘못 인식한 것이다. 프랑스혁명은 사회주의 혁명 아닌 공화정 혁명이었고, 버크가 결사반대했던 것은 사회주의 아닌 바로 당신들의 자유주의 또는 민주주의였는데. 물론 현상유지를 바라는 보수주의라는 입장에서는 동일하지만.

단지 오래되었다는 이유만으로 무조건 부정하고 파괴하는 것은 잘못되었다[45]는 주장은 정당하다. 또 '그릇된 것에 대해 아무 생각도 하지 않는 것이 오랜 습관으로 굳어지면, 그 그릇된 것은 표면상 옳은 것처럼 보이게 된다'[46]라는 주장 역시 정당하다. 보수든 진보든 지향점은 하나여야 한다. '무엇이 인간과 전체 사회를 더 행복

하게 할 것인가?'에 초점이 맞추어져야 한다. 그것 말고 혁명을 일
으킬 일이 무엇이 있을 것이며, 또 그 외에 혁명을 막을 명분이 무엇
이 있을 것인가?

의회의 역사

대의제(의회) 민주주의는 왕정의 상대어인 공화정과 거의 동의어로 쓰인다. 공화국의 어원인 'Res-publica'가 바로 '공적인 것'을 의미하고, '한 사람'이 아닌 이 '모두의 이익'을 위한 정치 제도로 아직까지 대의제 (의회) 민주주의 외 다른 수단이 없기 때문이다. 따라서 공화정이 정치 의 목적이라면 대의제(의회) 민주주의는 그 수단이고, 대의제(의회) 민주 주의가 현실에서의 해결책이라면 공화정은 정치의 영원한 지향점이다.

오늘날 모든 나라는 대의제代議制 민주주의Parliamentary Democracy를 채택한다. 즉 나라의 주인인 국민이 자기 의사를 반영할 대표자를 선출해 그 대표자들로 하여금 국민의 대표기관인 의회를 조직케 한 다. 그리고 그 의회를 통해 국민을 위한 정치를 하게 하는 간접민주 주의 또는 의회민주주의다. 따라서 대의제 민주주의에 있어서 중심 은 다름 아닌 의회다.

한 국가의 의회인 국회는 '국민 의사를 표현하는 기관'인 동시에 '국가 의사를 결정하는 기관'이다. 따라서 국회는 주권을 가진 '국 민을 대표'하고, '국민의 일반 의사를 규칙으로 형식화하는 입법 활 동'을 하고, '삼권분립에 따라 정책 집행 등에 대한 견제 역할'을 한다[1]. 의회의 역사는 '국민 대표', '입법 활동' 그리고 '권력 견제'와 같은 의회의 핵심 역할을 기준으로 세 단계로 구분해볼 수 있다. 첫 번째는 완벽하진 않지만 세 가지 역할을 일정 부분 수행했던 고대 도시국가 아테네와 로마, 두 번째는 미약하긴 하지만 '권력 견제'의 의미를 어느 정도 유지했던 중·근세 그리고 마지막으로 1776년 미국의 독립선언과 1789년 프랑스혁명을 계기로 시작된 '국민 대표', '입법 활동' 그리고 '권력 견제' 기능을 하는 오늘날의 의회다.

인류 최초의 민주주의

최초의 민주주의는 고대 도시국가 아테네에서 시작된다. 아테네는 왕정과 귀족정 시대를 거쳐 BC7세기 민주정을 향한 가능성의 실험에 들어간다. 바로 솔론(BC640-BC560?)의 정치개혁과 페이시스트라토스(BC600?-BC527)의 대중에 영합한 참주정치가 그것이다. 그리고 민주정을 향한 가능성은 BC6세기 아테네 민주정의 창시자인 클레이스테네스(BC570?-BC508?)에 의해 본격적으로 실행에 들어가고, '페리클레스 시대(BC460-BC429)'로 일컬어지는 페리클레스(BC495?-BC429)에 이르러 아테네 민주주의는 활짝 그 꽃을 피운다.

도시국가 아테네의 민주정은 오늘날과 같은 대의제가 아니었다. 간접적인 방식이 아닌 시민들이 모두 한 자리에 모여 직접 주권을 행사하는 직접민주주의였다. 모이는 장소는 초기에는 아고라 광장, 뒤로 가면서 프닉스 언덕 그리고 디오니소스 극장으로 바뀌었다. 따라서 시민모임인 민회(에클레시아, ekklēsia)는 그 자체가 바로 오늘날의 의회였다. 물론 아테네에 살고 있다고 해서 누구나 아테네의 시민이 되는 것은 아니었다. 아테네에 살고 있는 주민 중 노예는 제외였다. 그리고 그 시민 중에서도 남자 성인만 민회에 참가할 수 있었다. 참전參戰의 의무와 균형을 맞춰 성인 남성들에게만 참정권이 주어졌던 것이다. A. 토크빌(1805-1859)의 아테네 주민 35만 명 중 시민이 2만 명이었다는 주장[2]에 비춰볼 때, 민회 참가 인원은 아무리 많아도 2만 명 미만이다. 도시국가 아테네의 최고의사결정기관인 민회의 의사결정은 찬반 표시에 의한 다수결 원칙이었다. 5백 명으로 구성된 평의회에서 사전에 정리한 국가 중대 사안을 찬반 방식으로 결정했다. 물론 민회 회의 과정에서 수정 제인도 가능했다. 민회의 모임 횟수는 연간 40회 정도였고, 별도 사항 발생 시 임시 민회도 개최되었다.

로마는 왕정(BC753-BC509), 공화정(BC509-BC27) 그리고 제정(BC27-1453) 3단계로 역사가 진행된다. 그리고 3단계 역사 중 앞의 왕정과 공화정 두 시대에 로마는 최고행정책임자인 왕 또는 집정관과 원로원, 민회(코미티아, Comitia)로 이루어진 트로이카 체제를 유지한다. 민회는 왕정 때 왕과 정부관리를 선출하는 역할로부터 출발하고, 원로원은 '건국의 아버지'로서 왕의 자문역할로 출발하나[3] 시기에 따라 두 기능의 권한과 역할은 달라진다. 건국 시 로마 시민 전원으로 구성된 민회는 오늘날 제도로 말하면 소선거구제 간접민주주의 방식으로 운영되었다. 즉 소선거구제 방식으로 한 명의 대표를 뽑는 것처럼, 특정 사안에 대해 다수결 원칙에 따라 각 민회 단위로 찬반 여부 입장을 정한 다음, 이 민회 단위별 찬반에 대한 표를 하나씩 추첨으로 공표해서 과반을 먼저 얻는 쪽을 로마 시민 전체의 뜻으로 결정하는 방식이었다.

로마 민회는 아테네 민회처럼 하나가 아닌 네 종류였다. 바로 로마 최초의 민회로서 제정 초기까지 존재했던 지역 씨족들 모임인 쿠리아Curiata, 6대 왕 세르비우스 툴리우스(BC578-BC535?) 때 시작해 BC218년 트리부스 평민회가 입법권을 확보할 때까지 주요 역할을 했던 병사 모임(100명 단위)인 켄투리아Centuriata, 마찬가지로 세루비우스 툴리우스 왕 때 시작된 지역 행정단위 모임의 트리부스 인민회Comitia Tributa, 그리고 BC471년 대對귀족 신분 투쟁에 의해 탄생해 BC218년 입법권을 확보한 트리부스 평민회Concilium Plebis Tributum 네 가지였다. 쿠리아는 로마 초기 30개가 있었고, 켄투리아는 193개, 트리부스 인민회는 35개가 있었다. 네 종류의 민회는 왕정, 공화정 동안 서로 대체되기도 하고 겹치기도 한다.

로물루스의 로마건국 시 왕의 자문역인 씨족 장로모임으로 시작된 원로원은 최초 100명으로 출발해, 5대 왕인 타르퀴니우스 프리스쿠스(재위 BC616-BC578) 때 200명, 공화정 때 300명, 술라(BC138?-

BC78) 때 600명 그리고 카이사르(BC100-BC44) 때 900명으로까지 늘어났다 초대 황제인 옥타비아누스(BC63-AD14) 때 다시 600명으로 축소된다. 종신제인 원로원은 초기에는 귀족들(파트리키, Patrici)로만 구성되다 이후 평민(플레브스, Plebs)에게도 문호가 개방되고, 시간이 지나면서 자문 영역을 벗어나 국정운영의 실질적인 중심기관으로 자리 잡는다. 그러다 제정시대 오현제(96-180) 이후 힘을 잃기 시작해 디오클레티아누스 황제(재위284-305) 때부터는 명예직에 머문다.

아테네의 민회와 로마의 민회·원로원은 그 자체만 보면 오늘날 대의제 민주주의의 의회와 그 역할이 상당히 유사하다. 아테네 민회는 '국민 대표', '입법 활동' 측면에서 오늘날 의회보다 오히려 더 민주주의 자체였고, '권력 견제'에 있어서는 최고행정관인 아르콘Archon, 후기 들어서는 장군인 스트라테고스Strategos를 선출하고 견제하는 역할을 했다. 로마의 민회·원로원도 마찬가지다. 켄투리아 같은 경우 유산자를 더 우대하는 방식으로 운영되긴 했지만, 민회는 일반 시민의 '국민 대표'로, 원로원은 기득권 세력의 '국민 대표'로 '입법 활동' 역할을 수행했고, '권력 견제'에 있어서도 왕정시대에는 왕, 공화정시대에는 집정관을 견제하는 역할을 수행했다.

그러나 아테네와 로마의 민회, 원로원의 역할을 오늘날의 의회와 단순 비교할 수는 없다. 바로 그들 둘 다 노예제 국가였기 때문이다. 따라서 오늘날의 의회 역할이 당시에도 이루어졌으며, 또 어떤 부분에 있어서는 오늘날보다 더 민주적이었다는 것은 당연히 노예제를 고려하지 않았을 때 그렇다는 이야기다.

우리나라 의회 기능의 흔적

———

우리나라는 왕정시대를 주체적으로 청산하지 못했다. 그런 탓일까. 민주주의를 선언한 지 70년이 지난 지금도 입으로는 민주주의를 말하면서 의식과 행동은 매우 권위주의적이다. 그러나 우리나라 왕정역사에서도 약간은 서양과 같은 대의제 민주주의적 요소를 찾아볼 수 있다. 의회의 주요 역할 중 '국민 대표', '입법 활동'은 아니지만, '권력 견제'에 있어서만은 그 흔적이 뚜렷하다.

고구려 초기 제가회의諸加會議라는 귀족회의가 있었다. 5부족 연맹체로 시작된 제가회의는 부족장들로 이루어진 모임으로, 국가 주요 정책을 심의하고 의결함으로써 왕권을 견제했다. 시간이 지나면서 왕 중심의 중앙집권화 및 부족장의 중앙 귀족화에 따라 제가회의는 왕의 관료회의로 성격이 바뀐다.

백제에는 제가회의와 비슷한 기구로 정사암회의政事巖會議가 있었던 것으로 추정되고 있다. 바로 《삼국유사》에 나오는 정사암政事巖 내용에 근거해서다. 재상인 좌평을 선출할 때 이 정사암이라는 곳에 후보 3~4명의 이름을 적어 넣은 봉투를 얼마 동안 놓아두었다가 개봉해 그중 한 사람을 재상으로 뽑았다는 내용이다. 백제 역시 귀족연합으로 출발했던 만큼 귀족들이 이곳 정사암에 모여 회의를 통해 재상을 뽑는 등 국정을 논하지 않았을까 추정하는 근거다.

신라에는 화백和白회의가 있었다. 화백회의는 상대등이 주재하는 귀족대표 회의로 국가 주요 정책을 만장일치 방식으로 결정했다. 화백회의는 신라 연맹왕국 형성 과정에 만들어져 정치적 실권을 유지하다 삼국통일 후 왕권 강화에 따라 왕 직속의 집사부가 설치되면서 실권을 잃는다. 그러다 100여 년 지난 뒤 36대 혜공왕(재위765-780) 피살로 무열왕계 왕위세습이 단절되면서 왕권이 약화되자 다시 그 영향력을 회복한다. 화백회의는 579년 품행을 문제 삼아 25대 왕인 진지왕(재위576-79)을 왕위에서 몰아내고, 647년에는 비상시국에 적절하게 대처하지 못한다는 이유로 27대 왕인 선덕여왕(재위632-47)의 폐위를 결정하기도 한다.

조선시대에는 지방 수령의 권한을 견제하는 기구로 유향소留鄕所(임진왜란 이후는 향청鄕廳으로 불림)가 있었다. 중앙정치에서의 자신들의 배경을 무기로 지방 수령을 능멸하거나 아니면 그 반대로 지방 수령과 야합해 백성들을 괴롭히는 등의 문제를 일으키기도 했으나, 유향소 설치의 기본 취지는 어디까지나 지방 수령들의 권력 남용에 대한 견제와 감시였다. 여러 가지 부작용으로 폐지와 부활을 반복하다 결국 향촌의 교화를 담당하는 기구로 전락하고 말지만 그 취지에 있어서만은 오늘날 의회의 일부 존재 의의 그대로다.

고구려의 제가회의, 백제의 정사암회의, 신라의 화백회의와 같은 제도는 왕권이 견고하지 못한 때의 귀족정 성격이긴 하다. 그렇지만 제도적으로 왕이라는 최고통치자가 존재하는 상황에서 그 통치자를 견제하는 역할을 했다는 의미에서 오늘날 의회 기능과 어느 정도 맥이 닿는다. 오늘날 의회의 주요 역할 중 '국민 대표', '입법 활동'과는 아무런 관련이 없지만, '권력 견제' 역할은 어느 정도 이루어지고 있었던 것이다. 조선시대의 유향소도 마찬가지다. 왕이 아닌 수령을 견제하는 역할이었지만 유향소 역시 지방 수령의 '권력 견제' 역할을 담당했다. 아테네의 민회 또는 로마의 민회, 원로원 정도는 아니지만 권력은 견제되어야 한다는 정신만은 우리나라 역사 내내 면면히 흐르고 있었던 셈이다.

영국 의회의 역사

서양 중·근세 역시 오늘날 의회의 주요 핵심 역할 중 일부인 '권력 견제' 기능을 수행하는 의회가 존재했다.

역사를 통해 점진적으로 제도를 발전시켜온 영국 최초의 원시적 의회 형태는 위테나게모트Witenagemot라는 국가평의회다. 잉글랜드 지역을 중심으로 9세기에 통일국가를 이룬 영국(웨섹스)이 1016년 덴마크 데인족의 공격을 받자, 영국의 왕위를 데인족의 크누트에게 넘겨주기로 결정을 했던[4] 바로 그 위테나게모트다. '현명한 자들의 모임'이라는 뜻의 위테나게모트는 오늘날 영국 의회의 조상인 셈이다.

10세기부터 에스파냐 북서부에 위치하다 13세기에 카스티야 왕국에 의해 합병된 레온왕국은 알폰소 9세(재위 1188-1230) 때 궁정평의회(Curia Regia)라는 의회를 연다. 유네스코 세계기록유산으로 등재된 '레온 법령'에 의해 확인된 왕국의 궁정평의회는 영주, 성직자 그리고 평민 대표로 이루어진 회의체로 왕국의 행정과 입법을 담당했던 것으로 알려지고 있다. 짧은 역사(910-1230)의 작은 국가에서 잠시 존재했던 의회이긴 하나 지금으로부터 8백 년 전 오늘날 의회의 핵심 역할인 '국민 대표', '입법 활동', '권력 견제' 기능을 기본적으로 모두 수행하는 기구가 있었다는 데 큰 의의를 찾을 수 있다.

제도로서의 의회의 지속적인 발전은 영국에서 이루어진다. 예고편은 대헌장Magna Carta이다. 비범한 능력의 소유자인 헨리 2세(재위1154-89)를 아버지로 두고 용맹의 상징인 사자왕 리처드(재위1189-99)를 형으로 둔, 용기도 없고 인기도 없던 존 왕(재위 1199-1216)은 웨일스, 프랑스와 전쟁을 벌여 귀족들의 반발을 산다. 두 전쟁에서 이렇다 할 성과를 내지 못한 존 왕은 귀족을 비롯한 국민들의 무력 저항에 굴복해 1215년 6월 19일 왕권을 제한하는 내용인 대헌장에 서명을 한다[5]. 불가침의 왕권 중 일부가 귀족에게 넘어가는 역사적 순간이었다.

9살에 왕위에 오른 존 왕의 아들 헨리 3세(재위1216-72)는 프랑스인을 중용하고 교황에게 신하의 예를 올리는 등 여러 가지 일로 귀족과 갈등을 일으켰다. 그리고 대헌장 내용도 수시로 어겼다. 참다못한 신하들이 행동에 나섰다. 왕의 매제인 시몽 드 몽포르 백작(1208?-1265)을 앞세워 반란을 일으킨 것이다. 헨리 3세를 포로로 확보한 시몽 드 몽포르는 1265년 귀족뿐만 아니라 농장주인, 상인 등 평민 계급도 포함된 국민모임을 만든다. 오늘날과 같이 모든 '국민을 대표'하고, 모든 '입법 활동'을 하는 그런 의회는 아니지만, '논의한다'는 의미의 'Parliament' 그대로 여러 계층의 사람들이 모여 국가 일을 논의하는 회의체를 만들었다. 영국 의회의 탄생이자, 시몽 드 몽포르가 '의회의 아버지'로 불리게 된 배경이다. 이때부터 영국의 국가 권력은 왕과 의회로 나누어진다. 1341년, 의회는 다시 귀족과 성직자 등 고귀한 신분으로 구성된 상원House of Lords과 농장주인, 돈 많은 상인, 학식 있는 평민 등으로 이루어진 하원House of Commons으로 나뉜다. 양원제의 출발이다.

엘리자베스 1세(재위1558-603)의 국력신장기가 지난 뒤 영국의 왕권은 쇠퇴기를 맞는다. 바로 무능력한 왕권신수설 신봉자인 제임스 1세(재위1603-1625)와 그의 아들 찰스 1세(1625-49) 시대다. 찰스 1세는 왕위에 오른 뒤 의회와 사사건건 부딪치면서 의회를 압박하기 위해 의회의 폐쇄와 재개를 반복한다. 1628년에는 프랑스와의 전쟁에서 패한 뒤 왕권 제한을 요구하는 의회의 권리청원Petition of Right에 동의하기도 한다. 그러다 대對스코틀랜드 패전에 따른 찰스 1세의 보상금 마련 요구에 의회가 국회개회의 정기화 등 국회권한에 대한 보장을 조건으로 내걸자 왕은 국회를 적으로 선언한다. 의회는 왕을 지지하는 왕당파와 왕을 반대하는 의회파로 갈라지고, 주로 성공회교도로 귀족·젠트리 계급인 왕당파와 주로 청교도로 자유 농민·상공업자인 의회파 간에 내란이 벌어진다. 청교도혁명Puritan Revolution이다. 내란은 올리버 크롬웰(1599-1658)이 이끄는 의회파의 승리로 끝나고, 1649년 1월 20일 찰스 1세는 형장의 이슬로 사라진 다. 영국 역사상 최초이자 마지막으로 왕이 존재하지 않는 자유공 화국 시대가 열린다.

크롬웰이 죽은 뒤 영국은 다시 왕정으로 복귀한다. 망명지 프랑 스에서 돌아와 왕위에 오른 찰스 1세의 장남 찰스 2세(재위1660-85) 는 망명 중 신세진 프랑스인들을 우대하고 가톨릭을 옹호한다. 의 회는 왕의 전횡을 막기 위해 1673년 비非성공회교도는 공직자가 될 수 없도록 하는 심사율Test act을, 1679년에는 국민에 대한 국왕의 자의석인 인신 구속을 금지하는 인신보호율Habeas Corpus Act을 세 정한다.

왕권 견제에 힘을 모으던 의회는 찰스 2세의 후계문제를 두고 두 파로 갈린다. 아들이 없는 찰스 2세의 후계로 찰스 2세의 동생이자 가톨릭교도이며 독재 성향이 강한 제임스 2세를 세우는 데 찬성하 는 왕당파(토리즈)와 여기에 반대하는 자유파(휘그즈)로 갈린 것이다. 왕위계승에 대한 입장 차이이긴 하지만 기득권에 대한 지지와 반대 였던 만큼 왕당파와 자유파의 대결은 곧 정치에 있어 보수와 진보 대립의 시원이 된다. 그리고 실제로 귀족, 성직자, 지주 등으로 이루어진 왕당파인 토리즈는 영국 보수당의 전신이 되고, 돈 많은 상인들과 청교도들로 이루어진 자유파인 휘그즈는 진보인 자유당의 전신이 된다. 양당제의 등장이다.

찰스 2세에 이어 왕위에 오른 제임스 2세(재위1685-8)는 심사율을 어기면서 가톨릭교도를 등용하는 등 독재를 실시하다 1688년 의회에 의해 왕위에서 쫓겨난다. 피 흘리는 일 없이 의회의 힘으로 왕을 교체한 명예혁명Glorious Revolution이다. 의회는 제임스 2세의 딸 메리와 그녀의 남편인 네덜란드 총독 윌리엄을 새로운 공동 왕으로 정한다. 메리 2세(재위1689-94)와 윌리엄 3세(재위1689-1702)는 1688년 왕권을 제한하고 의회의 권한을 강화하는 내용의 권리장전Bill of Rights을 승인하고 왕위에 오른다. 그리고 1701년 영국의 왕위 상속을 규정한 왕위계승률Act of Settlement을 제정한다.

메리 2세와 윌리엄 3세가 죽고 난 다음, 왕위는 메리 2세의 여동생 앤 여왕(재위1702-14)으로 이어진다. 그리고 자식이 없었던 앤 여왕의 후계는 앞서 제정된 왕위계승률에 따라 독일의 하노버공 조지 1세(재위1714-27)가 된다. 언어가 자유롭지 못한 조지 1세는 정치를 의회에 맡긴다. 의회는 왕 대신 정치를 담당할 사람들을 선출해 내각을 만들고, 이때부터 내각이 책임을 지는 정치가 시작된다. 내각책임제Parliamentary Cabinet System의 탄생이다.

영국의 역사는 그 자체가 민주주의 제도 발전의 역사다. 영국 의회의 조상이라 할 수 있는 11세기의 위테나게모트 제도 실시, 1215

년 왕권을 제한한 대헌장 제정, 1265년 최초의 의회 구성, 1341년 양원제 도입, 1628년 왕권을 제한하는 권리청원 마련, 1640년대 시민혁명에 의한 왕 사형 및 공화정 실행, 1679년 인신보호율 제정, 1685년 양당제 시작, 1688년 명예혁명에 의한 왕 교체와 권리장전 마련 그리고 1714년 내각책임제 도입이 바로 그것들이다. 영국의 민주주의 발전의 역사이자 동시에 인류의 민주주의 발전 역사이다.

그러나 의회의 역사로서 영국의 의회 제도는 일정한 한계를 갖는다. 왕이 지금의 영국에서와 같이 상징적 존재에 지나지 않는 것이 아니라면 의회는 결국 왕의 영향권 아래에 있게 된다. 페인은 프랑스혁명이 일어나기 13년 전인 1776년 영국에 대해 '절대군주에 대해 문을 닫고 자물쇠를 잠갔다고 하면서, 동시에 어리석게도 왕에게 그 열쇠를 갖도록 했다. -중략- 프랑스에서와 같이 브리튼에서도 왕의 의지는 나라의 법과 같다. 다른 점이 있다면, 영국에서는 그것이 왕의 입을 통해 직접 발표되지 않고 의회의 법률이라고 하는 가장 무시무시한 형태로 인민에게 전달된다는 점이다'[6]라고 말하고 있다.

페인뿐만이 아니다. 페인에 반대해 영국의 입장을 옹호했던 버크 역시 '영국에서는 민중 대표를 선거할 때, 그들을 하나의 회의체에 보내는데, 거기에서 누구나 개인으로서 피지배자이며, 모든 통상적 임무를 수행하는 정부에 완전히 복종해야 한다'[7]라고 말해 영국 의회가 실제적으로는 왕에게 종속되어 있음을 밝히고 있다.

영국 의회가 역사와 함께 의회 본연의 '국민 대표', '입법 활동' 및

'권력 견제' 역할에 더 충실해져가는 것처럼 보이지만, 오늘날의 의회 기능에 비추면 아직 상당히 거리가 있다는 것을 알 수 있다.

완전한 의회의 출현

———

'국민 대표', '입법 활동' 및 '권력 견제'를 제대로 하는 의회의 출발은 18세기 말 미국과 프랑스에서다. 1776년 7월 4일 북미의 영국 식민지 13개 주는 각자 영국으로부터 독립을 선언한 후 각각 국가 State를 세운다. 그러고 나서 연방국가United States 수립에 착수한다[8]. 각각의 13개 주State 및 이들 13개 주로 이루어진 연방국가는 양원제를 채택한다. 먼저 각 주의회는 영국처럼 상원은 세습, 하원은 선출로 하지 않고 상하원 모두 선거로 뽑고 피선거 자격도 동일하게 둔다. 차이라면 상원의 임기가 하원보다 길고, 상원은 하원의 입법 기능에 추가해 때로 행정과 사법 기능도 수행하며, 상원의 숫자가 하원보다 소수라는 것이다[9].

연방국가는 기본적으로 각 주State의 독립성과 연방국가 주권의 대립 및 균형 위에 자리한다. 연방의 양원제 의회는 바로 이 각 주의 독립성과 연방국가 주권의 입장을 적절히 반영하고 있다. 즉 상원 구성에는 각 주의 독립성을 반영하고, 하원 구성에는 연방국가의 주권을 반영하는 식이다. 따라서 각 주는 주의 인구 크기와 상관없이 모두 동일하게 두 명의 상원의원을 연방의회로 보내며, 하원의원은 각 주의 인구 비례에 의해 연방의회(1789년 하원의원 총수 69명, 1833년에는 240명)로 보내진다.

선출은 상원은 주의회가 뽑고 하원은 국민이 직접 뽑는다. 상원의 임기는 6년인 반면에 하원은 2년이다. 하원은 입법 기능에 더해 공직자 탄핵과 같은 일부 사법 기능을 갖는 데 반해, 상원은 하원의 입법 활동을 돕고 하원이 요청한 정치범죄를 재판하는 사법 기능과 함께 대통령이 체결하는 국가 간 조약에 대한 비준, 대통령의 공직자 임명에 대한 승인 등의 행정기능도 맡는다[10].

미국은 주State와 연방United States 모두 양원제를 선택하나, 주는 피선거 자격과 선출 방식이 상하원 모두 동일한 반면에, 연방은 피선거 자격과 선출 방식이 상하원 간에 차이가 난다[11]. 그리고 하는 역할은 서로 비슷하다. 그것은 바로 주의 독립성과 연방의 통일성 모두를 살리면서 국민의 이해관계를 가장 잘 집약하기 위한 숙고의 결과다.

프랑스의 의회 역사는 삼부회États Généraux로부터 시작한다. 삼부회는 1302년 필리프 4세(재위1285-1314)에 의해 시작된 성직자·귀족·평민 대표의 국민의회로, 국민의 의사를 나타내기 위한 대의제 의회가 아닌 대對국민 협조를 받아내기 위한 왕의 자문기관이었다. 루이 16세(재위1774-92)는 미국독립전쟁 지원에 따른 악화된 재정문제 해결을 위해 1789년 5월 5일 삼부회(성직자 300명, 귀족 300명, 평민 600명)를 소집한다. 삼부회에서 제3신분인 평민 대표들은 삼부회 전체 단일 투표 방식(삼부회는 각 신분별 토의 및 투표 방식이었음) 요구가 관철되지 않자 별도로 국민의회Assemblée Nationale를 결성한다[12]. 성직자 의원 다수와 일부 귀족 의원들이 국민의회에 합류하자 왕은 국민의회를 승인한다.

국민의회는 두 파로 나뉜다. 왕당파와 비특권 계급인 제3신분의 공화파다. 1789년 7월 9일 국민의회는 제헌국민의회Assemblée nationale constituante로 이름을 바꾸고 헌법 제정과 의회정치 준비에 나선다. 한 달 뒤인 8월 4일 제헌국민의회는 봉건적 신분제를 폐지하고 같은 달 26일에 「프랑스인권선언」을 발표한다. 1791년 9월 제헌국민의회는 재산제한 선거권에 기초한 입헌왕정 등을 정한 프랑스 최초의 헌법을 제정한 뒤 해산한다. 그리고 10월 1일 헌법에 따라 입법의회Assemblée Législative를 연다. 입법의회는 보수의 푀양파와 진보의 지롱드파로 나뉘어 대립하다 1792년 8월 9일 파리 시민들의 봉기에 따른 왕권 정지로 9월 20일 해산한다.

그리고 새롭게 국민공회Convention Nationale가 들어선다. 국민공회는 왕정 폐지 및 공화정 실시를 선포한다. 국민공회 역시 보수와 진보로 나뉜다. 지롱드파와 자코뱅파(산악파)다. 현상을 유지하려는 보수의 지롱드파는 의장석에서 바라볼 때 우측에, 변화를 주장하는 진보의 자코뱅파는 좌측에 자리한다. 이후 프랑스 의회는 국민공회 전 국민의회 때부터의 전통을 고수해 보수는 의장석에서 바라볼 때 회의장 우측, 진보는 좌측에 앉는 원칙을 유지한다. 보수를 우익

Right wing, 진보를 좌익Left wing이라는 별칭으로 부르게 된 배경이다.

우익으로 돌아선 부르주아 기반의 지롱드파와 소시민 및 농민 기반의 자코뱅파는 국왕을 어떻게 처분할 것인가를 두고 치열하게 대립한다. 자코뱅파가 승리를 거두자 루이 16세는 1793년 1월 21일 단두대의 이슬로 사라진다. 자코뱅파는 1793년 6월 2일 시민들의 공회난입 사건을 계기로 독주체제를 확보한다. 자코뱅파는 혼란을 수습하기 위해 보통선거, 저항권, 노동 또는 생계유지의 권리 등과 같은 내용을 담은 새로운 헌법을 공포하고, 자코뱅파 지도자 마라(1743-93)의 피살 사건을 계기로 공안위원회Comité de Salut Public 설치를 통한 독재에 나선다. 1년 정도 유지된 로베스피에르(1758-94)의 독재는 반대 세력의 쿠데타로 마감되고, 이어진 혼란은 결국 1799년 11월 9일(브뤼메르 18일) 나폴레옹(1769-1821)의 군사쿠데타로 마무리된다.

이후 프랑스는 나폴레옹 1세에 의한 제1제정(1804-14), 루이 16세의 동생 루이 18세(재위1814-24)에 의해 복고된 왕정(1814-48), 제2공화정(1848-52), 나폴레옹 1세의 조카인 나폴레옹 3세(재위1852-70)에 의한 제2제정(1852-1870)을 거쳐, 1870년 이후 현재까지 공화정을 유지한다.

의회의 의의

여러 정치 제도 중 하나인 대의제(의회) 민주주의는 인류에게 있어

진리다. 그 이유는 페인이 '국가란 국민의 일을 처리하는 것 이상의 무엇인가? 그것은 어떤 특수한 개인이나 가족의 소유물이 아니다. 본질적으로 그럴 수도 없으며, 다만 그 부담으로 유지되는 전 공동체의 소유물이다'[13], '주권이란 오직 국민에 속하는 것이지 어느 개인에 속하는 것이 아니다. 그리고 국민은 적절하지 않다고 생각되는 국가형태를 언제라도 폐지하고 자신의 이익, 의향, 행복에 적합한 국가를 수립할 불멸의 생득권을 가진다'[14]라고 말한 것처럼, 국가는 국민의 것이고 정치의 목적은 바로 그 국민의 행복인데, 아직까지 국민 전체의 행복을 가장 잘 실현할 수 있는 방법으로 바로 이 대의제(의회) 민주주의 말고는 없기 때문이다.

　대의제(의회) 민주주의는 왕정의 상대어인 공화정과 거의 동의어로 쓰인다. 공화국의 어원인 'Res-publica'가 바로 '공적인 것'을 의미하고, '한 사람'이 아닌 이 '모두의 이익'을 위한 정치 제도로 아직까지 대의제(의회) 민주주의 외 다른 수단이 없기 때문이다. 따라서 공화정이 정치의 목적이라면 대의제(의회) 민주주의는 그 수단이고, 대의제(의회) 민주주의가 현실에서의 해결책이라면 공화정은 정치의 영원한 지향점이다. 의회의 역사를 한번쯤 살펴보아야 할 이유이고, 그중에서도 분수령인 미국의 독립혁명과 프랑스혁명의 의미를 깊이 새겨보아야 할 이유이다.

3장

보수와 진보는 무엇이 가르는가?

'개인의 기득권(소유재산)'이 한 사람의 정치성향에 절대적으로 영향을 미치는 것이 사실이긴 하지만, 그렇다고 반드시 그것만이 영향력을 미치는 것은 아니다. 앞서 말한 몇 가지 요소들이 더 있다. '인간에 대한 애정(성선설)', '사회정의 실현(제도에 대한 신뢰 문제)', '이성적 삶과 실천(과학적 성향)'과 같은 요소들을 '개인의 기득권(소유재산)'보다 더 중요하게 생각한다면 그 사람은 얼마든지 '자기이익'에 반한 행동을 할 수 있다.

사람은 현상유지와 변화에 대한 욕구를 함께 갖는다. 현상유지 속에서 편안함과 안정을 느끼고 변화 속에서 새로움과 흥미를 느낀다. 친구, 고향과 같은 것들에서는 편안함과 안정을 기대하고, 여행, 일과 같은 것에서는 새로움과 흥미를 기대한다. 그러나 이 두 가지, 현상유지와 변화에 대한 욕구가 한 사람에게 있어 균형을 이루는 것은 아니다. 사람들은 대체로 어느 한쪽 방향으로 기운다. 편안함의 현상유지나 새로움의 변화 그 어느 한쪽으로다.

사람들의 정치적 입장도 마찬가지다. 보수적인 부분과 진보적인 부분 둘 다 가지고 있으나, 현상유지·변화 욕구와 마찬가지로 일반적으로 어느 한쪽으로 기운다. 보수적 입장 또는 진보적 입장이다. 그렇다면 사람들의 정치적 입장에서 보수와 진보를 가르는 요소는 무엇일까?

소유재산의 크기가 진보와 보수를 가른다

첫째는 소유재산의 크기다. 라인홀드 니버(1892-1971)는 '정치적 견해는 불가피하게 경제석 이해관계에 뿌리를 두고 있기 때문에, 자신의 이해관계를 떠나서 사회 정책의 문제를 바라볼 수 있는 시민은 비교적 소수에 불과할 수밖에 없다'[1], '다양한 정치적 신조와 사회적 태도들은 각기 다양한 계급들이 지닌 사회적 권력과 경제적 특권의 정도에 따라 달라진다. 이 중에서 가장 대표적인 구별은 당연하게도 유산자와 무산자를 기준으로 나누는 것이다. -중략- 각 계급들이 지닌 자기의식의 수준이 어느 정도이건 관계없이, 일단 성립된 계급구성원들의 사회적·도덕적 세계관은 각 계급들이 공통적으로 갖고 있는 고유한 경제적 생활 상태에 상당한 영향을 받는다'[2]라고 말하고 있다.

사람들이 자신이 속한 사회에서 자신의 상대적 경제 상태에 따라 정치적 입장을 취할 수밖에 없다는 주장이다. 재산이 많은 사람, 즉 '잃을 것이 많은' 사람은 보수적인 입장이 되기 쉽고, 재산이 없는 사람, 즉 '잃을 것이 별로 없는' 사람은 진보적인 입장이 될 것이라는 이야기다.

진보주의의 아버지인 페인 역시 '잃을 것이 많으면 많을수록 모험심은 줄어든다'[3]라고 말해, 많이 가진 자는 변화를 꺼릴 수밖에 없다고 말하고 있다. 하긴 페인 자신의 정치적 입장도 일부 이 관점으로 설명된다. 페인의 삶은 38세의 도미渡美에 이은 39세 때의《상식》출간 전까지 빈곤, 좌절 그리고 실패로 점철되었고, 그 이후의 혁명가로서의 삶도 여전히 가난의 연속이었기 때문이다. 베스트셀러 저자로 명성은 높았지만 페인은 자신의 저술을 사람들에게 널리 읽히기 위해 인세를 전혀 받지 않았다[4]. 물론 페인의 경우 삶 전반기의 가난과 후반기의 가난은 그 의미가 전혀 다르다. 전반기는 불가피한 가난이었고 후반기는 주체적·의지적 가난이었다. 소유재산 크기에 따른 보수·진보 결정 관점은 바로 페인의 전반기 삶에 적용된다.

보수주의의 원조 버크는 미국과 프랑스 혁명에 지대한 영향을 미친 계몽주의 사상가들이 왕과 귀족들에게 불리한 주장을 펴게 된 것이 바로 루이 14세(재위1643-1715) 이후 사라진 그들에 대한 왕의 후견과 보수 때문이라고 주장한다. 그들에 대한 궁정의 보호막이 사라지자 변화를 택해 기득권을 공격하고 나선 것이 바로 오늘날의 근대 시민사상이라는 주장[5]이다. 혁명을 반대했던 버크 입장에선 나름대로 논리적이다.

소유재산의 크기에 따른 보수·진보 결정 관점은 버크 자신의 진보에서 보수로의 갑작스런 전향도 설명할 수 있다. 오늘날 보수주의의 원조로서 인류 역사에 확고한 위치를 누리고 있지만, 사실 버크는 주변부 출신이자 프랑스혁명 직후 1790년 보수주의의 바이블인《프랑스혁명에 관한 성찰》을 쓰기 전까지 25년 이상 진보인 휘그파 소속의 하원의원이었다. 영국에 저항하는 식민지들의 자유정신을 옹호했고 왕의 왕권 확장 시도에 대해 정당의 자유를 옹호했던 자유주의자였다. 한마디로 진보주의적 입장이었다. 그런 그가 갑작스럽게 보수의 원조로 전향했다.

그 이유는 그리 어렵지 않게 추정해볼 수 있다. 미국과 프랑스 혁명의 파도가 영국을 덮쳐 영국 헌정 제도가 무너지면 귀족은 아니지만 아일랜드 출신의 출세자로서 그동안 애써 쌓아올린 자신의 기득권이 모두 무위로 돌아갈 위험이 있었다. 중심부 출신, 일반 보수주의 정치인들 이상으로 영국 헌정 제도를 열렬히 찬양하고 또 거기에 집착할 수밖에 없는 버크였다[6]. 영국 정치 제도의 우수성이나 왕과 귀족을 위해서가 아닌, 바로 자신을 위해서. 자신이 힘들게 쌓아올린 자신의 기득권을 지키기 위해.

때로는 소유재산의 크기에 따른 보수·진보 결정 프레임이 적용되지 않을 때도 있다. 마르크스가 공상적 사회주의자라고 불렀던 생시몽(1760-1825), 로버트 오언(1771-1858), 푸리에(1772-1837) 그리고 마르크스의 영원한 동지인 엥겔스(1820-95), 레닌을 지원했던 모로조프와 같은 이들이 바로 그런 경우다. 생시몽은 귀족인 백작집안 출신이었고, 로버트 오언은 면공업에서 크게 성공을 이룬 사람이었고,

푸리에는 20대에 상속재산을 다 잃기는 하지만 부유한 상인집안 출신이었다. 마르크스의 사상적 동지이자 물질적 후원자인 엥겔스는 널리 알려진 대로 방적업 기업가의 아들로 태어나 20대 때부터 기업경영을 했었고[7], 모로조프는 섬유업을 운영하는 사업가[8]였다. 모두 귀족 또는 자본가였다. 한마디로 '잃을 것이 많은' 기득권자들이었다. 그런 기득권 세력이 자기 개인의 이익에 반해 사회주의의 선구자가 되거나 조력자가 되었다. 소유재산의 크기에 따른 보수·진보 결정 프레임이 작동되지 않은 경우다.

인간의 속성에 대한 관점이 보수와 진보를 가른다

두 번째는 인간이라는 존재를 성악설적으로 보느냐 성선설적으로 보느냐에 따라 보수와 진보 성향이 갈라진다. 보수주의자들은 '인간의 불완전한 본성, 즉 문명화된 인간 행동의 장막 뒤에 항상 숨어 있는 근절할 수 없는 비이성과 사악함을 강조[9]'하면서, '인간의 본성과 이성에 대한 부정적 시각[10]'을 가지고 있다. 반면에 진보주의자들은 '타인, 특히 약자에 대한 공감을 기본[11]'으로 한다.

인간을 성악설적으로 본다면 인간의 행동을 신뢰할 수 없다. 그렇게 되면 인간의 새로운 변화 시도에 대해 당연히 불안해할 수밖에 없다. 결론은 보수주의적 입장이다. 반대로, 인간을 성선설적으로 본다는 것은 인간의 행동을 신뢰하고 인간의 새로운 변화 시도에 대해서도 기대를 한다는 것이다. 결과는 진보주의적 입장이다.

보수주의의 원조 버크는 '우리는 개인이 지닌 이성의 양만에 의지하여 생활하고 거래하는 처지를 불안해한다'[12]라고 말하고, '우리 선조들은 인간이 무지하고 과오를 저지르기 쉽다는 생각을 강하게 지닌 채 행동했다. 그리고 그들을 그렇게 과오를 저지르기 쉬운 존재로 만든 신은 그들이 행동할 때 본성에 따랐다는 점에 상을 내렸다. 만일 우리가 조상들의 재산을 이어받을 자격을 갖추고자 한다면, 조상들의 유산을 간직하고자 한다면 조상들의 조심성을 본받자. 우리가 원한다면 덧붙이기로 하자. 그러나 조상들이 남긴 것을 지키자. 그리고 영국 헌정이라는 견고한 기반을 딛고 서서 프랑스 공중 모험가들의 무모한 공중제비를 따르려고 애쓰는 대신에 감탄하는 것으로 만족하자'[13]라고 말한다.

반면에 진보주의의 원조인 페인은 '사람이란 국가에 의해 타락하지 않는다면 당연히 서로 친구이고, 인간 본성은 그 자체가 사악하지 않다는 것을 보여준다'[14]라고 말하면서, '이성은 스스로의 의지로 복종하고 무지는 지시된 대로 무엇에나 굴복한다. 이 세상에 널리 퍼진 국가의 두 가지 형태 중 첫째 형태는 선거와 대표에 의한 국가이고, 둘째 형태는 세습적 계승에 의한 국가다. 전자는 보통 공화국이라는 이름으로 알려져 있고, 후자는 군주국과 귀족국으로 알려져 있다. 그렇게 서로 반대되는 두 형태는 이성과 무지라고 하는 서로 반대되는 기반 위에 서 있다'[15]라고 말한다.

버크는 인간의 이성을 신뢰하지 못할 뿐만 아니라, 심지어 신은 인간이 이성과 대비되는 본성을 따르는 것을 좋아한다고까지 말하고 있다. 성악설적으로 인간을 보고 있을 뿐만 아니라 심지어 인간을 다른 동물과 동격으로까지 인식한다. 반면에 페인은 인간은 근본 자체가 사악하지 않다고 본다. 인간의 근본을 부정적으로 인식하는 입장에서는 인간의 새로운 변화 시도가 불안할 수밖에 없으니 기존 체제를 고수하려 하게 되고, 인간의 근본을 긍정적으로 보는 입장에서는 인간의 새로운 변화 시도에 희망과 기대를 갖게 된다.

사실 '국가구성원 전체의 행복 증진'이라는 국가 존재 목적 실현에 공화정은 왕정과는 애초 비교가 안 되는 탁월한 수단이다. 조금만 '이성'적으로 따져보면 누구나 수긍할 수밖에 없다. 버크의 공화정 부정은 왕정시대에 길들여진 인간으로서의 한계든 자신의 기득권에만 집착하는 가짜 지식인으로서의 곡학아세든, 어쨌든 정치적 입장(보수주의)과 인간을 보는 관점(성악설) 사이에 일관성을 유지하고 있다. 자기 사업을 하거나 직장에서 자기 나름대로 성공을 거두었다고 자부하는 이들 중에는 보수주의적 성향을 보이는 이들이 많다. 그 주요 이유 중 하나가 바로 이 '사람에 대한 관점 차이'다. 자신이 할 수 있는 모든 노력을 다 기울여 성취를 해오는 과정에서, 그렇지 못하거나 않은 이들은 자연스럽게 '노력을 하지 않는', '게으른' 또는 '핑계거리만 찾는' 사람으로 인식된다. 한마디로 인간이 가지고 있는 속성 중 '성악설'적인 부정적인 측면이 강하게 각인된다.

18세기 말 보수와 진보가 왕정과 공화정이라는 '정치체제의 대립'이었다면, 20세기 보수와 진보는 자유를 높이 사는 자본주의와 평등을 높이 사는 사회주의 두 '경제체제의 대립'이다. '지위와 명예 그리고 재산을 의심의 눈으로 보는 것은 자수성가한 사람에 대한 시기와 악의의 산물이다'[16]는 버크의 입장 그대로, 오늘날 보수주의는 빈곤문제를 흔히 '개인의 노력 부족'으로 돌린다. 반면, 진보주의는 빈곤문제에 대한 해결책으로 '더불어 사는' 복지국가로의 이동을 주장한다. 18세기 말과 마찬가지로 보수주의는 성악설, 진보주의는 성선설적인 입장이다.

제도의 공정성에 대한 신뢰 여부가 보수와 진보를 가른다

———

세 번째로 제도의 공정성에 대한 신뢰 여부가 보수와 진보를 가른다. 로마시대 호민관을 지냈던 티베리우스(BC169-BC133)는 '이 나라에는 들짐승도 자기 굴이 있어서 쉴 수도 있고 몸을 감출 수도 있습니다. 그러나 싸움터에 나가 생명을 던지는 사람들은 바람과 햇빛 말고는 가진 것이 없습니다. 그들은 집도 없고 몸을 의지할 곳도 없어 처자를 데리고 이리저리 헤매고 있는 것입니다. 지휘관들은 조상들의 무덤과 제단을 지키기 위해 적과 싸워야 한다고 부하들에게 요구하지만 그것은 모두 헛된 거짓말에 지나지 않습니다. 왜 냐하면 이 많은 로마 사람들 중에 조상의 무덤과 제단을 갖추어놓고 자신의 집과 가정을 보호할 수 있을 만한 사람은 없기 때문입니다. 그런데도 그들은 남들의 재산과 호강을 지켜주기 위해 싸웠고 또 죽음을 맞아야 했습니다. 그들은 세계의 주인이라는 이름은 얻었지만, 내 것이라고 부를 만한 손바닥만 한 땅도 없이 죽어야 했던 것입니다'[17]라고 시민들에게 호소한다.

사람들의 국가 설립 이유가 바로 자신의 재산과 생명 그리고 자유를 더 잘 지키기 위해서인데, 자신과 가족의 몸뚱이 말고는 따로 지켜야 할 재산이 없는 이들이 나라를 지키고 있다는 주장이다. 아니 정확히 말하면, 지켜야 할 것이 있는 사람들은 그 지키는 의무(병역)에서 빠져나가고, 몸뚱이 말고는 따로 지키고 말 것도 없는 사람들이 목숨 걸고 나라를 지키고 있다는 것이다. 티베리우스의 입장은 그래서 개혁을 해야 한다는 이야기다. 로마인이면 누구나 유산자가 될 수 있도록 하든지, 아니면 귀족과 부자들만 나가서 국가를 지키든지 둘 중 어느 한쪽으로의 개혁이다.

티베리우스의 주장은 오늘날에도 유효하다. 제도 자체 또는 제도의 시행이 공정하지 못하다고 생각되면 사람들은 당연히 개혁의 필요성을 느낀다. 티베리우스처럼. 진보주의다. 그리고 지금의 제도가 공정하다고 생각한다면 그 사람은 당연히 현상유지를 원한다. 보수주의다. 지금 제도의 공정성을 신뢰하느냐 신뢰하지 못하느냐가 보수와 진보를 가른다.

나이가 보수와 진보를 가른다

네 번째로는 나이가 보수와 진보를 가른다. 일반적으로 청년세대는 변화를 꿈꾸고 실버세대는 안정을 바란다. 그것은 두 가지 이유에서다. 첫째는 신진대사 차이에 따른 에너지의 양 차이 때문이다. 청년은 신진대사가 활발하기 때문에 실버세대보다 더 많은 에너지를 분출한다. 따라서 실버세대보다 더 의욕적이고 적극적이다. 의욕적이고 적극적인 자세는 변화를 바라는 진보적 태도로 연결된다. 신진대사가 활발하지 못해 에너지를 많이 만들어내지 못하는 실버세대는 자연스럽게 소극적이고 안정적 성향을 지니게 된다. 자연스럽게 현상유지의 보수적 태도를 지니기 쉽다.

두 번째는 남아 있는 시간의 크기 차이 때문이다. 청년은 산 날보다 살 날이 많고, 실버세대는 앞으로 살 날이 많이 남아 있지 않다. 따라서 청년에게는 시행착오를 하더라도 다시 회복할 수 있는 기회가 많고, 실버세대는 단 한 번의 시행착오로도 삶이 구렁텅이로 빠질 수 있다. 자연스럽게 청년은 새로운 것에 도전하고 무엇인가를 만들어나가고, 실버세대는 지금까지 해왔던 것을 마무리하고 지켜나가는 데 관심을 둔다. 청년은 진보적, 실버세대는 보수적 입장을 취하기 쉽다.

종교적 또는 과학적 성향이냐가 보수와 진보를 가른다
———

마지막 다섯 번째로는 종교적 성향이냐 또는 과학적 성향이냐가
보수와 진보를 가른다. 종교는 한 사회의 전통과 질서 및 사회관습
형성에 중요한 역할을 한다. 보수주의자 버크가 종교와 국가를 거
의 동일시하면서 종교의 중요성을 강조한 것[18]도 바로 이런 종교의
특성에 근거해서다. 따라서 '전통과 묵은 질서의 사회관습과 무변
동 따위를 옹호하는 사람들, 새로운 것에 반대하는 사람들'이 보수
주의자라 할 때, 종교적 성향은 이런 보수주의로 연결되기 쉽다[19].

종교적 성향이라 할 때 그 대상이 반드시 신일 필요는 없다. '논
리와 사실'이 아닌 '믿음'만으로 사람이나 개념 또는 다른 무엇인가
를 절대시한다면 그런 태도 역시 종교적 성향이다. A. 토크빌은 '애
국심은 때로는 종교적 열정의 자극을 받으며 그럼으로써 놀라운
노력을 이끌어낼 수 있기도 하다. 그것은 그 자체로서 일종의 종교
이다. 그것은 이성적으로 사유하지 않으며 신념과 감정의 충동으
로 행동한다. 어떤 나라들에서는 군주를 그 나라의 현신顯神으로 간
주한다. -중략- 모든 본능적 감정들과 마찬가지로 이런 종류의 애
국심은 일시적으로는 굉장한 노력을 불러일으키지만 계속적인 노

력을 이끌어내지는 못한다. 이런 애국심은 위기에 국가를 구할지는 모르지만 평화 시에는 국가를 쇠망하게 하는 일도 흔하다'[20]라고 말한다. 맹목적인 애국심이 바로 종교라는 이야기다. 배타적 민족주의Nationalism가 보수주의와 친연성을 갖게 되는 이유다. 그 극단이 극우로 표현되는 파시즘Fascism[21]이다. 맹목적·배타적 민족주의에 현실의 물리력이 더해질 때 팽창적·공격적인 민족주의로 나타나는, 바로 그 파시즘이다.

에릭 홉스봄(1917-2012)은 '진보라는 세속적 이데올로기의 핵심이 된 것은 과학'[22]이며, '진보, 즉 전통으로부터의 해방은 옛 신앙과 결별하고 이와 투쟁함을 의미하는 것'[23]이라고 말한다. 진보의 핵심이 과학이며 진보가 종교적 성향과는 대척점에 있다는 이야기다.

진보주의의 원조인 페인도 같은 입장이다. 페인은 '어떤 특정한 국가형태나 국가체제에 대해 갖는 편견은 이성과 반성의 검증을 거쳐야 한다. -중략- 편견을 갖는 것은 그것이 옳다는 신념에 입각한 것이다. 그 신념이 틀리다는 사실을 깨닫게 되면 편견은 사라진다. -중략- 사람이 자신을 위해서만 생각하는 동안은 모든 게 편견이지 의견이 아니라고 할 수 있다. 왜냐하면 이성과 반성의 결과만이 의견이기 때문이다'[24], '무슨 일이든 그것을 논증하여 어떤 결론에 도달하기 위해서는 그 전에 그것을 논증할 만한 어떤 사실, 원리, 자료가 확립되거나 인정되거나 부정돼야 한다'[25]라고 말하면서, 자신의 첫 저서인 《상식》 서문에서 책 내용이 '이성과 원칙의 영향'[26]

아래에 있다는 것을 못 박아 강조하고 있다. 한마디로 페인의 태도는 '논리와 사실'을 중시하는 과학적 또는 이성적 태도이다.

그리고 보면 진보주의에 영향을 미친 페인 이전 새로운 사상의 출발 자체가 과학적 사고다. 몽테스키외를 비롯한 백과전서파인 볼테르, 디드로의 계몽주의가 미국독립혁명과, 프랑스혁명이라는 사건에 영향을 미쳤고, 이 사건들을 역사의 발전, 인류의 발전으로 보는 데서 진보주의가 출발하기 때문이다. 마르크스가 자신의《자본론 제2권》을 '과학'의 역사에 진화론이라는 신기원을 연 다윈에게 헌정하려 했던 것[27]이나, 자신의 사회주의를 '과학적 사회주의'로 명명한 것도 어쩌면 우연이 아니다. 종교적 성향이 보수주의와 친연성을 갖듯이, 과학적 성향이 진보주의와 친연성이 높다는 것을 보여주는 사례다.

강남 좌파가 성립될 수 있는 이유

부자가 정치권에 발을 들여놓으면서 진보를 자처할 때, 그것은 진실일까 거짓일까? 일단 거짓일 가능성이 높다. '잃을 것이 많은' 사람이 진보, 즉 사회변화를 바란다는 것은 인간의 이기주의에 비추어볼 때 자기모순이기 때문이다. '좌파의 깃발 아래서 선거에 이기면 재빨리 온건파로 옮겨 앉는'[28] 민주주의 사회에서 표와 지지를 확보하기 위한 잠깐의 눈속임일 수 있다.

물론 진실일 수도 있다. 그렇다면 어떤 경우 진실일까? 그것은 바로 그가 지금까지 살아온 행로의 연장선상에 있는 행동인지 아닌지를 확인하는 것으로 알아볼 수 있다. 이익 추구나 성공보다 신념이나 사회적 정의를 우선하는 삶을 지속적으로 살아왔다면 이번에도 역시 그가 그럴 것이라고 사람들은 확신한다. 하지만 그런 이는 어느 시대 어느 사회에서나 매우 드물다. 앞서 말한 생시몽, 로버트 오언, 푸리에, 엥겔스와 같이 의지가 매우 강한 소수의 사람들에 한정된다. 그렇다면 이런 몇몇 사람들의 그런 강한 의지는 어디에서 나오는 것일까?

그것은 다름 아닌 사람에 대한 애정, 자기이익을 벗어난 옳음 추구 그리고 논리와 사실을 추구하는 이성적 자세와 그것을 그대로 행동으로 옮기는 용기와 같은 것들에서 비롯된다. 즉, '개인의 기득권(소유재산)'보다 '인간에 대한 애정(성선설)', '사회정의 실현(제도에 대한 신뢰 문제)', '이성적 삶과 실천(과학적 성향)'과 같은 요소들을 훨씬 더 크게 평가하는 데서다. 이른바 '강남 좌파' 현상도 이것으로 설명할 수 있다.

'강남 좌파'는 경제적으로 여유 있는 사회 기득권층이면서도 진보적 성향을 갖는 이들을 의미한다. 이들의 정치적 성향을 위선이거나 허위의식일 뿐이라고 비판한다면, 그것은 '개인의 기득권(소유재산)'만이 한 사람의 정치성향을 독단으로 결정짓는다고 여기는 것이다. '개인의 기득권(소유재산)'이 한 사람의 정치성향에 절대적으로 영향을 미치는 것이 사실이긴 하지만, 그렇다고 반드시 그것만이 영향력을 미치는 것은 아니다. 앞서 말한 몇 가지 요소들이 더 있다. '인간에 대한 애정(성선설)', '사회정의 실현(제도에 대한 신뢰 문제)', '이성적 삶과 실천(과학적 성향)'과 같은 요소들을 '개인의 기득권(소유재산)'보다 더 중요하게 생각한다면 그 사람은 얼마든지 '자기이익'에 반한 행동을 할 수 있다. '강남 좌파'가 과거에 주로 사회운동에 몸을 담았거나 전문직 등 지식인층인 것은 바로 이런 가능성을 뒷받침한다.

세상에서 가장 가난한 대통령으로 존경을 받는 호세 무히카 전 우루과이 대통령은 '정치인의 생활은 그 나라의 평균이어야 한다'[29]고 말한다. 정치인들의 경제 수준이 일반 시민들과 비슷할 때 국민을 위한 정치가 더 잘 이뤄질 수 있다는 이야기다. 정치인의 소유재산 크기가 그 정치인의 정치성향 결정에 매우 중요하게 작용한다는 의미이기도 하다.

4장

프랑스혁명

18세기 말 불타올랐던 혁명의 숭고한 정신이 나폴레옹 1세, 왕정복고 그리고 나폴레옹 3세의 먼 길을 돌아, 19세기 말이 되어서야 불과 피로 정화된 혁명의 땅에 마침내 안착한다. 절대군주제에서 입헌군주제로 그리고 민주제로 전진했다. 황제 독재로 역주행한 뒤 다시 민주제로의 전진 그리고 안착이었다. 자유와 평등을 향한 마르세유 젊은이들의 절규가 그제야 안식할 곳을 찾는다. '프랑스혁명'(1789–1804)은 국민이 국가의 주인이라는 사상 전파에는 성공했지만, 그 민주주의 원리에 따른 제도 안착에는 일단 실패했다. 그러나 마침내, 결국은 성공했다

프랑스혁명 관련 주요 사건 정리

시대 구분	연도 재위	주요 사건
부르봉 왕정	루이 16세 1774– 1792	■ 혁명배경: ①국가재정 파탄 ②미국독립전쟁 ③계몽주의 ④불황 ■ 1789.5.5. 루이 16세 삼부회(성직자·귀족·평민대표) 소집해 증세 요청 ■ 1789.6.17. 평민대표 국민의회Assemblée Nationale 결성 ■ 1789.7.9. 국민의회→ 제헌국민의회Assemblée nationale constituante로 전환 ■ 1789.7.11. 루이 16세 삼부회 책임자 네케르 파면 ■ 1789.7.14. 파리 민중 바스티유 감옥 공격 ■ 1789.8.4. 제헌국민의회 봉건적 신분제&영주제 폐지. 입헌군주제 채택 ■ 1789.8.26. 제헌국민의회 「프랑스 인권선언」 발표 ■ 1789.10.5. 파리 시민 베르사유 행진&루이 16세 파리 귀환 ■ 1791.6.20. 루이16세 오스트리아 망명 시도 실패&파리 송환 ■ 1791.10.1. 입법의회Assemblée Législative 출발

부르봉 왕정	루이 16세 1774–1792	■ 1792.4월 오스트리아&프로이센 연합군 프랑스 공격 ■ 1792.8.9. 파리 상퀼로트 시청 점령&코뮌 수립&국왕 일가 신병 확보&왕권 정지 ■ 1792.9.20. 입법의회 해산→ 국민공회Convention Nationale 출발
제1 공화정 1792–1804	국민공회 1792–1795	■ 1792.9.20. 국민공회 왕정 폐지&공화정 실시, 제2의 혁명 ■ 1793.1.21. 자코뱅파에 의해 루이 16세 사형 ■ 1793.4.6. 로베스피에르 공안위원회Comité de Salut Public 설치 ■ 1793.6.2. 자코뱅파 독주체제. 보통선거&저항권&노동과 생계유지 권리 포고 ■ 1794.7.27. 반反로베스피에르파의 테르미도르 쿠데타 발생(로베스피에르 사형) ■ 1795.10.5. 왕당파의 방데미에르 쿠데타 발생. 국민공회 군대 동원 (나폴레옹 등장) ■ 1795.10.26. 테르미도르파 국민공회 해산('1795년 헌법' 제정, 총재정부 출범)
	총재정부 1795–1799	■ 1795.10.26. 총재정부(Directoire, 5명 총재) 출범 ■ 1796–7년 나폴레옹 이탈리아 원정 승리, 1798년 이집트 원정 실패 ■ 1799.11.9. 나폴레옹 쿠데타 성공
	통령정부 1799–1804	■ 1799.11.9. 나폴레옹 3인 통령Consul 중 제1통령으로 실권 장악&군사독재 ■ 1802.8월 종신 통령에 추대 ■ 1804.5.18. 황제 등극
제1제정	나폴레옹 1세 1804–1814	■ 1804.5.18. 제1제정Le Premier Empire 출발 ■ 근대국가 제도 도입&유럽 정복 ■ 트라팔가 해전(1805.10.21.)패전&러시아 원정(1812.6–12월) 패퇴 ■ 1813.10월 라이프치히 전투 패배, 1814.3.31 파리 반反프랑스 동맹이 함락 ■ 1814.4월 나폴레옹 황제 퇴위&엘바섬 유배
왕정 복고	루이 18세 샤를 10세 1814–1848	■ 1814.6월 왕정 복귀. 루이 18세(루이 16세 동생) 제위 오름. 입헌군주제 ■ 1815.2.26. 나폴레옹 엘바 탈출. 6월 18일 워털루 패배&6월 22일 세인트헬레나 유배 ■ 1824년 루이 18세 사후, 샤를 10세(루이18세 동생) 제위 승계. 절대왕정 지향 ■ 1830년 7월혁명 발생. 샤를 10세 퇴위. 루이 필리프(오를레앙 왕가) 왕위계승 ■ 1848년 2월혁명 발생. 루이 필리프 폐위. 공화정 회귀
제2공화정	1848–1852	■ 1848년 루이 나폴레옹 대통령 당선(나폴레옹1세 조카). 제2공화정 시작 ■ 1852.12월 나폴레옹 3세(루이 나폴레옹) 황제 등극

제2제정	나폴레옹 3세 1952–1870	■ 산업과 문예 진흥. 크림전쟁(1853–6) 승리로 러시아 남하 저지 성공 ■ 1870. 9월 프로이센과의 전쟁에서 패배. 나폴레옹 3세 폐위 ■ 1870.9.4. 제3공화정 출범
제3공화정	1870–1940	■ 제3공화정 (파리코뮌: 1871.3.18.–5.28.)

프랑스의 국가 라마르세예즈La Marseillaise는 "일어서라 조국의 젊은이들이여, 영광의 날은 왔도다. …자아, 진군이다. 놈들의 더러운 피를 밭에다 뿌리자Allons enfants de la patrie, Le jour de gloire est arrivé! … Marchons ! Marchons ! Qu'un sang impur Abreuve nos sillons!"로 시작한다. 혁명 세력에 의해 국왕 루이 16세(재위1774-92)가 단두대의 이슬로 사라지자 전율한 유럽의 군주들이 왕정카르텔을 고수하기 위해 프랑스를 공격해온다. 이때 자유와 평등을 지키기 위해 마르세유의 젊은이들이 자발적으로 전장을 향한다. 그리고 노래를 부른다. "일어서라 조국의 젊은이들이여···" 노래라기보다 격문이고 절규다. 억압으로부터의 탈출을 촉구하는 격문이고 자유를 향한 피맺힌 절규다.

혁명의 발발 원인

1789년 발생한 프랑스혁명은 네 가지의 원인 또는 배경에 의해 시작된다. 바로 ①국가재정 파산, ②미국독립전쟁, ③계몽주의 그리고 ④불황이다.

첫째, 프랑스혁명의 원인을 흔히 베르사유의 사치로 돌리는 경우가 많다. 그러나 절대왕정체제에서 혁명 바로 직전인 1788년의 궁정 경비는 총 정부지출의 6%였다. 전쟁과 해군 유지 및 외교 관련이 전체 지출의 25%, 그리고 국가부채 관련 지급이자가 무려 전체 지출의 50%나 되었다. 지출이 수입의 20%를 초과하는, 사실상 국가파산 상태였다[1].

둘째, 미국독립전쟁의 영향은 두 가지로였다. 하나는 바로 앞의 부채 관련이었다. 프랑스의 과다한 부채 증가는 주로 미국독립전쟁 지원에 따른 것이었다[2]. 프랑스는 영국과 역사적으로 오랫동안 앙숙이었다. 프랑스 노르만 땅의 영주였던 윌리엄(1028-1087)이 1066년 영국을 정복한 때부터 영토, 경제, 왕위계승, 종교 등 다양한 문제로 두 나라는 갈등을 빚어왔다. 그 숙적 영국을 견제하기 위해 프랑스는 미국의 영국으로부터의 독립전쟁(1775-1783)을 적극적으로 지원했다. 그런데 그것이 그만 국가파산 위기로까지 이어지고 만 것이다. 그 다음은 사상으로서 그리고 경험으로서의 영향이었다. 미국 독립의 민주주의 사상이 프랑스혁명에 영향을 미쳤고, 또한 「프랑스인권선언」을 기초한 라파예트(1757-1834)와 같은 이는 바로 프랑스 국가의 이름으로 미국에 장교로 파병되어 미국독립전쟁 전 과정에 참전했던 인물로 미국에서의 경험을 프랑스에서 백분 되살리는 입장이었다.

셋째, 계몽주의는 프랑스 보르도 고등법원 원장이었던 몽테스키외(1689-1755)를 비롯해 볼테르(1694-1778), 루소(1712-1778), 디드로(1713-1784), 엘베시우스(1715-1771)와 같은 인물들에 의해 시작된 사상으로, 프랑스혁명이 일어났을 때는 벌써 반세기가 지난 시점이었다. 미국 독립전쟁에 영향을 미친 계몽주의가 이번에는 회귀본능으로 고향인 프랑스로 되돌아와 역상륙을 한 것이다.

넷째, 역시적으로 모든 혁명은 불황의 사식이다. 프랑스는 1780년대 후반 경제적으로 매우 어려웠다. 그리고 혁명에 이른 1788년과 1789년은 흉작으로 농민과 도시빈민들이 고난의 시기를 보내는 중이었다[3]. 절망의 어두움은 언제나 숨을 죽이고 불꽃이 튀기만을 기다린다. 불꽃만 튀면 그것은 순식간에 폭발로 이어진다. 사실 프랑스 왕정이 혁명 전, 혁명이 아닌 점진적 개혁의 기회를 갖지 않았던 것이 아니었다. 가까이로 1774년부터 1776년 사이에 있었다. 중농주의자인 튀르고(1727-1781)가 루이 16세의 재정총감으로 있으면서 토지이용, 공업발전 등 사회 전반에 걸친 개혁을 시도했었다. 그러나 파리고등법원을 필두로 귀족들로 이루어진 기득권 세력의 저항으로 개혁이 실패로 끝나고 말았다. 계몽주의로 무장한 부르주아들은 군주의 계몽(계몽군주제)에 대한 기대를 내려놓고 희망의 초점을 민중들로 옮기게 된다.

자유의 방아쇠가 당겨지다

_____

근대 경제의 기원이 영국의 산업혁명이라면 근대 정치의 기원은 바로 프랑스혁명이다. 프랑스혁명은 바로 근대 세계의 혁명을 만들어냈다. 1789년 이후 1917년까지의 유럽 정치는 프랑스혁명의 원칙들을 둘러싼 투쟁이었다. 오늘날 자유주의 및 민주주의와 관련된 정치용어, 개념, 논점, 실례 등을 제공한 것도 바로 프랑스혁명이었다. 노예 상태의 반대 상황을 나타내던 '자유'라는 용어가 오늘날의 숭고한 정치적 의미로 바뀌게 된 것도 바로 이 프랑스혁명에 의해서였다.

루이 16세(재위1774-92)는 미국독립전쟁 지원으로 악화된 재정문제를 해결하기 위해 1787년 2월 국왕 자문기관이라 할 수 있는 명사회Assemblée des notables(왕이 지명한 140명)를 소집한다. 1617년 이후 170년 만의 소집이었다. 그러나 명사회는 새로운 징세 제도 도입(인지세와 토지세)[4)]에 대한 국왕의 협조 요청을 거부한다. 물론 성직자와 귀족의 면세 및 봉건 공조 징수 특권도 그대로 유지된 채였다. 결국 절대주의 전선에 최초로 균열을 일으킨 세력은 다름 아닌 특권층이었다.

왕은 다시 삼부회États Généraux를 소집한다. 삼부회는 성직자와 귀족 그리고 제3신분인 평민 대표로 구성된 일종의 봉건 신분제 의회였다. 1789년 5월 5일 베르사유 궁전에서 개최된 삼부회(성직자 300

명, 귀족 300명, 평민 600명)는 1614년 소집(세 계급의 인원수가 같았고 신분별로 투표) 이후 175년 만이었다. 왕은 삼부회에 국가 재정문제를 해결하기 위한 증세 협조를 요구한다. 그러자 제3신분인 평민 대표들은 삼부회의 각 신분별 토의 및 투표 방식을 삼부회 전체 단일 투표 방식으로 바꿀 것을 요구한다. 평민 대표들의 주장은 관철되지 않는다. 제3신분의 평민 대표들은 1789년 6월 17일 자신들은 프랑스 국민의 대표이고 다른 두 신분은 각각 종교 및 대지주 단체의 대표에 불과하다고 선언하고 별도로 국민의회Assemblée Nationale를 결성한다. 평민 대표들은 주로 법률가, 자본가 등으로 이루어진 중류 계급이었다. 국민의 95%를 대표하는 평민 대표들이 영국의 하원을 모방한 국민 대표 모임을 새로 만든 것이다. 6월 19일 성직자 의원 다수와 애국적인 일부 귀족 의원들이 국민의회에 합류하고 왕은 방해를 하다 마지못해 국민의회를 승인한다. 1789년 7월 9일 국민의회는 제헌국민의회Assemblée nationale constituante로 명칭을 바꾸고 헌법 제정과 의회정치 준비에 나선다. 그러자 왕권에 위협을 느낀 루이 16세는 국경으로부터 군대를 베르사유로 불러들인다. 그리고 1789년 7월 11일 삼부회의 책임자인 네케르(1732-1804)의 파면과 함께 내각을 해임하고 혁명에 반대하는 새로운 내각을 구성한다.

이 소식을 전해들은 파리 시민들은 자위를 위해 거리에 바리케이드를 설치하고 파리 외곽의 부상병병원 무기창고로 몰려가 무기를 확보한 다음 이틀 뒤인 7월 14일 앙시앵레짐Ancien régime의 상징인 바스티유 감옥을 공격한다. 국왕의 권위를 상징하는 국립감옥 바스티유가 파리 시민의 공격으로 절대왕권과 함께 무너지고 자유의 깃발이 솟아오른다. 프랑스의 모든 도시와 농촌으로, 유럽 대륙으로 그리고 인류 전체에게로 퍼져나갈 자유의 방아쇠가 당겨진다. 절대왕정의 죽음과 천부적 인간권리의 탄생을 예고하는 복음의 종이 울린 것이다.

왕이 없는 나라, 공화정의 탄생

사실 삼부회 소집은 루이 16세의 오산이었다. 왕은 제3신분인 평민 대표의 의식수준을 과소평가했고, 당시 경제적·사회적 위기의 심각성을 제대로 읽지 못하고 있었다. 프랑스혁명은 인류 역사상 가장 위대한 혁명이면서도 통일된 조직이나 체계적 강령 없이 성공한 혁명이었다. 그 주요 이유는 다름이 아니었다. 제3신분인 부르주아들이 이미 계몽주의로 무장되어 있는 상태였다. 부르주아들이 계몽주의로 사상적 통일성을 유지하면서 응집력을 유지한 것이 혁명의 주요 성공 원인 중 하나였다. 구체제의 붕괴는 물론 새로운 사회체제의 신속한 도입에도 프리메이슨Freemason 등의 활동을 통해 부르주아에게 보급된 고전적 자유주의가 큰 역할을 했다. 물론 혁명의 핵심 전투 세력은 민중들이었다. 제3신분의 평민 대표들은 교육을 받고 재산도 소유한 부르주아이면서 탈봉건적 태도에서는 노동 빈민 및 농민들과 같은 입장이었다. 그리고 당시의 심각한 경제적·사회적 위기가 폭도화한 민중들로 하여금 제3신분의 대표자들 배후를 든든하게 받치게 했다.

1789년 8월 4일 제헌국민의회는 노아유 자작(1756-1804)의 제안으로 봉건적 신분제와 영주제를 폐지한다. 이어서 1789년 8월 26일에는 미국독립전쟁에 참전했던 라파예트(1757-1834)가 기초한 「프랑스 인권선언」이 발표된다. 혁명정신을 담은 인권선언은 자유주의의 부르주아 이데올로기로, 오늘날과 같은 민주주의적 혹은 평등주의적 사회선언 그대로는 아니었지만 인류 발전에 한 획을 긋는 엄숙한 사건이었다. 귀족특권의 위계적 사회에 반대하는 선언이긴 했지만 아직 참정권 행사에 재산이 필요했고 정치체제도 왕 존재를 인정하는 입헌군주제였다. 오늘날의 민주주의로 가기 위해서는 아직 한 단계 남은 중간단계의 고전적 자유주의였다.

혼란은 언제나 민중들의 삶을 더욱 힘들게 한다. 그것이 궁극적으로 민중의 인간다운 삶을 위한 혁명 때문일지라도 예외는 아니다. 혼란의 시간은 언제나 고통이다. 파리의 식량사정이 악화되자 1789년 10월 5일 30만 명 이상의 파리 시민들이 파리시청 주변에 모여 루이 16세가 있는 베르사유 궁을 향한다. 여성들이 앞장서고 남성들과 라파예트가 이끄는 2만 명의 민병대가 그 뒤를 따랐다. 파리의 민중은 왕의 귀환을 요구했다. 왕은 민중에게 포위된 채 파리로 귀환해 시민의 감시 하에 들어간다. 사실상의 절대왕정 종식이었다. 왕과 함께 파리로 옮긴 의회는 많은 개혁을 단행한다. 그러나 당초 혁명의 발단이었던 재정 상태는 그대로였다. 1789년 10월 10일 주교 탈레랑(1754-1838)은 의회에서 재정문제의 해결책으로 교회 토지의 국가수용안을 내놓는다. 의회는 교회 재산의 분할매각으로 국가파산 위기를 넘긴다.

1791년 4월 제3신분으로 입헌군주정을 견지했던 혁명 지도자 미라보(1749-1791)가 급사하는 사건이 발생한다. 왕가를 보호해줄 마지막 보루라 생각했던 미라보의 죽음에 루이 16세는 파리 탈출을 계획한다. 그러고는 1791년 6월 20일 오스트리아 망명을 감행한다. 그러나 국왕 일행은 국경 바렌에서 시민들에게 잡혀 다시 파리로 송환된다. 자신의 백성을 저버린 국왕은 백성에 대한 충성 요구 권리도 함께 상실한다. 잡혀온 왕의 처분을 두고 의회 내 갈등이 일어난다. 혁명 세력은 왕정파와 공화파로 나뉜다. 왕정 폐지와 함께 공화정 수립 주장이 부상하기 시작한다.

1791년 9월 제헌국민의회는 프랑스 최초의 헌법을 제정한 뒤 해산한다. 헌법의 핵심은 재산제한선거권에 기초한 입헌왕정이었다. 일정 금액 이상의 직접세를 납부하는 남성만이 투표에 참여할 수 있었고, 절대왕정은 아니지만 왕정은 살아남았다. 국가의 주권이 전적으로 국민에게 있고 국민을 위하여 정치를 하는 민주주의까지는 아직 가야 할 길이 남았다. 1791년 10월 1일 헌법에 따라 입법의회Assemblée Législative가 출발한다. 의회는 두 파로 대립한다. 우익의 푀양파와 좌익의 지롱드파다.

1792년 4월 프랑스는 혁명의 불길이 번질 것이 두려워 반혁명연합군을 구성해 프랑스를 공격해 온 오스트리아와 프로이센에게 선전포고한다. 프랑스혁명의 역사가 유럽의 역사로 전환되는 순간이다. 그러나 프랑스는 계속해서 패전한다. 1792년 7월 입법의회는 국민들에게 조국의 위기를 알린다. 전국 각지에서 의용군들이 모여든다. 마르세유에서도 5천 명의 젊은이들이 전장을 향한다. '라마르세예즈'를 소리 높여 부르면서.

패전은 급진적 행동을 불러온다. 1792년 8월 9일, 파리의 상퀼로트Sansculottes(프랑스 혁명을 이끈 민중 세력)들은 파리시청을 점령해 주민자치제인 코뮌Commune을 수립하고 시민들에게 봉기를 호소한다. 다음날인 8월 10일 수만 명의 시민이 여기에 호응해 루이 16세가 있는 튈르리 궁을 공격한다. 그리고 마침내 국왕 일가의 신병을 확보한다. 왕권이 정지된다. 정부와 의회, 코뮌 3자의 불안한 동거와 사회적 혼란이 1개월여 지속되다, 1792년 9월 20일 입법의회가 해산되고 국민공회Convention Nationale가 새롭게 들어선다. 국민공회는 왕정폐지와 공화정 실시를 선포한다. '왕이 없는 나라', 공화국Republic이 탄생한다. 제2의 혁명이다.

자코뱅 공화국

국민공회 역시 두 파로 나뉘어 대립한다. 우익의 지롱드파와 좌익의 자코뱅파(산악파)다. 우익으로 돌아선 지롱드파는 부르주아 기반의 정파답게 의회주의와 자유주의 경제를 주장한다. 여기에 반해 자코뱅파는 중소시민 및 농민의 입장을 옹호한다. 특히 국왕의 처분을 두고 지롱드와 자코뱅파는 치열하게 대립한다. 투표에서 지롱드파가 패하면서 루이 16세는 자코뱅파에 의해 1793년 1월 21일 단두대의 이슬로 사라진다. 왕의 죽음은 국내외로 충격과 공포를 던진다. 오스트리아와 프로이센을 비롯한 유럽의 군주국들이 프랑스를 공격하기 위한 동맹 결성에 나서고, 국내에서는 왕당파의 반란이 일어난다.

우익인 부르주아 기반의 지롱드파는 주도권을 잡기 위해 쿠데타를 도모하다 실패하고, 의회 활동에서도 자코뱅파에 밀린다. 그러자 지롱드파는 12인위원회를 설치해 정치범 단속 명목으로 파리코뮌의 탄압에 나선다. 그러다 오히려 1793년 5월 31일 분노한 파리 상퀼로트들에 의해 포위당하는 상황이 발생하고, 1793년 6월 2일에는 시민들이 공회로 난입하는 사건이 일어난다. 일련의 사건으로 지롱드파 간부당원 29명이 의석을 잃고 국민공회는 자코뱅파 독주체제로 가게 된다. 자코뱅 공화국의 도래다.

자코뱅 독주체제가 시작되는 1793년 6월 프랑스는 그야말로 내

우외환이었다. 전국 80개 현 중 60개 현이 반란 중이었고, 독일 제후들이 북동쪽에서 영국이 남서쪽에서 프랑스를 공격해 들어오고 있는 중이었다. 독주체제를 갖춘 자코뱅 정권이 가장 먼저 한 일은 파리 상퀼로트의 지지 유지와 대중의 지지 획득이었다. 그리고 혁명전쟁을 수행하기 위한 국민총동원, 배신자의 제거, 전시가격통제와 같은 급박한 일들이었다. 전쟁 수행도 다급했지만 공화정 실시에 따른 본격적인 체제 정비도 중요했다. 새로운 헌법의 포고였다. 보통선거, 저항권, 노동 또는 생계유지의 권리 등과 같은 근대국가 최초의 민주주의적 헌법이 자코뱅 정부에 의해 포고되었다. 자코뱅의 경제 정책은 중소규모 농업, 소규모 수공업, 소매상인 보호에 치중했다. 자코뱅의 반反부르주아적 정책은 이후 프랑스에 자본주의의 발전과 이에 따른 프롤레타리아 계급의 성장 둘 모두를 늦추는 결과를 가져온다.

자코뱅과 상퀼로트의 동맹인 새 정부의 전시戰時내각은 바로 1793년 4월 6일 설립된 공안위원회Comité de Salut Public였다. 1793년 7월 13일 자코뱅의 지도자 마라(1743-93)가 자택에서 암살되는 사건이 발생한다. 로베스피에르(1758-94)는 혁명 중의 혼란을 통제하기 위해 공안위원회를 통해 인민의 이름으로 독재에 나선다. 공안위원회의 혁명재판소는 1년 사이에 롤랑 부인(1754-93)과 같은 지롱드파 명사들을 비롯해 왕비 마리 앙투아네트(1755-93) 등 수만여 명의 사람들을 혁명의 이름으로 단두대로 보낸다. 자코뱅 공화국은 1793

년 6월 정권을 잡은 뒤 1년여 만에 국내 질서를 되찾고 외부의 침략자들을 몰아낸다. 공포정치를 통한 총체적 난국의 수습이었다. 그러나 신념의 독재자 로베스피에르의 끝 역시 파멸이었다. 물론 영웅적이긴 했지만. 1794년 7월 27일(테르미도르 9일) 국민공회 내 반反로베스피에르파에 의해 그 역시 단두대의 제단에 목을 바치고 만다. 이른바 '테르미도르의 반동反動'이다.

로베스피에르의 몰락은 사람들에게 해방감과 반동反動을 함께 선물한다. 생명과 재산의 위협을 받고 있던 상류 계급에게는 해방을, 자코뱅파 정책의 수혜자였던 하류 계급에게는 부르주아적 정책으로의 회귀라는 반동反動을 선물했다. 로베스피에르를 제거한 테르미도르파는 부활한 반동의 귀족파와 로베스피에르의 몰락을 후회하는 자코뱅-상퀼로트적 파리 빈민들 양쪽으로부터 협공을 받는다. 군대에 대한 테르미도르파의 의존이 깊어진다. 이때 왕당파의 쿠데타가 일어난다. 1795년 10월 5일(방데미에르 13일) 일어난 보수파의 반동적, 이른바 '방데미에르의 반란'이다. 국민공회는 군대를 동원해 위기를 극복한다. 이때 코르시카 섬(1768년 프랑스령에 편입) 출신으로 자코뱅파 지지자였던 26살 난 장군이 프랑스 역사, 아니 세계사의 전면에 그 모습을 드러낸다. 프랑스혁명이 낳은 사생아이자 불세출의 영웅 나폴레옹 보나파르트(1769-1821)의 등장이다.

프랑스 왕정의 영원한 종식

부르주아 보수의 테르미도르파는 혁명적 민주주의와 독재지배를 막기 위해 '1795년 헌법'을 제정하고 새 헌법에 의거, 총재정부(Directoire, 5명 총재)를 세운 뒤 1795년 10월 26일 국민공회를 해산한다. 혁명의 주의 깊은 마무리를 위한 혁명 에너지가 집중적으로 요구되는 때, 에너지의 분산과 누수가 염려되는 정치체제가 등장했다. 나폴레옹은 1796-97년 이탈리아 원정에서 승리를 거둬 프랑스의 저명인사로 부상하고, 1798년 이집트 원정은 실패한다. 그리고 1799년 11월 9일(브뤼메르 18일) 쿠데타를 일으켜 독재를 확립한다. 보수주의의 원조 에드먼드 버크(1729-97)의 예언이 실현된다. 군사 독재자의 출현[5], 그리고 불과 피의 정화[6]가 공화정으로 가는 혁명의 길목을 가로막는다.

쿠데타로 정권을 장악한 나폴레옹은 형식상 3인 통령Consul의 통령정부(Consulat, 1799-1804)를 구성해 제1통령으로 실권을 장악하고 군사독재에 나선다. 1802년 8월에는 종신 통령에 추대되고, 2년 뒤인 1804년 5월 18일에는 황제 자리에 오른다. 제1제정(1804-1814, Le Premier Empire)의 출발이다. 자코뱅파 지지자였던 자신은 부르봉 왕조와는 다른, 혁명의 유산을 물려받은 황제라는 것을 드러내고자 했지만 제정帝政은 결코 혁명의 지향점인 공화정이 될 수 없었다. 혁명의 숭고한 이상은 퇴색하고 민중은 배반의 역사를 맞는다.

황제 나폴레옹은 나폴레옹법전 제정, 국립은행 설립을 비롯해 여러 가지 근대국가 제도를 확립하는 한편, 대외적으로는 유럽 제패에 나선다. 황제는 대부분의 유럽 지역을 자신의 발아래 두지만 숙적 영국만은 무릎 꿇리지 못한다. 나폴레옹은 1805년 10월 21일 트라팔가 해전에서 영국의 넬슨 제독에게 패한 뒤, 영국에 경제적 타격을 입히기 위해 대륙봉쇄령(1806-1814)을 내린다. 그리고 1812년 6월 대륙봉쇄령을 어긴 러시아 원정(1812년 6-12월)에 나섰다 참혹한 실패를 맛보고, 1813년 10월 라이프치히 전투에서 패배하고, 이어 급기야 1814년 3월 31일 파리가 반反프랑스 동맹에 함락당하는 상황을 맞는다. 나폴레옹은 1814년 4월 퇴위와 함께 지중해 엘바 섬으로 유배된다. 그리고 1815년 2월 26일 엘바 섬을 탈출해 황제 복위에 일시 성공하지만 6월 18일 워털루 전투에서 영국·프로이센 연합군에 패함으로써 황제의 귀환은 100일 천하로 끝나고 만다. 1815년 6월 22일 자리에서 물러난 나폴레옹은 대서양의 고도 세인트헬레나 섬으로 유배되고 그곳에서 6년을 지내다 세상을 떠난다.

나폴레옹에 대한 역사적 평가는 엇갈린다. 나폴레옹은 자코뱅 혁명과 평등·자유·박애의 꿈, 그리고 압제에 항거하는 피압박 계급들의 봉기에 대한 꿈을 파괴했다. 그러나 다른 한편으로, 전통과 단절코자 하는 사람이라면 누구나 스스로를 동일시할 그런 반反전통의 상징 또한 나폴레옹이다. 오늘날 사회의 핵심 기능인 법전, 관료

조직, 법원 제도, 대학 제도, 군대 제도 등 수많은 사회 제도를 도입한 인물도 바로 나폴레옹이다[7]. 사람들은 흔히 나폴레옹을 알렉산더, 카이사르에 비유한다. 알렉산더는 인도 침략에 나서면서 동서양 문화의 융합을 가져오고, 카이사르는 유럽 정복과 함께 유럽의 미개지역에 문명의 씨앗을 뿌렸다. 나폴레옹 역시 유럽의 정복 및 착취와 함께 숨 막히는 왕정의 질곡에 해방의 씨앗, 근대화의 씨앗을 함께 뿌렸다. 본인이 의도하든 의도하지 않았든.

프링스는 나폴레옹의 엘바 섬 유배 후, 1814년 6월 다시 왕성으로 돌아간다. 루이 16세의 동생 루이 18세가 왕위에 오른다. 입헌군주제를 지향하고 하층민에 대한 온건정책과 혁명의 자유주의 사상도 제한적이나마 인정했던 루이 18세가 1824년 사망하자, 루이 18세의 동생 샤를 10세가 왕위에 오른다. 샤를 10세는 루이 18세와 달리 절대왕정으로의 복귀를 꿈꾸는 반동적·반혁명적 정치를 한다. 그러다 1830년, 7월혁명에 의해 폐위된다.

샤를 10세 폐위 후 혁명 주도 세력인 부르주아 계급은 여전히 왕정을 고수한다. 부르봉 왕가의 방계(오를레앙 왕가)로 계몽사상의 영향을 받고 혁명에도 가담한 적이 있는 루이 필리프가 왕으로 추대된다. 보수주의 입헌왕정에서 자유주의적 입헌왕정으로의 전환이다. 루이 필리프는 입헌군주제와 자유주의 정책을 펴지만 지나치게 부르주아 편향적 태도를 취한다.

프랑스 국민은 다시 깃발을 들고 일어선다. 선거권 확대 등을 요구하는 1848년의 2월혁명이다. 루이 필리프가 퇴위하고, 프랑스는 44년 만에 다시 공화정으로 돌아간다. 제2공화정(1848-1852)이다. 대통령으로 당선된 나폴레옹 1세의 조카 루이 나폴레옹은 1851년 12월 1일 쿠데타를 일으켜 독재권력을 확보한 뒤, 1852년 12월 국민투표로 황제 자리에 오른다. 나폴레옹 3세의 제2제정(1852-70)이다. 나폴레옹 3세는 산업과 문예를 진흥시키고 크림전쟁(1853-6)에서의 승리를 통해 러시아의 남하를 저지하는 등 많은 업적을 세우나, 1870년 프로이센과의 전쟁에서 패한다. 프랑스는 제2제정의 종식과 함께 공화정으로 복귀하고, 독일은 염원하던 제국의 통일을 이룬다. 프랑스 제3공화국(1870-1940)의 출발이자 프랑스 왕정의 영원한 종식이다.

18세기 말 불타올랐던 혁명의 숭고한 정신이 나폴레옹 1세, 왕정복고 그리고 나폴레옹 3세의 먼 길을 돌아, 19세기 말이 되어서야 불과 피로 정화된 혁명의 땅에 마침내 안착한다. 절대군주제에서 입헌군주제로 그리고 민주제로 전진했다, 황제 독재로 역주행한 뒤 다시 민주제로의 전진 그리고 안착이었다. 자유와 평등을 향한 마르세유 젊은이들의 절규가 그제야 안식할 곳을 찾는다. '프랑스혁명'(1789-1804)은 국민이 국가의 주인이라는 사상 전파에는 성공했지만, 그 민주주의 원리에 따른 제도 안착에는 일단 실패했다. 그러나 마침내, 결국은 성공했다.

* 이 장은 《상식인권》(토머스 페인, 박홍규 옮김, 2014, 필맥, 91–217면), 《혁명의 시대》 (에릭 홉스봄, 정도영 등 옮김, 2009, 한길사, 145–179면), 외교부의 프랑스 개황 및 네이버 지식의 두산백과 등 참조함.

5장

보수는 개혁이 필수다

어느 시대 어느 국가에서나 '개혁'은 다름이 아니다. 그 사회구성원이라면 누구나 최소한의 생활은 유지할 수 있게 하고, 나아가 자신이 그 사회의 한 명의 구성원이라는 생각을 가질 수 있도록 하는 것이다. 같은 나라의 나와 다른 계급의 사람이, 다른 나라의 나와 같은 계급의 사람보다 더 멀리, 더 타인으로, 심지어 적으로 느껴지지 않도록 하는 것이다. 삶이 고통스럽더라도 지금 상태가 전쟁의 대혼란이나 죽음보다는 훨씬 낫다는 생각이 들게 해야 한다.

버크는 '변화할 수단을 가지지 못한 국가는 보존할 수단도 갖고 있지 못하다. 변화할 수단이 없는 국가는 가장 독실하게 보존하고자 하는 헌정 부분을 언제라도 상실하는 위험에 빠질 수 있다'[1]고 말한다. 지금의 국가를 보존하기 위해서는 개혁이 필수라는 이야기다. 그리고 개혁이 없는 곳에서는 언제라도 혁명이 일어날 수 있다는 경고다. 진보주의가 아닌 보수주의의 원조 버크의 주장이다.

지금까지 인류 역사상 존재했던 국가 중 가장 오래 지속된 국가는 로마제국이다. 동로마 기준으로 2,206년간이나 지속했다. BC753년 건국되어 4세기 발렌티니아누스 황제(재위364-375) 때 동·서로 갈라지고, 건국 1,229년 만인 AD476년 게르만족 출신 용병대장 오도아케르(433-493)에 의해 서로마는 멸망한다. 그리고 동로마는 그로부터 977년을 더 살아남아 1453년 오스만투르크의 메메트 2세(재위1444-46, 1451-81)에 의해 멸망한다. 국가든 기업이든 모든 조직들은 로마를 꿈꾼다. 2,206년 동안이나 지속했으니 모든 조직들의 로망이 안 될 수가 없다.

그렇다면 로마는 어떻게 해서 2,206년을 지속할 수 있었을까? 그 비결은 다름 아닌 개혁이었다. 테베레 강 언덕의 조그만 도시국가에서 3대륙에 걸친 제국으로 올라설 수 있었던 동력도 개혁이었고 또 2천 년을 넘게 유지할 수 있었던 요인도 결국 개혁이었다.

개혁의 역사, 로마 2천 년

로마의 개혁은 주로 제국으로의 도약기를 전후해 이뤄진다. 로마가 테베레 강가 7개 언덕의 도시국가에서 지중해를 내해로 품은 3대륙에 걸친 제국으로 성장해가는 세 단계인 삼니움 전쟁(BC326-BC284), 타렌툼 전쟁(BC280-BC273) 그리고 포에니 전쟁(BC264-BC146)의 전前과 후後에 집중된다. 세 전쟁을 앞둔 때의 개혁은 귀족과 평민 간의 신분 간 격차 해소로 곧 세 전쟁을 승리로 이끈 주요 원인으로 작용하고, 전쟁 후의 개혁은 부자와 빈민 간의 빈부 간 격차 해소로 전쟁이 가져온 사회문제에 대한 해결책으로 작용한다.

첫 번째 개혁은 BC494년에 있었던 호민관tribunus plebis 제도의 도입이다. 호민관 제도는 귀족에 대한 평민 계급의 이익과 권리 수호를 위한 제도로, 2명의 평민 호민관을 평민회에서 뽑아 그들에게 로마 최고행정권자인 집정관의 결정에 대한 거부권을 부여한 제도이다. 호민관 제도 도입으로 평민들에게 일방적으로 불리한 법은 제정될 수 없게 되었다. 호민관은 처음에는 두 명으로 시작되어 나중에는 10명으로까지 늘어난다[2]. 두 번째 개혁은 BC449년 도입된 12표법Lex duodecim tabularum이다. 12조항으로 이루어진 로마 최초의 성문법인 12표법은 귀족의 자의적인 통치를 견제하는 내용이었다[3]. 세 번째 개혁은 BC367년 만들어진 리키니우스·섹스티우스법Lex Licinia Sextia이다. 이 법은 집정관 두 명 중 한 명을 평민에서 선출하고, 시민 1인당 국유지 점유 면적과 방목 가축 수에 상한선을 두는 것이었다. 즉 토지는 500유겔룸(125헥타르), 소와 양은 각각 100마리, 500마리를 넘어 소유할 수 없게 하는 내용이었다[4]. 네 번째 개혁은 BC326년 만들어진 포이틸리우스법Lex poetilia이다. 포이틸리우스법은 채무로 인한 시민의 노예화를 엄격히 제한하는 내용이었다[5].

로마가 본격적인 확장기에 들어서기 전 시행된 이 4가지 개혁은 모두 평민의 지위를 강화하거나 귀족과 평민 간의 격차를 줄이는 내용들이다. 총력전이 될 수밖에 없는 국가 간 전쟁에서 귀족이고 평민이고 모두 '우리는 하나다'라는 의식을 갖도록 하지 못하면, 전쟁을 치르기도 전에 이미 자멸이다. 외부와의 결전에 앞서 내부의 소리 없는 전쟁이 이미 국민을 적대적인 둘로 갈라놓을 것이기 때문이다. 국가구성원 간의 '우리는 하나다' 의식은 다른 데서 생기지 않는다. 구성원 누구나 지킬 재산이 있어야 하고, 신분 간 또는 계급 간에도 공생 의식이 있어야 한다.

제국으로 도약하는 과정의 개혁으로는 BC287년의 호르텐시우스법Lex Hortensia이 있다. 호르텐시우스법은 귀족과 평민으로 구성되는 민회가 아닌, 평민만이 참여하는 '평민회' 결의만으로도 입법이 될 수 있도록 하는 법이었디[6]. 제국 확장기 진 4차례의 개혁에서와 마찬가지로 평민들의 권익을 강화하는 법이었다. 이 호르텐시우스법이 제정된 BC287년은 로마가 제국으로 도약해가는 첫 번째 전쟁인 삼니움 전투(BC326-BC284) 마무리 때였다. 전쟁에서의 평민들의 역할 증대와 기여가 곧 평민들의 권익 강화로 이어졌음을 짐작할 수 있다.

제국으로의 도약기 이후의 개혁은 바로 그 유명한 호민관 그라쿠스 형제에 의한 두 차례의 개혁이다. 티베리우스 그라쿠스(BC169?-BC133)와 동생인 가이우스 그라쿠스(BC160?-BC121) 형제는 제2차 포에니 전쟁(BC208-BC202)의 바이쿨라전(BC208), 일리파전(BC206) 그리고 마지막 자마전(BC202)에서 카르타고의 한니발에게 승리를 거둔 명장 대 스키피오Publius Cornelius Scipio Africanus Major(BC236-BC184)를 외조부로, 그리고 같은 시기 한니발과 맞서 싸우다 전사한 티베리우스 셈프로니우스 그라쿠스를 조부로 둔 명문가 자손이다. 형제의 아버지인 티베리우스 셈프로니우스 그라쿠스(BC220?-BC153?)는 호민관, 안찰관, 법무관 그리고 BC177년과 BC163년 두 차례에 걸쳐 집정관까지 지낸 인물이었다. 그라쿠스 가문의 셈프로니우스 일족은 평민 계급이이지만 포에니 전쟁에서의 공훈과 집정관 배출로 귀족 대우를 받고 있었다[7].

형제 중 형인 티베리우스 그라쿠스는 호민관에 선출되어 BC133년 농지법을 제정한다. 농지법은 로마 시민의 국유지 임차 및 목축용 가축 소유에 제한을 두는 내용이었다. 국유지 상한선은 500유겔룸(125헥타르)이었고 가축 소유 상한선은 600마리였다[8]. 동생인 가이우스 그라쿠스는 BC124년 호민관에 당선된 뒤 이듬해인 BC123년 곡물법 등을 제정한다. 곡물법은 로마 거주 빈민을 위한 복지정책으로 국가가 일정량의 밀을 사들여 그것을 빈민들에게 시가의 절반 정도로 공급하는 제도이다. 로마의 빈민들은 매달 5모디우스(약 50리터)의 밀을 모디우스당 6.3아세로 살 권리를 가졌다[9].

모든 일에는 명암이 따른다. 도시국가 로마의 갑작스런 도약도 그랬다. 전쟁 승리로 인한 값싼 노동력인 노예의 증가, 국토 확장에 따른 경제활동 기회의 증가 및 속주로부터 급증하는 세금의 유입과 같은 밝음이 있는 데 반해 이에 따른 빈부격차의 확대라는 어두움이 따랐다. 한쪽에는 오늘날 자본가라 할 수 있는 에퀴테스(equites, 기사계급)의 자본 축적이 진행되고 다른 한쪽에서는 경쟁력 상실로 자작 농지를 잃어버린 무산자들이 등장했다. 무산자 증가에 따른 병력 감소와 사회 혼란 증가가 있을 수밖에 없었다. 그라쿠스 형제가 내놓은 개혁안은 바로 이런 상황에 대한 해법이었다. 현재를 '보전하고 지키기' 위한 보수保守적 개혁이었다.

동로마는 서로마가 망한 뒤에도 천 년을 더 유지한다. 동로마를 '보전하고 지킨 것' 역시 개혁이었다. 헤라클리우스 1세(재위610-641) 황제는 사람들을 나태하게 만드는 '빵과 서커스'를 없애는 개혁을 단행한다. BC123년 가이우스 그라쿠스에 의해 시작된 곡물법은 여러 변화를 거쳐 이때 당시에는 밀이 무료로 제공되고 있었다. 그리고 무료 밀배급 증서는 축제일에 진행되는 오락 행사장 무료 입장권을 겸하고 있었다. 오늘날로 보면 먹는 문제와 문화생활을 국가가 책임지고 있는 식이었다. 완벽한 복지였다. 굶어죽을 염려가 없었고 그렇다고 심심해서 우울증에 걸릴 일도 없었다. 헤라클리우스 1세 황제가 한 개혁은 바로 이 무료 밀배급 제도를 없애고 행사를 대폭 줄이는 것이었다. 그리고 이 절약한 예산에 교회로부터 징수한 전쟁비용을 더해 군대를 재편하고 페르시아 원정을 시도해 빼앗겼던 동부의 로마 속주들을 되찾았다[10]. 복지의 요람 속에서 상실되어가는 로마인의 상무정신과 도전정신을 일깨워 제한적이나마 다시 한 번 로마의 영광을 실현한 것이다. 앞서 공화정 시대의 개혁들이 인간의 과욕過慾으로 인한 공정성 훼손에 대한 개혁이었다면, 헤라클리우스 1세의 개혁은 인간의 과태過怠로 인한 인간성 그리고 사회적 건강 훼손에 대한 개혁이었다. 인간성과 사회적 건강을 회복한

로마는 9백 년 가까이 더 지속한다.

조선 왕조의 개혁 성공과 실패, 그리고 그 결과

우리나라 역사에서 조선의 건국은 앞서의 삼국의 건국, 통일신라의 성립 또는 고려의 등장과 크게 다르다. 역성易姓 혁명으로 표현되듯 내부적으로 지배자의 성씨만 왕王에서 이李로 바뀌고 영토와 백성은 그대로였다. 그런데 가계家系의 전통이 지배자 자격과 정권의 정당성 확보에 절대적이었을 왕정시대에, 당연히 백성들의 반발이 있어야 할 터인데 그렇지 않았다. 왜일까?

그것은 바로 이성계의 토지개혁 때문이었다. 고려는 후기로 접어들면서 부의 편중 문제가 심각했다. 권세가들이 토지를 불법으로 취하고 양민을 노비로 사유화하면서 농장 확대를 꾀하는 일이 만연했다. 고려는 불법 탈취된 땅과 노비들을 다시 원 상태로 되돌리기 위한 기구인 전민변정도감田民辨整都監을 1269년부터 1388년까지 7차례나 설치한다. 이렇다 할 성과를 내지 못하던 부의 편중 문제는 신흥 무인 세력인 이성계(1335-1408)에 의해 단번에 해결된다. 고르디우스의 매듭을 자른 알렉산더의 칼처럼 이성계는 1390년 토지대장을 모아 불사른다. 그리고 1391년 과전법科田法을 실시한다. 농사가 경제활동과 부富의 전부였던 시대, 그 근거인 토지대장이 연기

속으로 사라졌으니 부의 불법적 편중에 고통받던 백성들이 대환영하지 않을 수가 없다. 이성계의 개혁은 백성들의 분노를 가라앉혔음은 물론 한 나라를 그의 품 안으로 들어오게까지 한다. 고조高祖인 안사 이후 100여 년간 원나라의 녹을 먹다 1356년 아버지 자춘 때 고려로 돌아온 신흥 세력 이성계가 조선 왕조의 창업자가 될 수 있었던 것은 바로 개혁 때문이었다.

이 땅의 역사에서 조선 왕조의 근대적 정치체제로의 주도적 전환 실패는 개혁에 대한 기득권의 기부 때문이었다. 구체제인 왕정의 한계는 삼정三政의 문란으로 상징된다. 바로 오늘날 납세, 병역 그리고 복지에 해당되는 전정田政, 군정軍政 그리고 환정還政 제도 운영에 있어서의 부정부패가 바로 그것들이다. 있지도 않는 토지에 세금을 매기는 백지白地징세, 몇 배나 부풀려 징세하는 도결都結과 방결防結 그리고 기타 갖가지 잡세 등이 바로 납세인 전정의 문란이었다.

조선 왕조의 병역 원칙은 원래 양인개병良人皆兵과 병농일치兵農一致였다. 노비를 제외한 상민과 양반 장정은 누구나 16세부터 60세까지 병역의무를 지고, 이 44년 동안 병역 당번(정병正兵) 때는 병역의무를 수행하고 비번(보인保人)일 때는 일반인으로 농사에 종사했다. 그리고 비번인 장정들은 병역 당번들을 위해 일정한 금액(보포保布)을 부담했다. 그런데 왕조 창업으로부터 100년 가까이 지난 15세기 말부터 양인개병제가 변질되기 시작한다. 돈을 받고 병역 당번을 다른 사람으로 세우는 불법이 등장한다. '포(돈)를 받고 병역의무를 면제해주는' 방군수포제放軍收布制다.

양인개병이라는 병역의무제가 흔들리자 조선은 1541년 중종(재위 1506-44) 때 병역 제도를 아예 군적수포제軍籍收布制로 바꾼다. 병역기에 해당되는 장정들에게 매년 병역세로 2필의 군포를 거둬 그 돈으로 병력을 고용하는 모병제로 전환한 것이다. 군적수포제 역시 시간이 지나면서 누더기가 된다. 가짜 관직(공명첩空名帖)을 사거나 학생으로 신분을 세탁해 군포를 면제받는 편법이 등장하고, 본인에게 징수가 불가하자 그 이웃에게 강제 징수하는 인징隣徵, 가족에게 징수하는 족징族徵, 마을 단위로 징수하는 동징洞徵과 같은 편법이 등장한다. 심지어는 어린아이에게 군포를 징수하는 황구첨정黃口簽丁, 죽은 자에게 징수하는 백골징포白骨徵布와 같은 불법 징수도 등장한다. 1750년 영조(재위 1724-76)에 이르러 군정의 폐해를 없애고 서민들의 부담을 줄이기 위해 양인이라면 누구나 모두 균일하게 매년 포 1필을 납부하는 방식의 균역법均役法을 도입하나 균역법 역시 군정의 문란을 완전히 해소하지는 못한다.

환정은 백성들에게 봄에 식량과 씨앗을 빌려주고 가을 추수 때 그것을 되돌려 받는 제도다. 백성들은 춘궁기에 식량문제를 해결할 수 있고 정부는 묵은 곡식을 매년 새 곡식으로 교체할 수 있어, 백성의 복지를 확보함과 동시에 국가재정의 건전화를 꾀할 수 있는 제도가 이 환정이었다. 그런데 환정 역시 시간이 지나면서 변질되어, 빌려준 곡식에 이자를 붙여 그 이자가 원곡의 1/2이나 되는 상황에까지 이른다. 또 빌려줄 때 이물질을 섞어 양을 부풀리고, 빌릴 필요가 없는 백성들에게까지 강제로 떠맡기거나 이자를 곡식이 아닌 돈으로 내게 해 관리들이 사취하는 일들이 자행된다. 환정의 문란이다. 이런 왕정 하의 총체적인 부조리에 대한 개혁 요구가 바로 임술농민전쟁 그리고 동학혁명이다.

1862년 철종(재위 1849-63) 때 발생한 임술농민전쟁은 전라도, 경상도 그리고 충청도 삼도에서 삼정의 문란, 자영농민층의 몰락 등에 항거하여 일어난 농민전쟁이다. 몰락 양반, 농촌 지식인, 향촌 명망가 등의 주도와 농민들의 적극적인 참여로 일어난 임술농민전쟁은 근대 시민사상에 바탕한 항거는 아니었지만 중세적 조세 제도의 시정 등 봉건적 통치 질서 종식에 대한 민중들의 개혁 요구였다.

1894년 고종(재위 1863-1907) 때 발생한 동학농민운동은 전라도 고부에서 동학교도와 농민들이 관리의 수탈과 가렴주구에 항거하여 시작한 농민운동이다. 고부의 동학접주 전봉준(1855-95) 주도 하에 탐관오리의 숙청과 보국안민을 천명하고 일어난 동학농민운동은 시간이 지나면서 반봉건·반침략을 지향하는 개혁운동으로 발전한다. 탐관오리의 숙청, 동학농민군의 참정권 요구, 양반토호들의 탐학 배격, 토지재분배의 요구, 노비해방 등의 반봉건적 개혁 요구와 일본 세력의 배격 요구가 바로 그것들이다. 1894년 2월 고부에서 시작되어 전국으로 확대된 동학농민운동은 정부군과 청군 및 일본군의 협공으로 같은 해 12월 막을 내린다. 동학농민운동은 근대적 정치체제인 공화정으로의 전환과 같은 근본적인 대안 제시에까지 이르지는 못했지만 참정권 요구, 토지재분배, 노비해방과 같은 근대 시민사상에 근접한 아래로부터의 강력한 개혁 요구였다.

중국 청 왕조의 개혁 실패와 그 결과

———

중국 왕정의 마지막 왕조 청(1636-1912)은 1840년에 일어난 영국과의 아편전쟁을 기점으로 근대화의 격랑에 휩쓸린다. 아편전쟁 패전으로 체결된 1842년 8월의 난징조약 이후 20세기 초까지 중국은 서양제국의 본격적인 침략과 함께 근대화를 향한 내부 진통을 격렬하게 겪는다.

첫 번째 진통은 홍수전이 농민 등 기층민을 결집시켜 일으킨 중국 사상 최대 농민전쟁인 태평천국太平天國의 난(1851-64)이다. 홍수전은 기독교의 유일신 차용을 통한 조직의 종교화와 대륙의 주류인 한족의 부흥(멸만흥한滅滿興漢), 대동사상에 입각한 공산적 사회 실현 등을 내걸고 봉기한다. 그러나 내부의 분열, 정부의 반혁명 의용군과 영국 등 열강의 공격으로 태평천국은 14년 만에 역사를 닫는다. 여러 가지 문제에도 불구하고 태평천국의 난은 무기력한 봉건국가에 대한 자극, 외부 열강에 대한 저항, 근대 농민혁명의 출발이라는 데 큰 의의를 갖는다.

두 번째 진통은 중국 최초의 근대화 시도인 양무洋務운동(1861-94)이다. 양무운동은 의용군을 조직해 태평천국의 난 진압에 나섰던 증국번, 이홍장, 좌종당과 같은 한인 지방관료들에 의해 주도된다. '서양의 문물과 기술을 받아들인다는 의미'의 '양무'운동은 한마디로 중체서용中體西用이었다. 제도나 가치는 중국 전통의 것을 고수하고 문물과 기술은 서양의 것을 배우자는 부국강병운동이었다. 군수산업으로부터 시작된 양무운동은 다양한 분야에서 많은 성과를 가져오나 한계도 지닌다. 국가 근대화에 대한 종합적인 로드맵 부재, 운동 주도 세력의 정부권력 핵심 장악 실패, 실세인 서태후의 견제 그리고 열강의 잇따른 침략 등이 바로 그것들이다. 특히 청일전쟁(1894)에서의 패배는 양무운동 실패의 결정적인 원인으로 작용한다.

세 번째 진통은 일본의 메이지 유신을 모델로 강유위, 양계초, 담사동 등의 지식인에 의해 추진된 변법자강變法自疆운동(1898)이다. 산업·기술에만 치중했던 양무운동과 달리 변법자강운동은 중국의 정치 및 사회 제도의 근본적 개혁까지 그 대상으로 삼았다. 헌법 개정, 국회 개설, 서양식 학교 설립, 산업의 보호육성 등 사회 전반의 근대화를 꾀한 이 운동 역시 100일 유신維新의 미완성으로 끝난다. 황제 광서제(재위 1874-1908)의 지지까지 얻어내지만 실세인 서태후 등 수구파의 반대로 100여 일 만에 막을 내리고 만다. 물론 국민과의 광범위한 유대 없이 궁정에 제한된 운동 추진 방식도 실패의 한 원인이었다.

네 번째 진통은 의화단운동(1899-1901)이다. 의화단운동은 당초 종교적 비밀 결사이자 경제기반을 상실한 농민들로 주로 구성된 의화권義和拳의 반기독교운동으로 시작된다. 실세인 서태후를 중심으로 한 수구파는 의화권을 의화단으로 개칭해 부청멸양扶淸滅洋의 기치를 내걸고 이들을 반외세 투쟁에 이용한다. 의화단은 외국인에 대한 공격은 물론 철도·전신 등 근대화 시설까지 공격목표로 삼는다. 청 조정은 1900년 6월 열강에 선전포고를 한다. 관군과 10대 소년이 많이 포함된 의화단의 열강에 대한 공격은 영국을 비롯한 8개국의 연합 공격을 불러온다. 청은 패전과 함께 막대한 배상금을 지불하고 조정의 수구파는 실각한다.

의화단 사건 이후 청은 급속히 혁명의 열기 속으로 빠져 들어간다. 손문은 1911년 신해혁명을 일으키고, 1912년 1월 1일 공화정 중화민국의 건국을 선포한다. 원세개를 기용해 손문과의 협상에 나선 청조는 원세개의 중재로 1912년 2월 12일 마지막 황제 선통제 푸이(재위 1908-12)의 하야로 종말을 맞는다. 3천 년 이상 지속된 대륙의 전제군주제 왕정이 인류의 보편적 가치 실현 수단인 공화정에 밀려나면서 마지막 숨을 몰아쉰 순간이다. 대륙의 근대화를 향한 다섯 번째 진통, 공화정으로 가는 마지막 진통 신해혁명이었다.

미완의 개혁, 인류 최초의 공산국가를 낳다

러시아의 왕정은 로마노프 왕조의 마지막 차르 니콜라이 2세(재위 1894-1917)를 끝으로 1917년 2월혁명 때 막을 내린다. 그리고 이어 같은 해 10월혁명으로 레닌의 공산정권이 시작된다.

1613년 시작된 로마노프 왕조는 표토르 1세(재위 1696-1725)와 예카테리나 2세(재위 1762-96) 때 크게 발전한다. 수도를 모스크바에서 상트페테르부르크로 옮기는 등 시구화 개혁에 매진했던 표도르 1세는 스웨덴과의 전쟁에서 승리를 거둠으로써 발트 해 패권을 확보한다. 독일 출신의 예카테리나 2세는 투르크전(1769-74)을 승리로 장식함으로써 흑해 연안과 크림반도를 확보한다. 폴란드 일부와 알래스카도 러시아 영토로 편입한다.

왕정시대, 국가의 융성과 서민의 삶은 비례하지 않는다. 국력신장에도 불구하고 농노제는 오히려 강화된다. 1789년 프랑스혁명으로부터 30여 년이 지난 1825년, 러시아의 일부 젊은 귀족과 장교들이 군주제와 농노제 폐지를 요구하는 데카브리스트Dekabrist의 난을 일으킨다. 그러나 난은 실패로 끝난다. 그 뒤 크림전쟁(1853-6)에서 영국·프랑스 등 연합군에 대한 패배로 후진성이 드러나면서 러시아 내부적으로도 개혁의 필요성이 대두된다. 알렉산드르 2세(재위 1855-81)는 농노해방(1861), 지방자치·사법·교육·병역 등 다방면에 걸친 대개혁 시도와 근대화에 나선다. 그러나 미완에 그친다. 개혁

도중 황제 본인이 암살되어 그렇기도 하지만 개혁 자체가 실효성이 약했다. 농노제를 그대로 두면 혁명은 필연일 것이라 판단한 차르가 농노해방령과 토지분배를 선언했지만, 그 분배는 개인이 아닌 공동체(mir) 단위였고 대상 토지도 충분하지 못했고 무상이 아닌 유상이었다. 지주로부터의 매입조건도 매우 불리해 여전히 농민들이 지주에 예속되거나 적대적일 수밖에 없었다.

미완의 개혁은 20여 년이 지나 결국 혁명의 불을 낳는다. 1905년 혁명과 1917년의 2월혁명 그리고 10월혁명이 그것이다. 러시아의 후진성은 20세기 들어 극심한 공황, 실업자의 증가, 임금의 저하 및 지가 폭등 등으로 드러난다. 그리고 이런 요인들은 1905년 혁명을 불러일으킨다. 1905년 1월, 상트페테르부르크의 노동자들은 8시간 노동과 최저임금제를 요구하는 시위를 벌인다. 시위는 전국적인 총파업으로 확산되고 일부 군부의 반란, 모스크바 노동자의 무장봉기로 이어진다. 차르 니콜라이 2세는 불완전한 개혁인 10월선언으로 중산층 등 일부 혁명 세력을 무마하고 위기를 넘긴다. 미완의 혁명이었다.

그로부터 10년이 지나 러시아는 다시 혁명의 열기에 휩싸인다. 그렇잖아도 허약했던 나라의 경제력이 1차 대전 참전으로 모두 전쟁에 동원되면서 민생경제가 파탄에 이르렀다. 니콜라이 2세는 개혁에는 관심이 없고 전제專制에만 집착했다. 절박한 상황이 사람들을 파업과 시위로 몰아가면서 군부까지 시위에 가담하는 상황에 이르자

1917년 2월 국회가 중재에 나선다. 국회의 중재로 니콜라이 2세가 퇴위하고 임시정부가 구성된다. 견고했던 로마노프 왕조, 차르시대가 막을 내린다.

왕조는 문을 닫았지만 민생경제는 파탄 그대로다. 임시정부는 여전히 1차 대전 참전을 고수하고 있었다. 러시아 민중은 다시 끓어오르기 시작한다. 이때 망명 중이던 레닌이 스위스로부터 귀국한다. 그리고는 '자본주의의 타도 없이 종전은 불가능하다'는 4월테제 April Theses를 발표한다. 레닌의 볼셰비키는 수도 주재 병력과 노동자들을 조직해 무장시위에 나선다. 임시정부는 급거 전선으로부터 군대를 소환해 탄압에 들어간다. 1917년 10월 볼셰비키는 무장봉기를 일으킨다. 그리고 권력을 장악한다. 인류 역사상 최초의 사회주의 정권이 등장한다. 왕조의 개혁 실패가 혁명의 불과 함께 사회주의 국가를 낳았다.

진정한 보수주의는 항상 개혁을 생각한다

———

로마는 사직을 2,200년이나 보존하고 지켰다. 그 비결은 끊임없는 개혁이었다. 고려가 450년 사직을 닫은 것, 이성계가 조선이라는 나라를 얻은 것 모두 개혁 때문이었다. 사직을 닫은 것은 개혁이 없었기 때문이고, 사직을 얻은 것은 개혁이 있었기 때문이다. 조선이

19세기 세계적인 근대화 조류 속에서 주도적인 근대화 전환에 실패한 것 역시 개혁 때문이었다. 기득권층의 순전純全한 개혁의지가 없었다. 조선의 주도적 근대화 전환 실패에 이어진 역사의 단절, 이후의 비주도적 근대 정치체제의 도입은 왕정시대 권위주의의 그늘과 단절시대 기회주의의 왜곡된 가치를 오늘날까지 어두운 역사 유산으로 남긴다.

대륙 국가 중국 청 왕조의 19세기 굴욕 및 종말 역시 개혁의 부재 때문이다. 아편전쟁 이후 기층민과 지식인들의 수차례 개혁 시도에도 불구하고 그들 위에 올라타 있던 서태후를 비롯한 보수 세력은 개혁을 부정한다. 결과는 혁명 그리고 왕조의 종말이었다.

러시아 로마노프 왕조도 마찬가지다. 개혁의 부재 그리고 불완전한 개혁이 결국 왕조의 종식을 초래하고 1년 안 되어, 2,300년 전 플라톤이 그렸던 공산국가를 인류 최초로 지구상에 등장시켰다.

어느 시대 어느 국가에서나 '개혁'은 다름이 아니다. 그 사회구성원이라면 누구나 최소한의 생활은 유지할 수 있게 하고, 나아가 자신이 그 사회의 한 명의 구성원이라는 생각을 가질 수 있도록 하는 것이다. 같은 나라의 나와 다른 계급의 사람이, 다른 나라의 나와 같은 계급의 사람보다 더 멀리, 더 타인으로, 심지어 적으로 느껴지지 않도록 하는 것이다. 삶이 고통스럽더라도 지금 상태가 전쟁의 대혼란이나 죽음보다는 훨씬 낫다는 생각이 들게 해야 한다.

보수주의의 원조 버크는 '변화할 수단을 가지지 못한 국가는 보존할 수단도 갖고 있지 못하다. 변화할 수단이 없는 국가는 가장 독실하게 보존하고자 하는 헌정 부분을 언제라도 상실하는 위험에 빠질 수 있다'[11]라고 했다. 버크의 보수주의 잣대에 비추어볼 때 고려와 조선의 왕과 양반들, 중국 청조의 황제와 궁정 세력들, 러시아 로마노프 왕조의 차르와 귀족들에는 진정한 보수주의가 없다. 자기의 숨통을 스스로 조이는 자기부정밖에 없다.

진정한 보수주의는 항상 개혁을 생각한다. 보수주의자에게 그것은 세상을 바꾸기 위해서가 아니다. 지금을, 그리고 자기의 것을 더욱 더 잘 지키기 위해서다. 지금을 가장 잘 '보전하고 지키는', 즉 '보수保守'의 수단은 개혁이다. 동서양의 역사가 선명하게 보여주듯.

6장

평등의 문제

재산이 없는 이가 점점 많아지면 그 사회 저 깊은 곳에서는 혁명의 마그마가 끓기 시작한다. 부유한 이든 권력자든 그 땅을 딛고 사는 이들은 미구에 닥칠 마그마의 폭발과 낙진을 피할 수 없다. '기회의 평등'만 옳은 평등이라고 고집할 수 없는 현실적 이유다.

'평등'만큼 헷갈리게 사용되는 말이 없다. 그것도 극과 극으로. R. 리스벳의 '보수주의 철학에서 자유와 평등이 본질적으로, 그리고 절대적으로 양립 불가능하다는 원칙보다 기본적인 원칙은 없다'[1]는 말이나, M. 프리드먼(1912-2006)의 '평등을 자유보다 앞세우는 사회는 결국 평등도 자유도 달성하지 못하게 될 것이고, 자유를 첫째로 내세우는 사회는 보다 큰 자유와 평등을 달성할 것이다'[2]와 같은 내용을 읽으면 누구나 어리둥절하지 않을 수 없다.

 '자유'와 '평등'이 양립할 수 없다니? '평등'이 앞서면 '자유'도 '평등'도 모두 죽는다니? 그렇다면 우리가 학교에서 인류가 보편적으로 추구해야 할 가치로 배웠던 '자유와 평등'은 무엇이란 말인가?

교과서가 잘못되었다는 말인가.

자연적 자유 vs. 사회적 자유

───

'평등' 하면 '자유', '자유' 하면 '평등'처럼 '평등'과 '자유'는 거의 항상 붙어 다닌다. 왼손, 오른손처럼 상대적인 켤레 말이어서 그럴 수도 있고, 인간 생존에 필요한 의衣, 식食, 주住처럼 무엇인가를 구성하는 필수요소여서 그럴 수도 있다.

'평등'과 '자유'가 인류가 추구해야 할 보편적 가치로 자리 잡은 것은 18세기 말부터다. 1776년 7월 4일 발표된 「미국독립선언서」는 선언의 배경을 간략히 밝히고 난 뒤 곧바로 이렇게 시작한다. '우리는 다음의 진리들이 자명하다고 주장하는 바이다. 인간은 모두 평등하게 태어났으며, 조물주는 이들 인간에게 그 누구에게도 양도할 수 없는 몇 가지 권리를 부여했으니 바로 생명, 자유 그리고 행복의 추구와 같은 것들이다We hold these truths to be self-evident, that all men are created equal, that they are endowed by their Creator with certain unalienable Rights, that among these are Life, Liberty and the pursuit of Happiness'.

그리고 13년 뒤인 1789년 8월 26일 발표된 「프랑스인권선언」은 제1조에서 '인간은 자유롭게 그리고 평등한 권리를 지닌 채 태어났고 또 살아간다. 사회적 차별은 오로지 공동의 이익을 위해서만 허용될 수 있다Les hommes naissent et demeurent libres et égaux en droits. Les distinctions sociales ne peuvent être fondées que sur l'utilitécommune.'라고 말하고 있다.

그로부터 200여 년이 지난 오늘날 우리나라 헌법 제11조 ①항에서는 '모든 국민은 법 앞에 평등하다. 누구든지 성별·종교 또는 사회적 신분에 의하여 정치적·경제적·사회적·문화적 생활의 모든 영역에 있어서 차별을 받지 아니한다', 이어 ②항에서는 '사회적 특수 계급의 제도는 인정되지 아니하며, 어떠한 형태로도 이를 창설할 수 없다'라고 말하고 있다. 그리고 제12조부터 제22조까지 신체의 자유 등 자유의 구체적인 내용, 제37조에서는 자유의 제한, 제119조 ①항에서는 경제활동상의 자유를 말하고 있다. 인류의 절대적인 가치인 '평등'과 '자유'가 선언으로 시작해 법 조항으로 구체화되어왔음을 알 수 있다.

먼저, '자유'는 원시자연 상태에서의 '자연적 자유'와 한 국가의 시민으로서의 '사회적 자유'로 나누어볼 수 있다. 원시자연 상태는 국가가 있기 전 상황이다. 이때 인간은 무한대의 자유를 갖는다. 다른 인간으로부터 먹을 것을 빼앗을 수도 그를 죽일 수도 또는 그를 내 마음대로 재판하고 처벌할 수 있는 무한대의 권리이다. 물론 나 이외 다른 인간들도 나와 동일한 크기의 자유 또는 권리를 갖는다. 그런데 자유와 권리는 홀로 존재하지 않는다. 자유에는 책임이 따르고 권리에는 의무가 따른다. 원시자연 상태에서 무한대의 자유는 실제적으로는 이름뿐인 자유인 데 반해, 무한대의 책임은 글자 그대로 무한대다. 자신 이외에는 모두 적으로, 그 모든 공격을 혼자서 감당해야 하기 때문이다. 모두 무한대의 자유를 가진 상태에서, 나와 적의 전력은 '1 : 1'이 아닌 '1 : ∞'이다. 이런 상태라면 자신의 목숨 보존은커녕 손 안의 작은 사과 하나도 제대로 보호받을 수가 없다.

그래서 사람들은 상호간에 계약을 맺어 국가를 만든다. 그리고 이름뿐인, 실질적으로는 아무 의미도 없는 무한대의 자유를 내놓고 대신 유의미한 '사회적 자유'를 얻는다. 물론 이때 무한대의 책임도 무한대의 자유와 함께 어깨에서 내려놓는다. 작지만 현실적이고 실효적인 '사회적 자유'를 얻은 이들은 법 테두리 내에서 손 안의 사과에 대한 소유권은 물론 생명 보전, 나아가 의미 있는 삶까지 추구할 수 있게 된다. '자연적 자유'와 '사회적 자유'의 차이다.

우리가 일반적으로 사용하는 '자유'는 당연히 '인간이 자신을 지배하는 그러한 법률이 허용하는 한도 내에서 그 자신의 뜻대로 그의 인신, 행위, 소유물 및 그의 전 재산을 처리하고 규제할 수 있는 자유'[3]라고 로크(1632-1704)가 말한, 그런 '사회적 자유'다.

평등의 세 가지 개념

평등은 크게 셋으로 구분할 수 있다. '원시자연 상태에서의 평등',

'법 앞에서의 평등' 그리고 '분배의 평등'이다. '자연적 평등'인 '원시자연 상태에서의 평등'은 그야말로 절대적으로 완벽한 평등이다. 로크가 '동일한 종류의 피조물은 차별 없이 자연의 동일한 혜택을 받고 태어나 동일한 재능을 사용하며, 어떠한 복종이나 종속 없이 상호간에 평등하다'[4]라고 말한 것처럼, 원시자연 상태는 모든 동물 그리고 인간에게 절대적으로 동일한 조건을 제공하기 때문이다.

그러나 '원시자연 상태에서의 평등'은 사실 인간에게 아무런 의미가 없다. 앞의 무한대 자유 환경에서 이미 살펴본 것처럼 다른 인간과의 차별 여부를 따지기 전에 먼저 내 생명 자체가 제대로 보존될 수 없기 때문이다. 평등 아니라 그 어떤 고귀한 가치도 살아있는 상태에서 의미가 있는 것이지 생존 자체를 장담할 수 없는 상황에서는 아무 의미가 없다. '자연적 평등'에서의 또 하나의 문제는 글자 그대로 '자연적' 평등, 달리 말하면 동물적 평등이라는 것이다. 일반 동물과 달리 인간은 한 개체로 서는 데 최소 십수년이 걸린다. '자연적 평등'은 그런 인간만의 특성을 고려하지 않는다. 육체적으로 완성되는 데도 거의 20년이 걸리고, 인간이라는 종種의 속성인 이성 역시 태어날 때 장착만 되어 있을 뿐, 그것이 성숙되기까지는 육체와 마찬가지로 거의 20년의 시간을 필요로 한다. 따라서 육체적 및 이성적으로 하나의 독립된 개체로 완성되는 기간 동안의 절대평등은 인간적 차원에서는 오히려 불평등이고, 글자 그대로 인간 이외의 자연물에나 해당되는 '자연적 평등'일 뿐이다.

인간은 결국 사신의 생명과 재산 보호를 위해 국가를 만든다. 그리고 앞에서 사회적 자유를 선택하듯이 '법 앞에서의 평등'을 선택한다. 루소(1712-78)가 '인간들 사이에 자연적으로 생겨날 수 있는 육체적 불평등을 도덕적이고 합법적인 평등으로 대치한다는 것, 그리고 인간은 체력 또는 재능에 있어 불평등할 수 있는 만큼 계약에 의해 그리고 법으로써 모두가 평등하게 된다'[5]라고 말한 것처럼, 사람들은 '기회의 평등' 또는 '정치적 평등'이라 할 수 있는 '법 앞에서의 평등'을 선택한다.

'법 앞에서의 평등'은 '자연적 평등'이 아닌 인간적 평등이자 사회적 평등이다. 일반 동물이 아닌 인간이라는 존재의 속성이 고려된 평등이고 현실적으로 의미가 있는 평등이다. '법 앞에서의 평등'에서는, 세상 만물 중 유일하게 신의 속성인 이성을 분유分有하고 있는 종種으로서 모든 인간이 절대적으로 동일시되며, 그런 특별한 피조물인 만큼 이성이 아직 미성숙하거나 결함이 있는 자에게는 실질적 평등을 보장하기 위한 배려의 조절까지 이루어진다. 원시자연 상태에서의 평등은 실질적으로 인간에게 어떠한 유용성도 의미도 없지만, 이 '법 앞에서의 평등'에서는 그 누구나 자신의 의지와 의지적 행동 이외의 원인으로 '남보다 불리하게 차별받지 않을 것'을 실질적으로 보장받는다.

그러나 '법 앞에서의 평등'은 '정치적 평등'은 이루지만 '경제적 평등'까지 이루지는 못한다. 프랑스 소설가 아나톨 프랑스(1844-1924)

가 '황제의 평등 속에서 법은 모든 남성들에게 리츠에서 식사할 수도, 다리 아래서 잘 수도 있는 동일한 권리를 부여한다'[6]라고 말한 것처럼, '법 앞에서의 평등'은 경제적으로는 '우아한 식사'를 할 수도, '다리 밑에서 잠을 청할' 수도 있는 '결과의 불평등'을 가져온다. 그럴 수밖에 없다. '법 앞에서의 평등'은 '기회의 평등'일 뿐, '결과의 평등'을 보장하는 것은 아니기 때문이다.

'경제적 평등'은 '결과의 평등'이자 '분배의 평등'이다. 바로 K. 마르크스(1818-83)가 '각자는 능력에 따라, 각자에게는 필요에 따라'[7]라고 말했던, 그 '능력만큼 일하고, 필요한 만큼 분배받는' 공산주의Communism에서의 평등이다. 공산주의의 실행자 레닌(1870-1924)은 '능력만큼 일하고, 필요한 만큼 분배받는' 결과의 평등을 실제적 평등이라 하고, 기회의 평등은 형식적 평등일 뿐[8]이라고 말한다. 재산이 없으면 인간은 사회적 존재로서 아무런 의미도 갖지 못한다. 재산은 모든 현실 삶의 바탕일 뿐 아니라 사람들의 국가 설립 목적 자체가 각자의 재산을 더 잘 보존하기 위한 것[9]이다. 재산이 없으면 사람 구실도 제대로 할 수 없고 국가의 필요성도 느끼지 못하고 당연히 시민 역할에 대한 욕구도 상실한다. 평등과 함께 인류의 또 다른 지순지고한 가치인 자유도 이들에게는 아무 의미가 없다. 이들에게 혹시라도 아직 남은 자유가 있다면, 그것은 죽음과 강력한 저항 중 그 어느 하나의 선택이기 쉽다. 재산이 없는 이가 점점 많아지면 그 사회 저 깊은 곳에서는 혁명의 마그마가 끓기 시작한다. 부유한 이든 권력자든 그 땅을 딛고 사는 이들은 미구에 다칠 마그마의 폭발과 낙진을 피할 수 없다. '기회의 평등'만 옳은 평등이라고 고집할 수 없는 현실적 이유다.

「미국독립선언서」에서의 평등은 '법 앞에서의 평등', '기회의 평등' 또는 '정치적 평등'이다. '모든 사람은 평등하게 태어났다'로 시작해, '우리는 신의 가호에 대한 확고한 믿음과 함께, 서로 생명과 재산 그리고 성스러운 명예를 걸고 이 선언을 지지할 것을 굳게 맹세한 다And for the support of this Declaration, with a firm reliance on the protection of divine Providence, we mutually pledge to each other our Lives, our Fortunes and our sacred Honor'로 마무리되는 선언서 내용이 그것을 보여준다. 미국 건국의 아버지들이 가장 소중하게 여기는 것이 바로 생명과 재산 그리고 명예이니, 셋 중 하나인 재산은 당연히 개인 소유로 신성불가침이다. 개인의 소유와 노력을 제한하는 '결과의 평등', '분배의 평등' 또는 '경제적 평등'은 미국 건국의 아버지들 입장과 반대다.

프랑스혁명의 「인권선언」은 제1조에서 '인간은 자유롭게 그리고 평등한 권리를 지닌 채 태어나고 또 살아간다. 사회적 차별은 오로지 공동의 이익을 위해서만 허용될 뿐이다'라고 말한 다음, 곧바로 제2조에서 '모든 정치적 결사는 자연적 및 불가침의 권리를 보존하는 것을 그 목적으로 한다. 바로 자유, 재산, 안전 및 억압에 대한 저항과 같은 권리들이다Le but de toute association politique est la conservation des droits naturels ret imprescriptibles de l'Homme. Ces droits sont la liberté, la propriété, la sûreté, et la résistance àl'oppression.'라고 말한다. 그리고 제6조에서는 '모든 시민은 법 앞에 평등하며Tous les Citoyens étant égaux àses yeux', 그리고 마지막 제17조에서는 '재산권은 신성 불가침한 것이므로La propriétéétant un droit inviolable et sacré'라고 말하고 있다. 평등이 다름 아닌 '법 앞에서의 평등'이라는 것을 분명하게 밝히고 있고, 재산권 역시 자연적이고 신성불가침의 대상이라고 못 박고 있다. 그러면서 공동의 이익General good을 위해서는 예외적으로 개인의 자유와 평등이 제한될 수도 있음을 밝히고 있다.

우리나라 헌법 역시 기본적으로는 '자유'와 '평등'에 있어, 200여 년 전의 선언 형식인 「미국독립선언서」, 프랑스혁명의 「인권선언」과 동일하다. 제11조 ①항에서 '모든 국민은 법 앞에 평등하다', 제23조에서는 '①모든 국민의 재산권은 보장된다. 그 내용과 한계는 법률로 정한다. ②재산권의 행사는 공공복리에 적합하도록 하여야 한다. ③공공필요에 의한 재산권의 수용·사용 또는 제한 및 그에 대한 보상은 법률로써 하되, 정당한 보상을 지급하여야 한다'고 정하고 있다. 그리고 제119조 ①항에서는 '대한민국의 경제 질서는 개인과 기업의 경제상의 자유와 창의를 존중함을 기본으로 한다'라고 말하고 있다. 평등이 기본적으로 '법 앞에서의 평등', '기회의 평등', '정치적 평등'임을 밝히고 있다. 그러면서 프랑스혁명의 「인권선언」 정신에서와 같이 공동의 필요가 있을 경우 개인의 재산권이 제한될 수 있음을 알리고 있다.

평등이 앞서면 자유도 평등도 모두 죽는다?

———

그럼 이 글의 앞부분으로 돌아가, '자유와 평등이 양립할 수 없고', '평등이 앞서면 자유도 평등도 모두 죽는다'는 주장에서의 '평등'은 무슨 평등일까? 그 평등은 당연히 '기회의 평등'이 아닌 '분배의 평등', '결과의 평등' 그리고 '경제적 평등'이다. 바로 사회주의의 평등이다. 개인 각자의 노력 여부와 관계없이 '모두가 동일하게' 또는 K. 마르크스의 공산주의에서처럼 각자가 '필요한 만큼' 분배받는 방식이다. 자신의 노력에 못 미치는 분배는 결코 그 개인 본인의 뜻일 수 없다. 그 개인의 의사에 반해 누군가 강제를 한 경우다. 강제를 한 이는 국가고 그 개인이 침해받는 것은 자유와 재산권이다. 이런 상태가 지속되면 사람들은 최소한 '이익 추구를 위한 경제활동 영역'에 있어서의 자유는 포기하고 만다. 자유를 활용할 여지가 없고 정당한 대가가 주어지지 않기 때문이다. 자유가 시들기 시작한다.

이렇게 되면 자유와 평등, 정확히 표현하면 자유와 '분배의 평등'은 양립할 수 없고, '분배의 평등'이 앞서면 '이익 추구를 위한 경제활동의 자유'도 죽게 된다. 따라서 자유는 자유를 억제하는 평등인 '분배의 평등'과 '남에게 구속되지 아니하고 자기 마음대로 할 수 있는' '자유'의 기준에서 대립한다. 반대 입장이다. 그래서 R. 리스벳과

M. 프리드먼은 자유와 평등(분배의 평등)을 대결구조로 파악한다.

평등이 '기회의 평등'을 의미할 때 '평등'과 '자유'는 켤레 말이자 무엇인가의 필수요소가 된다. 바로 정치로서의 민주주의의 필수요소다. 사람들이 가장 '자유'롭고 '평등'할 때 민주주의는 비로소 실현된다. 가장 큰 자유는 원시자연 상태의 무한대 자유다. 그러나 그것은 무한대의 공격 위험 때문에 실질적으로는 아무 의미가 없다. 따라서 가장 큰 자유이면서 동시에 그 자유가 실질적으로 의미 있기 위해서는, 개인이 '내 의지대로 선택'할 수 있으면서 동시에 '국가 상태'여야 한다. 민주주의는 스스로에게 적용될 규칙을 그 구성원 개개인이 '내 의지대로 선택'할 권리를 가지고 정하는 정치체제다. 바로 A. 토크빌이 말한 '모든 국민이 정치에 참여하고 그리고 그들 각자는 정치에 참여할 동등한 권리를 소유하고 있는'[10] 그런 상태다. 자신에게 적용될 규칙을 스스로 정하는 '자유'와, 그런 자유를 누구나 갖는 '평등'한 상태인 것이다. 그러기에 계몽사상가인 로크는 '인간은 완전한 자유와 자연법상의 모든 권리 및 특권을 간섭받지 않고 누릴 수 있는 자격을 다른 어떤 사람 또는 세계의 많은 사람들과 더불어 평등하게 가지고 태어났다'[11]라고 말하고, 루소 역시 '모든 입법체계의 목적이 되어야 할 만인의 최대의 행복은 정확히 무엇으로 성립되었는가를 찾아보면, 우리는 그것이 자유와 평등이라는 두 개의 주요한 대상으로 귀착된다는 사실을 발견할 것이다. 자유, 왜냐하면 모든 개인적 예속은 그만큼 국가라는 정치체의 힘을 약화시키기 때문이고 평등, 왜냐하면 이것 없이는 자유가 존속할 수 없기 때문이다'[12]라고 말하고 있다. '평등과(and) 자유'처럼 '평등'과 '자유'를 한 켤레 말로 쓸 때 그 '평등'은 '기회의 평등'이다. 아니 '기회의 평등'이어야 한다.

평등이 '분배의 평등'을 의미할 때 '평등'과 '자유'는 대립 갈등 관계다. 에릭 홉스봄이 1830년 파리의 7월혁명에 대해 '프랑스혁명의 세 가지 슬로건인 자유·평등·박애는 이 세 가지 결합관계를 나타내는 것이 아니라 모순 관계를 표현하는 것처럼 보였다'[13]라고 말하고 있는 것은 바로 이 의미다. 사회주의 이데올로기가 등장한 상황에서 부르주아들과 함께 바리케이드 투쟁에 나선 노동자 계급의 '평등'은 당연히 '기회의 평등' 아닌 '분배의 평등'이었을 터였기 때문이다. 이때의 '평등'과 '자유'는 브레이크와 액셀러레이터 관계가 된다. 한마디로 제로섬 관계다. '분배의 평등'을 높이면 경제활동의 '자유'가 훼손될 수밖에 없고, 경제활동의 '자유'를 확대하기 위해서는 '분배의 평등'이 억제되어야 한다. 브레이크와 액셀러레이터를 한꺼번에 밟을 수는 없다. 따라서 이때 '자유'와 '평등'을 한 번에 말한다면 그것은 '자유와(and) 평등'이 아닌 '자유 또는(or) 평등'이어야 한다. '운전할 때는 브레이크 또는(or) 액셀러레이터를 밟아야 된다'라고 말하는 것처럼.

단순한 우연? 혹은 미필적 고의?

———

그렇다면 정치인들, 심지어는 일부 학자들까지 '자유'와 '평등'을 말할 때 왜 자신이 말하는 '평등'이 '기회의 평등'인지 또는 '분배의 평등'인지를 명백하게 밝히지 않을 때가 많을까? '기회의 평등'과 '분배의 평등'이 비슷한 말이 아닌 것은 물론, 경제활동에 있어 정반대의, 예수와 바라바(《신약성서》에 등장하는 죄수) 정도의 상극 관계인데 왜 예수와 바라바를 같은 범법자로 착각할 여지를 그대로 방치, 아니 어쩌면 미필적 고의로 조장하고 있는 것일까?

'평등'이 '자유'와 함께 '자유와 평등'처럼 켤레 말로 사용될 때, 이때 평등은 논리상 당연히 '기회적 평등'이기 때문에 그렇게 수식을 생략하는 것일까? 아니면 혹시 에릭 홉스봄이 지적한 대로 부르주아는 투표권을 가지고 있는 비부르주아 계층의 지지와 수의 힘을 필요로 하기 때문에[14] 공식적으로는 자신들 부르주아 계급의 이익뿐 아니라 비부르주아의 일반 의지도 표현하려고[15] 그러는 것일까? 즉, 속마음은 '기회적 평등'인데 일반 대중에게는 은연중 '분배의 평등'으로 착각하게, 그러면서도 쟁점이 되었을 때는 '기회의 평등'으로 재빨리 도망칠 수 있는 여지를 확보해두기 위해 그러는 것일까?

'평등'이라는 말의 사용에 있어 비부르주아층의 입장도 선명하지 않기는 마찬가지다. '평등'이 '분배의 평등'이라고 대놓고 주장하지는 않지만 실질적으로는 '분배의 평등'을 위한 행동을 하는 경우 또는 은연중 '분배의 평등'을 바랄 때가 있다. 물론 그때도 입으로는 그냥 '평등'이라고 말할 뿐이다. 이해관계 당사자 입장에서 노력에 상응하지 않는 '분배의 평등'을 드러내놓고 요구하기에는 정당성도 약하고 논리도 선명치 않기 때문이다. 그래서 수식 없이 그냥 '평등'이라고 말하거나 '분배의 평등'과는 좀 거리가 있는 다른 정당성 또는 다른 논리를 동원한다. 부르주아와 비부르주아 계급 간의 '평등'에 대한 기회주의적 암묵적 카르텔이 소리 없는 유령이 되어 사회 곳곳에서 암약을 하고 있는 중이다.

21세기는 세계 어느 나라나 혼합경제Mixed economy체제다. 순수 자본주의도 아니고 사회주의도 아니다. 따라서 경제에 있어서의 '평등' 역시 순수한 '기회의 평등'도 마르크스적 '분배의 평등'도 아닌 그 중간이다. 지나친 빈부격차는 사회적 혼란을 가져올 것이고, 강제적 부의 평등은 인간의 이성활동 제약과 도덕적 타락을 가져올 것이기 때문이다. 계몽사상가 루소는 절대적 '분배의 평등'을 부정하면서도, '부富는 그 어떤 시민도 다른 사람을 매수할 수 있을 만큼 풍족해도 안 되고 또 자신을 팔아야 할 만큼 가난해서도 안 된다'[16]라고 말하고 있다. 그러면서 자신의 이 주장에 대해 '이 같은 평등은 실제로는 존재할 수 없는 관념적 공상이라고 말하는 이들도 있다. 그러나 오류가 불가피하다고 해서, 그것을 규제하는 것도 하지 말라는 결론을 내려야 하겠는가? 바로 사물의 추이가 항상 평등을 파괴하는 방향으로 나아가고 있는 만큼 입법의 힘은 그것을 유지하는 방향으로 나아가야 한다'[17]라고 말한다. 플라톤 역시 일찍이 시민들의 소유재산 격차는 5배를 넘어서는 안 된다고 했다[18].

　루소나 플라톤이 말했던 대로는 아니지만 21세기 인류는 두 사람의 주장을 염두하고 있다. 21세기 평등은 '기회의 평등'과 '분배의 평등' 사이 그 어디쯤에서 좌 클릭 또는 우 클릭을 하고 있다. 개인의 자유의지가 살아있고 사회도 유지될 수 있도록.

7장

자유와 민주주의

'민주주의'에 수식이 붙으면 그것은 단순한 수식이 아니다. 은폐된 의도
이고 민주주의에 대한 제약이고 때로는 민주주의의 적이기까지 하다.

2017년 대선을 앞두고 영어·영문 매체들은 문재인 대통령 후보
를 'Liberal candidate Moon Jae-in'이라 불렀다. 문재인 정부가 들
어서자 마찬가지로 대통령과 정부를 'Liberal President', 'Liberal
Leader', 'Liberal Administration', 'Liberal Government'로 불렀다.

문재인 정부는 박근혜 전 정부의 한국사 '국정교과서 제도'를 폐
지하고, 후속조치로 역사교과서의 검정체제로의 전환과 함께 '중학
교 역사·고등학교 한국사 교육과정' 개정안을 2018년 6월 발표했
다. 개정안의 검정 교과서 집필 기준 시안에는 보수정권인 이명박·
박근혜 정부가 기존 역사교과서에서의 '민주주의'를 '자유민주주의'
로 바꾸었던 것을, 다시 '민주주의'로 환원시키는 내용이 포함되었

다. 보수 언론을 포함해 보수 진영에서 일제히 반발이 터져나왔다. '민주주의' 앞에 '자유'를 그대로 두어야 한다는 주장이다.

문재인 정부는 'Liberal' 정부다. 대통령도 'Liberal President', 'Liberal Leader', 정부도 'Liberal Administration', 'Liberal Government'다. 그런데 왜 대통령과 정부는 '자유민주주의'에서 앞의 '자유Liberty'를 빼려고 하는 것일까? 그리고 그런 대통령과 정부를 왜 영어로 'Liberal' 대통령, 'Liberal' 정부라고 부르는 것일까? 거기에 또, 보수 진영은 왜 민주주의 앞에 반드시 '자유'를 넣어야 한다고 주장하는 것일까? 그냥 '민주주의' 자체는 받아들일 수 없다는, '민주주의'는 부정한다는 것일까?

'Liberal'의 사전적 의미는 '진보적인', '자유로운', '자유주의의', '개방적인', '관대한'이다. '진보적인' 의미와 함께 '자유주의의' 의미가 있다. 문재인 대통령과 문재인 정부의 'Liberal President'와 'Liberal Government'에서의 'Liberal'은 '진보적인'이라는 의미이다. 역사교과서에서의 '자유민주주의', 영어로 표현하면 'Liberal Democracy'의 'Liberal'은 '자유주의의' 의미이다. 같은 'Liberal'이지만 한글 의미는 '진보적인'과 '자유주의의'로, 두 개념은 오늘날 정치에서 서로 대립한다. 오늘날 민주주의 환경에서 '진보주의Progressivism'라고 하면 대체로 국가 역할의 확대, 즉 경제활동에 있어서 개인의 '자유 축소'를 주장하는 입장이고, '보수주의Conservatism'라고 하면 경제활동에 있어 개인의 '자유 확대'를 주장하는 입장이기 때문이다.

따라서 영어로 'Liberal'이라고 하면, 이 말만 가지고는 그것이 '진보주의'를 의미하는지 혹은 보수주의의 '자유'를 말하는 것인지 판단하기 어렵다. 어떻게 해서 이런 일이 발생했을까? 하나의 용어가 상반되는 정치적 성향의 양쪽 의미를 모두 지니고 있고, 또 반대쪽으로도 오해할 수 있는 이런 모호한 상황이 왜 발생하게 된 것일까?

'Liberal'의 개념이 모호해진 이유

영국의 정당 역사는 1685년 제임스 2세의 왕위승계를 둘러싼 의회의 대결에서부터 시작된다. 영국 국교도가 아닌 가톨릭 신자이자 독재 성향이 강한 제임스 2세(재위 1685-88)의 왕위승계 가부를 둘러싼 두 정치 그룹의 대결에서였다. 주로 귀족, 목사, 지주들로 구성된, 제임스 2세의 승계를 찬성하는 왕당파인 토리당Tory과, 반대하는 측인 주로 돈 많은 상인들과 청교도들로 구성된 자유파인 휘그당Whig의 대결이었다. 대결은 토리당의 승리로 끝난다. 제임스 2세는 왕위에 올라 법(심사율: Test act)을 무시하고 독재를 실시하다 3년만에 시민에 손에 의해 쫓겨난다. 입헌군주제Constitutional monarchy의 출발인, 1688년 시민의 힘으로 피 흘리지 않고 왕을 바꾼 명예혁명 Glorious Revolution이다.

왕위는 제임스 2세의 딸과 사위인 메리 2세(재위1689-1694), 윌리엄 3세(재위 1689-1702) 공동 왕에게로 넘어가고, 윌리엄 3세 사후에는 메리 2세의 동생인 앤 여왕(재위 1702-1714)에게로 넘어간다. 앤 여왕이 후사 없이 죽자 왕위는 왕위계승률Act of Settlement에 따라 독일 하노버 가의 조지 1세(재위1714-27)에게로 넘어간다. 독일 출신으로 영어가 자유롭지 못한 조지 1세는 정치를 내각에 맡긴다. 의원내각제 Parliamentary cabinet system의 출발이다. '왕은 군림할 뿐 통치하지 않는다The kings reign but not govern'는 영국 특유의 정치 원칙이 이때부터 축적된다.

경제보다 주로 정치적·종교적 측면에서 입장 차이를 보였던 전근대적 정당인 토리당과 휘그당은 19세기 들어 '자유주의Liberalism' 사상이 보급되면서 당명 변경과 함께 근대적 정당으로 변신한다. 지주 계급과 귀족의 이해를 대표하는 토리당은 1830년대에 보통명사인 '보수Conservative'를 아예 당 이름으로 삼아 '보수당Conservative Party'으로 불리기 시작한다. 휘그당은 토리당 내 자유주의파를 받아들이고 신흥 상공업 계급의 이해를 대표하는 정당의 성격에 맞게 1859년 당명을 '자유당Liberal Party'으로 정한다. '보수당Conservative Party'과 '자유당Liberal Party'의 본격적인 보수주의Conservatism, 진보주의Progressivism 양당체제의 출발이다.

보수당과 자유당은 민주주의의 진전 및 환경 변화와 함께 개혁 경쟁에 나선다. 민주주의는 1832년 1차 선거법 개정(참정권 기존 25만 명에서 성인 남성의 1/5로 확대), 1867년 2차 선거법 개정(참정권 성인 남성 1/3로 확대), 1884년 3차 선거법 개정(참정권 재산·교육 수준과 관계없이 21세 이상 세대주로 확대), 1918년 국민대표법 도입(참정권 21세 이상 남성과 30세 이상 여성으로 확대) 그리고 1928년 남녀평등선거제 도입(참정권 21세 이상 모든 남녀로 확대)과 같은 과정을 거쳐 실현된다. 무산자와 저학력자 그리고 여성들로 참정권이 단계적으로 확대된다.

정치 환경도 크게 바뀐다. 19세기 노동자 계급이 성장하고 20세기 후반 들어서는 노동사 중산층이 등장한다. 참정권 확대와 정치 환경 변화에 따라 유권자들의 표를 얻기 위한 보수당, 자유당 양당의 개혁 경쟁이 치열해진다. 그리고 그 개혁 경쟁에서의 최후 승리는 보수당에게 돌아간다. 보수당은 단속적인 내부 갈등은 있었지만 1846년 곡물법 논쟁 이후 자유무역과 불간섭주의의 입장을 취하기 시작하고, 상대가 자유당이 아닌 노동당이 되면서부터는 확실하게 부르주아 계급의 '자유' 옹호에 적극적으로 나선다[1]. 그리고 한편으로는 보수주의답게 산업혁명 이전의 온정주의와 공동체주의에서 노동자 계급을 위한 복지의 정신을 찾아낸다. 영국뿐만이 아니라 전 세계 모든 자본주의 국가들의 사회보장 제도 확립에 크게 영향을 미친 1942년의 베버리지 보고서Beveridge Report가 바로 이런 보수당의 개혁적 태도로부터 나온 대표적 결과물이다.

반면, 자유당은 노동자 계급을 위한 복지증진 등에도 힘을 쓰나 19세기 초 신주류인 부르주아 계급의 '자유' 가치를 처음부터 선점

했다는 자신감에서였을까, 아일랜드 자치령화 시도에 나서는 등 국민을 위한 민생개혁에 보수당보다 덜 적극적인 태도를 보인다. 20세기 초, 진보주의의 대표자리는 결국 노동당Labor Party에게로 넘어간다. 처음부터, 19세기 들어 새로 등장한 계급인 노동자를 위해 만들어진 노동당은 1906년 자유당과 제휴해 첫 원내 진입에 성공한다. 그리고 1922년 이후 보수당과의 개혁 경쟁에서 패배한 자유당이 국민의 관심에서 사라지면서 노동당은 진보주의의 대표주자로 보수당과 대립구도를 형성한다. 영국의 근대 정당 역사 100년이 지나지 않아 보수주의·진보주의 대립구도가 보수당 대 자유당에서 보수당 대 노동당으로 교체된 것이다.

보수당의 개혁 노력은 노동당 등장 후에도 지속된다. 1945년 총선에서 노동당에 대패한 뒤, 보수당은 경제활동의 자유를 중시하면서도 노동자 계급을 위한 노동당의 복지정책을 상당 부분 수용한다. 그러다 공공부문의 비효율, 방만한 복지, 파업 열병으로 영국이 병들기 시작하자, 1970년대 중반부터는 과감한 영국병British disease 치유 개혁에 들어간다. 대처의 신자유주의Neo-liberalism 정책의 등장이다. 정부 역할을 줄이고 경제활동의 자유를 대폭 강화하는 신자유주의 개혁으로 보수당은 1979년부터 1997년까지 정권을 담당한다.

자유당의 개혁 경쟁 패배 역사를 반면교사로 학습한 노동당도 그대로 있지는 않는다. 1994년 노동당 당수로 취임한 신예 토니 블레어는 당 강령에서 '생산수단의 국유화' 조항과 같은 내용을 폐지하는 등 과감한 조치를 취하면서 대처의 신자유주의 노선을 상당 부분 수용한다. 노동자 계급의 중산층화와 같은 사회 변화를 재빠르게 간파한 것이다. 그리고 노동당은 1997년 총선에서 압승으로 정권을 되찾는다. '대처의 아들' 또는 '블레처리즘'으로 비난받을 정도의 과감한 개혁이었다.

개혁의 역사를 자랑하는 보수당 역시 가만히 있지 않는다. 토니 블레어와 같은 꼴, 반내 정당인 데이비드 캐머런이 보수당의 구원투수로 나서, 좌파 정책의 차용과 함께 지지층 확대에 나선다. 그리고 2010년, 13년 만에 노동당으로부터 다시 정권을 가져온다.

'Liberal'이 '진보'와 '자유' 두 가지 의미를 갖게 된 것은 영국 정당의 역사 때문이다. 1922년까지 영국 정치의 양대 정당이 바로 보수당과 자유당이었고, 보수당은 보수주의 또는 우익, 자유당은 진보주의 또는 좌익이었다. 따라서 자유당Liberal party의 'Liberal'은 19세기 중반부터 20세기 초반까지의 영국 정치사에 존재했던 '자유당'이라는 고유명사를 나타내는 말이기도 하고, 그 자유당의 정치적 입장인 '진보주의' 또는 '좌익'을 나타내는 말이기도 했다. 그 결과 진보적 대통령인 문재인은 오늘날 보수주의인 '자유주의'의 입장이 아님에도 불구하고 'Liberal Leader', 'Liberal President'로 불리게 되었다. 물론 이때는 '자유주의적 지도자', '자유주의적 대통령'이 아닌, '진보적 지도자', '진보적인 대통령'의 의미다. 표현과 인식에서 혼란이 발생한 더 근본적인 이유는 사실 이런 '사실'이 아닌 '논리'에 있다.

그릇과 내용물의 혼돈

'보수주의Conservatism'와 '진보주의Progressivism'는 보통명사다. 자유주의Liberalism, 사회주의Socialism, 전체주의Totalitarianism, 혼합경제Mixed economy, 군주정Monarchy, 귀족정Aristocracy, 민주정Democracy과 같은 말들은 고유명사다.

보통명사와 고유명사의 차이는 명백하다. 보통명사는 같은 종류의 여러 것들을 함께 나타내는 것으로 그 내용이 바뀔 수 있고, 고유명사는 다른 것들과 구분해 특정한 어떤 것을 나타내는 것으로 내용이 바뀌지 않는다. 아니 바뀌지 않아야 한다. 다시 말해 보수주의와 진보주의는 어느 시대 어느 사회에나 존재하지만 그 보수주의와 진보주의를 이루는 내용은 시대와 사회에 따라 다르다.

병 안에 맥주를 담으면 병 '맥주'가 되고, 캔 안에 소주를 담으면 캔 '소주'가 된다. 맥주가 캔에 담길 수도 있고, 소주가 병에 담길 수도 있다. 그때는 캔 '맥주', 병 '소주'가 된다. 보수주의라는 용기에 '귀족정'이라는 내용물이 담기면 그것은 '귀족정' 보수주의가 되고, 진보주의라는 용기에 '자유주의'라는 내용물이 담기면 그것은 '자유주의'의 진보주의가 된다. 그리고 보수주의라는 용기에 '자유주의'라는 내용물이 담기면 이때 그것은 '자유주의'의 보수주의가 되고, 진보주의라는 용기에 '사회주의'라는 내용물이 담기면 그것은 '사회주의'의 진보주의가 된다. 똑같은 자유주의가 시대 상황에 따라 진보주의일 수도 있고 보수주의일 수도 있다.

여기에서 중요한 것은 내용물인 '귀족정', '자유주의', '사회주의'이지 용기인 보수주의와 진보주의가 아니다. 우리가 편의점에서 돈을 주고 사는 것이 병이나 캔이 아닌 맥주나 소주인 것과 마찬가지다.

양당체제에서 한쪽이 스스로를 보수라 부르면 상대는 진보로 규정된다. 영국의 자유당이 그런 상황이었다. 그러나 자유당이 진보인 것은 19세기 전반에 한해서 그렇다. 신주류로 부상하는 부르주아 계급의 이해를 대표하는 당으로서 기존의 왕정·귀족정에 대항하는 기간 동안 진보 세력이었다. 왕정·귀족정에 대한 향수 세력이 인간의 보편적 가치와 시대 환경에 완전히 밀려나고, 노동자 계급이 새로운 사회 세력으로 등장하는 19세기 후반에는 그렇지 않다. 이젠 부르주아 기득권 세력으로, 평등을 주장하는 사회주의로부터 당이 표방하고 있는 '자유', '자유주의'라는 가치를 보존하고 지켜내야 하는 입장이었다. 그래서 영국 유권자들의 양당체제 선호 환경에서 20세기 초 새로운 진보주의인 노동당이 등장했을 때 자유당은 하나뿐인 보수주의의 대표자리를 놓고 보수당과 다퉈야 하는 입장이 되고 개혁 경쟁에서 밀려나 결국 사라진다. 그러면서 19세기의 유물을 남긴다. '자유주의Liberalism'가 보수주의의 핵심가치가 된 지 100년도 훨씬 지난 지금까지도 '진보'라는 상반된 의미로 통하기도 하는 'Liberal'이라는 유물을.

물론 'Liberal'이 '진보'가 된 원인은 자유당이 아닌 보수당에 있다. 보수당이 당초 '귀족당'이나 '왕당파'와 같이 당이 추구하는 가치에 맞는 고유명사로 당명을 정했으면 이런 혼란은 발생하지 않았다. '귀족당'으로 이름 지었으면 초기에 '귀족당'과 '자유당'이 보수주의와 진보주의의 대표주자로 경쟁을 했을 터이고, 왕정·귀족정의 봉건적 잔재가 사라지고 자본주의가 본격화되는 단계에서는 계속 보수로 남겠다면 순수자본주의의 핵심 가치인 '자유주의'를 강조하는 '자유영국당'이나 '자유자본주의당'과 같은 고유명사로 개명했으면 될 터였다. '이름만 같을 뿐 불과 100년 만에 당 지도부의 출신 배경은 물론이고 사상 및 정책 측면에서도 크게 변모했다'[2]는 영국 보수당에 대한 평가는, 바로 이 '보수'라는 보통명사가 '보수당'에서와 같이 고유명사로 쓰임으로서 발생한 혼란을 지적하는 것에 다름 아니다. 정명正名, 즉 이름이 그 사물의 속성을 가장 적절하게 나타내야 할 터인데, '귀족정'을 추구할 때나, 대척점에 있었던 '자유주의'를 추구할 때나 똑같이 '보수당'이니 이름이 이름 역할을 제대로 하지 못하고 있는 셈이다.

그 피해가 이곳에서 벌어지고 있다. 21세기 '보수주의'의 핵심가치인 'Liberal'이 '진보주의' 대통령을 수식하는 말로 쓰이는 아이러니한 상황으로. 보통명사는 보통명사로 고유명사는 고유명사로 사용했어야 했다.

'자유민주주의'에서 '자유'의 의미는?

———

문재인 정부는 중·고등학생 역사교과서에서의 '자유민주주의' 표현을 이명박 정부 이전의 '민주주의'로 다시 환원하려고 한다. 보수 진영은 극렬 반대다. '민주주의'가 아닌 '자유민주주의'여야 한다는 이야기다. 왜 '자유'가 문제가 되는 것일까? 그리고 왜 보수 진영은 '민주주의' 자체는 안 된다고 하는 것일까?

프랑스혁명 하면 흔히 민주주의의 출발, 영국 정치 하면 의회민주주의 발전의 역사라고 말한다. 프랑스혁명이 민주주의 출발이고, 영국의 역사가 의회민주주의 발전의 역사인 것은 맞다. 그러나 둘다 민주주의의 완성은 아니다. 출발은 완성 아닌 시작일 뿐이고 발전은 결과 아닌 과정일 뿐이다.

프랑스혁명 주도 세력은 노동자가 아니었다. '자유주의Liberalism' 사상으로 무장된 부르주아들이었다. 자유주의 사상을 가진 그들이 선택한 정치체제는 '입헌군주제 아래서 재산 또는 교육수준에 따라 투표권을 제한함으로써 민주주의를 막는 안전장치를 갖춘 자유주의적 제도[3]'였다. 사실상의 유산자 귀족정이었다. 자유주의

자인 그들에게 민주주의니 공화국이니 하는 것들은 위험한 것이었다[4]. 「프랑스인권선언」 역시 따지고 보면 귀족들의 특권적 신분제를 반대하는 것이지, 노동 계급과 함께 민주주의적 혹은 평등주의적 사회를 지향하겠다는 것이 아니었다[5]. 한마디로 혁명의 자유와 평등은 자유주의자인 부르주아 계급을 위한 자유·평등이지, 프랑스인 모두를 위한 자유·평등이 아니었다[6].

자유주의 부르주아 계급의 입장은 제1공화정(1792-1804) 중 1년여 잠시 존속했던 자코뱅 정권(1793.6.2.-1794.7.27)과의 비교에서 확연히 드러난다. 노동자 정권인 자코뱅 정권은 공화정 실시와 함께 보통선거, 반란권, 노동/생계유지의 권리 등을 헌법에 명시[7]한 데 반해, 자유주의 부르주아의 제헌국민의회(1789.7.9-1791.10.1)는 공동지의 인클로저와 농업기업가 장려, 노동조합의 금지, 유산자 한정 선거권 부여[8]와 같은 내용을 정책으로 택했다.

영국의 민주주의 발전 과정도 마찬가지다. 1215년의 대헌장, 1628년의 권리청원, 1689년의 권리장전 및 이후 정치 발전 과정이 모두 의회주의적 민주주의 완성을 향한 발전인 것은 맞지만, 그 과정은 영국 국민 전체를 위한 것이 아니었다. 18세기 무렵까지는 주로 왕권으로부터 성직자와 귀족 특권을 보호하기 위한 것이었다. 그리고 이후 19세기까지는 주로 자유주의 부르주아 계급의 이익 수호를 위한 것이었다.

한마디로 프랑스, 영국 모두 왕정을 벗어나 민주주의를 지향하면서도 이젠 '출생에 의한 귀족주의 대신 화폐에 의한 귀족주의'[9]를 추구했던 셈이다. 자유주의Liberalism 사상의 부르주아 귀족주의를.

'자유주의Liberalism'는 19세기 부르주아 계급의 중심 사상이었다. 자유주의의 '자유'는 원래 오늘날과 같은 정치적 개념이 아니었다. 프랑스혁명 전까지는 단순히 노예 상태의 반대를 나타내는 법률용어[10]일 뿐이었다. 그런 용어가 혁명을 계기로 '성聖스러운Saint'에 버금갈 절대개념의 정치용어로 바뀌었다.

'자유'는 국가 환경에서 크게 둘로 나눌 수 있다. 하나는 '정치적 자유', 다른 하나는 '경제적 자유'다. '정치적 자유'의 구체적인 형태는 '참정권'이다. 그리고 정치적 '자유'는 정치적 '평등'과 짝을 이뤄 '민주주의'를 실현한다. '참정권'은 자신에게 적용될 규칙을 스스로가 정하는 것이다. 자연 상태 아닌 '국가 환경'에서 '자신에게 적용될 규칙을 스스로 정하는 것'보다 더 큰 '자유'는 없다. 그리고 그런 '자유'를 차별 없이 그 사회구성원 모두가 '평등'하게 갖게 되면 그것이 바로 '민주주의'다. 따라서 '참정권'은 '민주주의의 알파이자 오메가'이고, '민주주의'를 위한 '필요조건'이자 '충분조건'이다. 한마디로 「프랑스인권선언」의 핵심인 '자유'와 '평등'의 '현실태', 그것이 바로 '참정권'이다. 참정권이 실질적으로 보장된 사회라면 정치적 자유는 그것으로 완벽하다. 최소한 '정치적 자유'에 있어 인간은 그 이상 행복할 수 없다. '물질의 본질이 무게라면 정신의 본질은 자유'[11]라는 헤겔의 통찰에 부합한다.

'경제적 자유'는 '정치적 자유'처럼 단순하지 않다. 첫째, 그 '자유'가 하나가 아니고, 둘째, '정치적 자유'처럼 '평등'과 완벽하게 조화를 이루지 못하고, 마지막 세 번째로, 형제 '자유'인 '정치적 자유'와 조화를 이루지 못한다.

첫째, '경제적 자유'는 '경제활동의 자유'와 '경제 향유의 자유' 둘로 나누어진다. '경제활동의 자유'는 시장에서의 거래 및 조건 선택에 있어서의 자유다. '경제 향유의 자유'는 재화와 서비스를 소비함으로써 갖게 되는 만족이다. 인간은 '경제활동의 자유'에서도 행복을 느끼기는 하지만 궁극적으로는 '경제 향유의 자유'에서 행복을 느끼고, 대부분의 '경제활동' 목적도 사실 '경제 향유'에 있다. 따라서 '경제적 자유'는 궁극적으로 '경제 향유의 자유'가 되지 않으면 말로만 '자유'이지 현실에 있어서는 구속일 뿐이다. 더구나 '경제 향유의 자유'가 생존수준 이하일 경우에는 사람들은 '경제적 자유'와 함께 '정치적 자유'도 모두 포기하고 차라리 '노예 상태'를 더 선호할 수 있다.

둘째, '정치적 자유'는 사회구성원 모두가 참정권을 가짐으로써 '정치적 평등'과 간단하게 그리고 완벽하게 조화를 이룬다. 그러나 '경제적 자유'는 그렇지 못하다. '경제활동의 자유'가 부모로부터 물려받은 유산 등에 의해 '평등'하지 못하고, '경제 향유의 자유'는 언제 어디서나 '평등'하지 않다. 「미국독립선언」, 「프랑스인권선언」 그리고 우리나라 헌법에서 금과옥조처럼 여기는 '자유'와 '평등' 두 가치가 '경제활동'에서는 일부, '경제 향유'에 있어서는 상당 부분 매우 의미 없는 공허한 구호가 되고 만다.

셋째, 사회구성원 모두에게 자유가 '경제적으로' 무차별적으로 주어질 때, 그 사회의 다수는 결국 '경제적으로' '자유'롭지도 않게 되고 '평등'해지지도 않게 된다. 사회구성원 모두에게 '경제활동의 자유'가 주어질 때, 물려받은 유산, 개인의 능력과 노력 그리고 운 등에 의해 다수가 '경제 향유의 자유'를 누리지 못하게 된다는 이야기다. '경제 향유의 평등'이 이루어지지 않는 것은 말할 것도 없고. '정치적 자유'가 형식적 자유라면 '경제 향유의 자유'는 실질적 자유다. '경제 향유의 자유'가 없는 '정치적 자유', '정치적 평등'은 사실 현실에서 별 의미가 없다.

개인의 자유를 보장하고 존중하는 사상인 '자유주의Liberalism'는 로크(1632-1704)로부터 시작해 A. 스미스(1723-90)를 거쳐 J. S. 밀(1806-1873)에 의해 정리된다[12]. 중세 사회원리에 대한 대항 원리인 '자유주의Liberalism'는 미국독립혁명과 프랑스혁명 이후 새롭게 부상한 신흥 자본가 부르주아 계급의 중심 사상이 된다. 혈통에 의한 신분을 부정하고 자유로운 경제활동을 추구하는 자본가 계급인 만큼 자유주의는 그들의 새로운 신앙으로 자리 잡는다. 자유주의는 사상인 만큼 자기 논리에 따라 전진한다. 전진 방향은 크게 둘이다. 바로 '정치적 자유주의'인 '민주주의'와 '경제적 자유주의'인 '자본주의'로다.

'민주주의'는 기존의 신분제와 특권을 부정하고 사회구성원 모두가 동일한 권리를 갖는 정치체제다. '자본주의', 즉 '순수자본주의'는 시장에서의 거래 자유와 개인 소유재산의 신성불가침을 보장하는 경제체제다. 부르주아 계급은 '자본주의'는 강화하고 '민주주의'는 가급적 억제한다. 경제활동의 자유는 자신들의 이익 추구에 도움이 되지만, 민주주의의 현실태인 1인 1표 참정권은 그들의 이익을 해칠 수 있기 때문이다. 그 결과, 부르주아 계급의 신앙인 '자유주의'는 한쪽으로 기울기 시작한다. '정치적 자유'는 억제된 '경제적 자유'만으로다. '문서로 보장된 혹은 정당하게 얻어진 수많은 자유들을 단 하나의 파렴치한 상업 자유로 바꾸어놓았다'[13]는 마르크스의 지적은 바로 이것을 말한다.

보통선거제에 의한 민주주의의 실현은 부르주아들에게 악몽일 수 있다[14]. 그들이 원하는 것은 귀족과 자신들과의 구분을 없애는 것이지, 노동자 계급과 자신들과의 구분을 없애는 것이 아니었다. 1인 1표의 보통선거제, 즉 '민주주의'가 실현된다는 것은 노동자 계급과의 구분이 없어지는 것뿐만이 아니라, 자신의 개인 소유재산에 대한 신성불가침이 깨질 수도 있다는 것을 의미했다. 방향은 정해졌다. '자유주의'의 절반은 부정하고 절반은 강화하는 것이었다. '정치적 자유주의'인 '민주주의'는 부정하고, '경제적 자유주의'인 '자본주의'는 강화하는 것이었다.

그러나 드러내놓고 민주주의를 부정하지는 못한다. 한 사람이 모든 권한을 갖는 왕정과 소수가 권한을 갖는 귀족정에 비해 사회 구성원 모두가 권한을 갖는 민주정이 한 국가 국민 전체의 행복 극대화를 위한 정답이라는 것은 그 누구도 부정할 수 없는 진리이기 때문이다. 부르주아 계급은 소유재산, 교육, 연령, 성별 등 갖가지 평계로 최대한으로 노동자 계급의 참정권 실현을 억제한다. 그 결과 남녀평등 보통선거제는 1893년 뉴질랜드를 필두로 1920년 미국, 1928년 영국, 1946년 프랑스 순서로, 부르주아 혁명으로부터 150년 가까이 걸려서야 실현된다. '민주주의의 신조와 제도들은 결코 이것들을 배태하고 발전시켰던 상인 계급의 특수한 이해관계로부터 완전히 분리된 적이 한 번도 없다. 경제적 활동에 대한 정치적 제약을 파괴하는 것이 상인 계급의 관심사였기 때문에 그들은 국가의 권위를 약화시켰고 또 이 권위가 자신들의 요구에 훨씬 쉽게 응할 수 있도록 하였다'[15]라는 라인홀드의 주장은 바로 이런 부분에 대한 지적이다.

'자유주의'와 '민주주의'는 대립 관계가 아니다. 오히려 친연 관계다. 국가 환경에서의 '자유주의'의 실현이 '민주주의'이고, '민주주의'의 모체가 '자유주의'다. 다만, '자유주의'에게는 자식이 하나만 있지 않다. '민주주의' 말고 '순수자본주의'라는 자식 하나가 더 있다. 모체인 '자유주의'가 두 자식에 똑같이 애정을 두지 않고 '순수자본주의'만 편애하고, 심지어 '순수자본주의'를 자신인 '자유주의'와 동일시하게 되면 '자유주의'와 '민주주의'는 잠시 대립한다. 대립하는 이유는 간단하다. 앞에서 살펴본 대로, '경제적 자유'가 갖는 3가지 문제 때문이다. 경제적 자유에 '경제활동의 자유'뿐만이 아니라 '경제 향유의 자유'라는 것이 있고, '정치적 자유'처럼 '경제적 평등'과 완벽하게 조화를 이루지 못하고, 마지막으로 '정치적 자유'와 조화를 이루지 못하기 때문이다. 그리고 잠시만 대립하는 이유는 다른 것이 아니다. 민주주의, 즉 참정권이 정상대로 작동한다면 시간이 지나면서 '정치적 자유'가 '경제적 자유' 관련 규칙을 바꿔나가면서 결국 대립은 해소되게 된다.

'자유주의는 개인의 자유와 이익을 중시하므로 자유주의에서 말하는 자유의 주된 내용은 개인적이고 경제적인 것이다. 따라서 정치적 자유는 사실 자유주의자들의 주된 관심사가 아니다. 때로 이들이 정치적 자유를 주장하는 이유는 이들의 재산권이 위협받을 때이다. 자유주의가 등장하게 된 계기 자체가 유산자 계급이 자신의 재산권을 법적·정치적으로 보장받기 위한 것이었다'[16]라는 지적처럼, '자유주의'의 '역사적 의미'는 결국 '순수자본주의'이다.

'자유민주주의'라는 용어는 '민주주의'를 '순수자본주의'에 가두려는 의도 또는 '순수자본주의' 이외의 가치를 배제하기 위한 것으로 이해될 수 있다는 이야기다. '당신은 어떤 색상의 스포츠카도 선택할 수 있다. 단, 검정색이 아니면 안 된다'처럼, '민주주의이니 모든 결정은 주인인 국민이 자유롭게 한다. 단, 순수자본주의 테두리 내에서다'라고 말하는 것과 같다. '자유롭게 한다'와 '단, 순수자본주의 테두리 내에서다'가 서로 부딪친다. 모순이다.

'민주주의'는 국가구성에 있어 최고 원리다. '민주주의', 즉 '민주정'이 아니라면 그 대안은 '왕정', '귀족정'밖에 없다. 둘은 사람 위에 사람 있고, 사람 밑에 사람 있는 신분제 사회다. 그것들이 아니라면 완벽하지는 않지만 선택지는 '민주주의'다. 우리나라 현대사에서 보고, 또 아프리카 등 정치 후진국에서 흔히 볼 수 있는 것처럼 '민주주의'에 수식이 붙으면 그것은 단순한 수식이 아니다. 은폐된 의도이고 민주주의에 대한 제약이고 때로는 민주주의의 적이기까지 하다.

'민주주의'만으로도 충분하다

'경제활동의 자유', 즉 '순수자본주의'로서의 '자유'는 교과서가 아닌 정당의 강령에 표기되는 것이 맞다. '자유민주주의'라는 강령으로. 마찬가지로 '경제 향유의 평등'을 의미하는 '사회주의'의 '사회' 역시 교과서가 아닌 정당의 강령에 표기되는 것이 맞다. 우리나라 정의당과 유럽 정치 선진국들의 진보주의 정당들이 '사회민주주의'라고 자신들의 강령을 표방하는 것처럼.

국민 전체의 '민주주의'는 '자유민주주의'도 아니고 '사회민주주의'도 아닌 '민주주의' 그대로여야 한다. '민주주의' 자체를 부정하겠다는 의도가 아니라면, 그것이 민주주의 정신에도 부합한다. 만에 하나라도 '민주주의' 자체를 부정할 의도라면 그것은 틀렸다.

'순수자본주의의 자유로 민주주의를 제한해놓지 않아 국민들이 투표를 통해 사회주의체제로 가버리면 어떻게 할 것인가?' 하고 고민할 수 있다. 그것은 두 가지 차원에서 잘못된 의문이다. 첫째로, 상당히 '강한 사회주의'로 가지 않으면 안 될 정도로 자본주의의 부작용이 심각한 상태라면, 그 사회는 사실 투표에 의한 해결 방식 이외에는 폭력적 혁명밖에 없다. 혁명 아닌 투표로 사회주의를 선택한 것에 대해 오히려 다행으로 생각해야 한다. 민주주의의 구체적 형태인 투표의 기능 중 하나가 다름 아닌 혁명방지 수단[17]으로서의 기능이다. 사회문제 해결이 투표로 가능하니 굳이 위험을 감수하면서 폭력적 방법을 동원할 필요가 없다. 한 사회가 투표로 '강한 사회주의'로 가는 것을 결정했다면, 그것은 자본주의의 최악 상태에서 최선의 해결책을 선택한 경우이다. 당연히, 자본주의의 단점이 그 정도로 심각한 단계에까지 이르지 않도록 하는 것이 중요하다. 물론 민주주의 사회에서는 그것도 미리미리 선거를 통해 방지해나간다.

두 번째로는, 우리가 살고 있는 사회는 순수자본주의가 아니다. 자본주의와 사회주의가 섞인 혼합경제체제다. 21세기 어느 사회나 개인과 시장에만 경제를 맡기지 않고 국가가 개입을 한다. 다양한 복지 제도, 의무교육, 의료보험과 같은 것들이 모두 국가가 시장에 개입하는, 즉 사회주의적 요소들이다. 정도 차이일 뿐 모든 사회가 자본주의와 사회주의 두 경제체제가 섞여 있다. 1990년 전후로 사회주의가 자본주의에 패배했다고 말하지만, 그때로부터 이미 50여 년 전인 1930년대 대공황 때 사회주의는 자본주의 사회에 트로이의 목마처럼 깊숙이 들어왔다. 그리고 텃새처럼 자리 잡았다. 케인스주의를 통해서. 물론 이 사회주의의 트로이 목마는 자본주의를 멸망시키기 위해서가 아닌 자본주의를 살리기 위한 것이었다.

보수 일부 세력이 '사회주의'라는 용어에 조건반사적으로 거부반응을 일으킬 뿐이지 그들조차 이미 실업수당, 의료보험, 국민연금, 기초노령연금, 청년취업활동수당과 같은 사회주의 환경에 매우 익숙하다. 개인들만 그럴 것이라고 생각하면 그것은 큰 착각이다. 중소기업부터 글로벌 대기업에 이르기까지 자랑스러운 자유주의 부르주아의 후예인 기업 오너들도 마찬가지다. 수출지원 정책금융, 기간산업건설 정책금융, 중소기업육성 정책금융, 농업개발 정책금융, 특수산업보호육성 정책금융, 구조조정 지원금융, 워크아웃, 법정관리 등등 이루 다 헤아릴 수 없을 정도의 정부의 시장 개입, 아니 정확히 말하면 정부의 시장 지원이 일상적이다. 정부가 기업을 간섭하려 하면 '자본주의 사회에서 왜 기업활동을 간섭하느냐' 하고 목소리를 높이다가도, 기업 상황이 악화되거나 글로벌 경쟁에 나설 때면 '정부는 도대체 어디서 뭐하고 있느냐. 빨리 지원에 나서지 않고'라며 정부의 기업 지원(시장 개입)을 권리인 양 요구한다. 기업이 개인 이상으로 '사회주의화'되어 있다. '자유주의'가 드러내는 덕목이

'선택과 책임의 균형'인데, 우리나라의 '자유주의'는 19세기 자유주의와 달리 '선택의 권리'에만 강하고 '책임의 의무'는 물론 '준법'에도 매우 약하다. 자기편의적 자본주의, 자기선택적 사회주의는 균형과는 대척점에 있다.

자본주의는 인간의 속성과 잘 어울린다. 인간의 이기심 그리고 상위 욕구인 자기실현과 궁합이 맞다[18]. 사회적 풍요를 낳는 것이 개인의 이기심이고, 개인에게 삶의 의미를 가져다주는 것이 바로 자기실현이다. 사회주의에서는 기대하기 어려운 것들이다. 그러나 그렇다고 자본주의가 모든 면에서 사회주의보다 우월한 것은 아니다. '자유'에서 특히 그렇다. '강자의 자유는 방치되어야 확보되고, 약자의 자유는 보호되어야 확보되는 것'[19]인데, 순수자본주의에서는 '보호' 없는 '방치'만 존재한다. 자본주의의 '자유'의 장점을 궁극적으로 유지하면서 사회주의의 '박애'를 보완한 것이 혼합경제다. '공동체 자유주의', '질서 자유주의'와 같이 자유주의 앞에 수식이 붙는 이른바 '수정자유주의', 자유에 진보가 더해진 '진보적 자유주의'와 같은 주장들은 결국 혼합경제다. 자본주의와 사회주의 요소의 배합비율에 따라 다양한 스펙트럼으로 나타나는 혼합경제의 다양한 농도들이다.

'강한 사회주의'로의 전환 방지는 '자유민주주의'와 같은 용어에 대한 집착으로 이루어지지 않는다. 기본 생계 해결, 사회변동성(계층이동 사다리) 상존, 인간의 욕심과 게으름에 대한 이성적 성찰, 도덕·

지혜와 같은 가치에 대한 사회적 존중 등이 이뤄질 때 사람들은 자연스럽게 인간의 감성과 이성에 더 잘 어울리는 자본주의에 머무르기를 원한다.

「미국독립선언문」, 「프랑스인권선언」 그리고 미국의 헌법과 프랑스 헌법에는 '자유민주주의Liberal Democracy'라는 말이 등장하지 않는다. '민주주의Democracy'에 이미 정치적 '자유Liberal'가 포함되어 있고, 경제적 '자유'는 투표 형태의 민주주의로 정해져야 할 사항이기 때문일 것이다.

우리나라 헌법에도 '자유민주주의'라는 말은 없다. 다만 '자유민주적'이라는 말은 있다. '자유민주적'의 '자유'가 '정치적 자유'라면 사실 그것은 실질적인 의미에서 동어반복이다. 그 이유는 앞의 설명과 같다. '자유'가 '경제적 자유'로서의 '순수자본주의'를 의미한다면, 그것은 그 다음 말인 '민주'와 갈등을 일으키고, 헌법 제119조② 항의 '경제의 민주화'와도 어울리지 않는다.

먼저, '민주'와의 갈등은 민주주의 원리에 따른 국민의 결정권을 앞서 또는 스스로 제약하기 때문이다. 그리고 '경제의 민주화'와의 엇박자는, '시장의 지배와 경제력의 남용을 방지'(헌법 제119조②항)하기 위한 목적으로 '경제의 민주화' 내용을 헌법에 포함하고 있으면서, '민주'의 민주주의 원칙과의 모순을 발생시키면서까지 헌법 전문에 '순수자본주의'를 일부러 강조하고 있다고는 생각하기 어렵기 때문이다.

논리대로라면, '자유민주적'의 '자유'는 '정치적 자유'도, '경제적 자유'도 아닌 그냥 일반적 의미의 자유여야 한다. 헌법 전문에서 민주주의와 함께 자유의 중요성을 미리 한번 강조하기 위한 일반적 의미.

보통명사와 고유명사는 구분해 써야 한다. 이름을 짓는 사람이나 그 이름과 개념을 가지고 논리를 전개하는 사람 모두 마찬가지다. 그리고 오피니언 리더들은 현실에서 '자유'를 말할 때 그것이 '정치적 자유'인지 '경제적 자유'인지 또는 보편적 의미의 자유인지를 먼저 분명히 해야 한다. 그렇게 하지 않음으로써 발생하는 사회적 비용이 크고, 자행되는 폭력이 광범위하다. 19세기 유럽에서의 자유주의가 그렇고 21세기 대한민국에서의 자유 논쟁이 그렇다.

8장

유토피아와 공산사회

아리스토텔레스는 '열등한 자들은 평등하기 위해 반란을 일으키고, 평등한 사람들은 우월자가 되기 위해 반란을 일으킨다'고 말한다. 모두가 평등한 세상이 오더라도 어느 누군가에게는 그것이 유토피아가 아닐 수 있다는 이야기다.

어느 시대 어느 곳에서나 소외받는 이들은 언제나 유토피아를 꿈꾼다. 중국 한 왕조(BC207-AD220) 말기를 산 문인 중장통(179-220)은 '낙지론樂志論'이라는 시를 통해 자신의 유토피아를 이렇게 읊었다.

기름진 밭과 널따란 집, 뒤는 산이요 옆으론 시냇물이 흐르고
使居有良田廣宅 背山臨流

연못이 주위를 둘러싸고 대와 나무가 늘어서 있으며
溝池環匝 竹木周布

앞에는 마당과 텃밭, 뒤에는 과수원이 있다
場圃築前 果園樹後

수레와 배가 걷고 물 건너는 수고를 덜어주며
舟車足以代步涉之難

심부름 하는 이가 있어 내 수고로움을 모두 대신한다
使令足以息四體之役

온갖 산해진미로 부모를 모시고
養親有兼珍之膳

처자식은 몸을 수고롭게 하는 일 없이 편히 지낸다
妻孥無苦身之勞

반가운 친구가 찾아오면 술과 안주를 함께 즐기며
良朋萃止則陳酒肴以娛之

기쁠 때나 좋은 날에는 어린 양과 돼지를 삶아 감사를 드린다
嘉時吉日則烹羔豚以奉之

밭이랑과 동산을 한가롭게 거닐고 숲 속에서 놀기도 하며
躕躇畦苑遊戲平林

맑은 물에 몸을 씻고 서늘한 바람을 쫓기도 한다
濯淸水追涼風

노는 잉어를 낚고 나는 기러기를 활로 잡기도 하며
釣游鯉弋高鴻

제단 밑에서 바람 쐬다 노래 부르며 집으로 돌아온다
諷於舞雩之下詠歸高堂之上

방에 앉아 정신을 편안히 하고 노자의 그윽한 도를 생각하며
安神闡房思老氏之玄虛

맑은 기운을 호흡해 지인을 닮고자 힘쓴다
呼吸精和求至人之彷彿

훌륭한 몇몇 벗들과 도를 논하고 책 이야기를 나누며
與達者數子論道講書

천지의 이치에 비추어 여러 고금의 인물들을 평하기도 한다
俯仰二儀錯綜人物

남풍의 고아한 가락을 타거나 맑고 미묘한 곡을 연주하기도 하고
彈南風之雅操發淸商之妙曲

속세를 벗어나 유유히 노닐며 세상사에 무심하면서
逍遙一世之上睥睨天地之間

어떤 일도 맡지 않고 나의 주어진 삶을 잘 보전할 따름이다
不受當時之責永保性命之期

이처럼 살면 은하수 넘어 우주 바깥으로도 나갈 수 있으리니
如是則可以凌霄漢出宇宙之外矣

그 어떤 고관대작이 부러우리오
豈羨夫入帝王之門哉[1]

1,800년이 지난 시임에도 불구하고 중장통의 유토피아가 눈앞에

선하다. 낯설지 않다. 단원 김홍도(1745-1806?)도 같은 느낌이었을까. 단원은 이 시의 마지막 구절을 모티프로 '삼공불환도三公不換圖'라는 그림을 그린다. '이런 삶은 세 정승 자리와도 바꾸지 않겠다'는 의미다.

유토피아라는 말은 토머스 모어(1478-1535)가 쓴 《유토피아Utopia》에서 시작되었다. Utopia는 모어가 직접 만든 말로 '없는' 또는 '좋은'이라는 의미의 'U'와 장소를 의미하는 'topia'의 합성어이다. 따라서 Utopia는 '없는 곳'이라는 의미도 있고, '좋은 곳'이라는 의미도 있다. 그럼 토머스 모어가 쓴 유토피아는 어떤 세상이었을까? 어떤 세상이 유토피아일까?

모어의 유토피아는 다름 아닌 공산사회였다. 사유재산이 없고 평등의 원칙이 지배하며 교대로 농사를 지으면서 공동으로 식사를 하는 그런 나라였다. 모어의 유토피아는 여러 사상과 고민을 담고 있다. 정신적 쾌락인 아타락시아Ataraxia를 추구하는 에피쿠로스 사상이 담겨 있고, 토지이용과 관련해서는 아이러니하게도 사유재산제 확립에 큰 영향을 미친 노동가치설, 좋은 쾌락과 나쁜 쾌락으로 쾌락을 구분하는 선악 쾌락관, 덕을 최고의 선으로 치는 도덕적 윤리관 등이다. 공산제로 인간의 탐욕은 제거했으나, 이기주의의 이란성 쌍둥이 중 다른 하나인 게으름은 또 어떻게 억제할 것인가에 대한 모어의 고민 흔적들이다. 생애시기로 볼 때 로크(1632-1704)의 노동가치설과 J. S. 밀(1806-1873)의 선악 쾌락관 그리고 칸트(1724-1804)

의 도덕적 원칙주의에 영향을 미쳤음직하다.

서양의 유토피아

서양에서의 공산사회 개념은 모어의 《유토피아》가 처음이 아니다. 공산사회의 원형은 고대 그리스 도시국가 스파르타의 시스템을 설계한 리쿠르고스(?-?)의 사상, 플라톤의 《국가론》 그리고 이들로부터 몇 백 년 뒤에 등장하는 원시 기독교 공동체에서 먼저 등장한다.

BC9세기 스파르타의 왕자로 태어난 리쿠르고스는 형인 폴리덱테스 왕이 죽자 잠시 왕위에 머물다 자리를 조카에게 넘긴다. 그리고 동방 문명의 영향을 받아 BC20세기 서양 최초로 미노아 문명을 일으킨 크레타를 비롯해 이오니아, 이집트, 스페인, 아프리카, 인도 등을 여행한다. 여행에서 돌아온 뒤 리쿠르고스는 스파르타 개혁에 나선다. 토지를 평등하게 분배하고, 사치품을 없애고, 신분 고하를 막론하고 모두가 같은 음식을 공동으로 모여 식사하게 한다. 남자뿐만 아니라 여자들도 강한 신체를 갖도록 단련시키고, 결혼은 하지만 더 좋은 아이를 낳기 위한 목적일 경우 혼외 잠자리도 허용한다. 태어난 아기가 건강하지 못하면 계곡에 버리게 하고, 아이들은 일곱 살 때부터 단체생활을 하면서 규율 속에서 학습과 함께 신체를 단련하게 한다[2]. 스파르타는 공산국가이자 병영국가였다.

플라톤(BC428?-BC348?)은 BC428년 무렵 아테네에서 태어났다. BC428년은 아테네를 중심으로 한 델로스 동맹과 스파르타를 중심으로 한 펠레폰네소스 동맹이 펠레폰네소스 전쟁을 시작한 지 3년이 지난 때였다. 전쟁은 그 후로도 24년이나 더 지속되었다. 플라톤은 태어나서부터 24년 동안 전쟁 속에서 살았다. 그리고 27년간의 전쟁은 스파르타 측의 승리로 끝났다. 플라톤 집안은 아테네의 귀족 가문이었다. 패전 후 아테네에 30인 참주정치가 시행되었을 때 그 30인 참주 중에 집안사람이 포함될 정도였다. 플라톤은 패전의 원인을 아테네의 민주주의에서 찾았다. 자신의 스승인 소크라테스의 죽음의 원인도 민주주의에서였다[3]. 플라톤이 《국가론》에서 그린 이상국가는 공산국가였다. 플라톤의 공산국가는 재산뿐만이 아니라 처자식도 공유하는 국가였다. 그리고 거기에 더해 병영국가였다. 여자도 남자와 똑같이 신체를 단련하고 성인 여자와 남자는 각각 공동으로 생활하고 공동으로 식사하면서, 건강한 아이를 생산하기 위해 여성은 20세에서 40세, 남성은 25세에서 55세까지만 자식을 만들 수 있었다. 태어난 아이가 건강하지 못할 경우에는 버리도록 했다[4]. 플라톤의 이상국가 모델은 리쿠르고스의 그것이었다. 27년간의 전쟁에서 패전한 국가의 귀족 출신으로, 자기 조국이 나아갈 길을 승전국의 시스템에서 찾는 것은 어쩌면 당연한 일이었다.

공산사회는 특정 시대 특정 국가에서만 또는 특정 사상으로만 존재했던 특별한 개념이 아니다. 일상에서 또는 인간의 의식 한구석에 보편적으로 존재하는 개념이다. 《성경》에는 '그 많은 신도들이 다 한마음 한뜻이 되어 아무도 자기 소유를 자기 것이라고 하지 않고 모든 것을 공동으로 사용하였다. 사도들은 놀라운 기적을 나타내며 주 예수의 부활을 증언하였고 신도들은 모두 하느님의 크신 축복을 받았다. 그들 가운데 가난한 사람은 하나도 없었다. 땅이나 집을 가진 사람들이 그것을 팔아서 그 돈을 사도들 앞에 가져다놓고 저마다 쓸 만큼 나누어 받았기 때문이다'[5]라고 말하고 있다. 예수가 죽고 난 다음 기독교 초대교회 신자들이 유대교와 로마의 박해를 극복하는 과정에서 자연스럽게 재산을 공유하는 공산사회를 형성한 것이다.

그리스·로마 신화에서는 1차 인류시대가 4단계로 진행된다. 황금시대, 은시대, 청동시대 그리고 마지막 철의 시대다. 황금시대에는 죄악이 없고 법률도 없다. 계절은 항상 봄으로 노동을 할 필요가 없다. 인간은 은시대, 청동시대 그리고 철의 시대로 가면서 점점 악해진다. 철의 시대 때는 범죄가 홍수되어 넘쳐흐르고 사기와 거짓말로 가까운 이들끼리도 서로 믿지 못하게 된다. 그리고 이때 사유재산이 발생한다. 신은 악에 물든 인간을 모두 쓸어버리고 선한 이들인 데우칼리온과 피라 부부만 남겨 인간 세상을 다시 만든다. 신화에서 인간 세상은 원래 공산사회였다. 그리고 천국이었다. 그러다 악의 증가와 함께 사유재산제가 시작되었다. 신화가 주는 메시지는 선명하다. 공산사회는 천국이고 사유재산제는 지옥이라는 메시지다. 물론 신화에서의 이야기다.

동양의 유토피아

유토피아로서의 공산사회 개념은 서양에만 존재하지 않았다. 고대 동양에도 존재했다. 공자는 《예기》에서 '큰 도가 행해지면 천하가 만인의 것이 된다. 어진 이와 능력 있는 이를 선발해 신의를 가르치고 화목을 닦게 하니 사람들이 제 부모만을 부모로 여기지 않고 제 자식만을 자식으로 여기지 않는다. 노인들이 편안하게 삶을 마칠 수 있도록 하며, 장정들에게는 할 일이 주어지고, 아이들은 마음껏 자라게 한다. 홀아비와 과부, 고아와 자식 없는 노인 그리고 병든 이들이 모두 먹고 살 수 있도록 하고 남자들은 모두 직업이 있고 여자들은 모두 시집을 간다. 재물은 헛되이 낭비되는 것을 싫어하니 사람이 혼자 움켜쥐고 있을 수 없고, 힘은 사람의 몸 안에 갇혀 있기를 싫어하니 자기 자신만을 위해 사용할 수 없다. 이렇게 되면 자기 개인 이익만 꾀하는 생각이 사라지게 되어 도둑과 반란이 사라지고 사립문을 잠글 필요가 없게 된다. 이런 세상을 일러 대동이라 한다'[6]라고 말하고 있다. 그러면서 공자는 '큰 도가 사라져 천하를 사유화하면서 내 부모 네 부모, 내 자식 네 자식을 구별하고 재물을 사유화하고 힘은 자기 개인 이익을 위해서만 사용'[7]하기는 하지만, 그래도 예禮가 살아있고 법이 준수되는 사회를 '소강小康'이라 한다고 말한다.

대동은 바로 동양의 유토피아이고 그 유토피아는 다름 아닌 공산사회다. 내 것 네 것이 없고 내 부모 네 부모가 따로 있지 않은 그런 세상이다. 그래서 공자는 대동을 큰 도가 행해질 때나 가능한 세상으로 그렸고, 오늘날 우리들도 좋은 세상을 떠올릴 때는 곧바로 '대동세상'을 입에 올린다. 공자의 대동 개념은 중국 근대사에서 가장 아쉬운 사건으로 남은 '100일 천하' 변법자강운동의 주인공 강유위(1858-1927)에 의해 방대한 내용으로 확대·정리된다. 강유위는 《대동서》라는 자신의 저술을 통해 사유재산이 없는 공산사회 실현과 함께 모든 욕심의 근원인 가족 제도 폐지, 세계국가 설립 등을 주장한다. 그리고 《예기》와 공양삼세설公羊三世說에 입각해 세상이 거란세에서 승평세(소강사회), 승평세에서 태평세(대동사회)로 나아간다는 3단계 역사발전론을 제시한다. 공자의 대동세계와 플라톤의 이상국가가 그들 기축시대Axial Age로부터 2,200여 년이 지나 강유위의 《대동서》에서 만났다.

시진핑을 비롯한 중국 지도자들은 연설 때마다 2021년까지 '샤오캉小康' 사회를 완성하겠다고 다짐한다. 그 '샤오캉' 사회가 바로 공자가 말한 대동 전 단계의 '소강'이자, 강유위의 3단계 역사발전론 중 두 번째인 '승평세'다. 일단 예가 살아있고 상식이 통용되는 사회인 '소강' 또는 서양 선진국 수준에 이르는 '승평세'에 이른 다음, 궁극적으로는 동양의 유토피아인 제대로 된 공산사회, '대동'으로 가겠다는 다짐이다.

모두를 위한 유토피아는 존재하지 않는다?
———

어느 시대 어느 곳에서나 못사는 이들이 잘사는 이들보다 언제나 많았다. 그들은 꿈을 꾼다. 유토피아를. 그 유토피아는 거의 공산사회다. 모두가 평등하게 함께 먹고 함께 사는 공산사회다. 그들의 유토피아가 공산사회인 것은 다른 이유가 아니다. 지금처럼 언제나 먹고살 것을 걱정하거나 무시당하거나 남들보다 못사는 것만 아니라면, 그 정도만 해도 그들에게 행복이라 여겨지기 때문이다. 기대치가 남들보다 잘사는 것이 아닌, 남들 위에 서는 것이 아닌, 남들만큼만 사는 것이다. 바로 '평등'하게 사는 것이다.

그러면 잘사는 이들은 어떨까? 잘사는 이들은 유토피아를 꿈꾸지 않는 것일까? 꿈꾸지 않는다. 지금 살고 있는 곳이 그들에겐 이미 유토피아이기 때문이다. 그리고 그들의 현재의 유토피아는 다른 이들과의 평등 정도가 아닌, 다른 이들보다 잘살고 다른 이들 위에 서는 그런 유토피아다. 그들은 유토피아 대신 다른 것을 꿈꾼다. 장수, 아니 할 수만 있다면 영생을 꿈꾼다. 현재가 이미 유토피아

이상의 유토피아이니, 이 삶을 최대한 오래 유지하는 것만이 그들의 중요 관심사다. 진시황제의 불로초와 파라오의 지하궁전이 바로 그런 노력이고, 오늘날 부유한 이들이 온갖 방법으로 지금 이승의 삶을 늘이려고 애쓰는 노력도 마찬가지다.

유토피아는 그 사회 모든 이들에게 유토피아일까? 유토피아에서는 모두가 평등할까? 중장통은 유토피아를 노래한 '낙지론'에서 '심부름 하는 이가 있어 내 수고로움을 모두 대신한다'라고 노래하고 있고, 모어의 유토피아에서는 짐승을 도살하거나 농사일 중 힘든 일은 노예가 하도록 하고 있고[8], 스파르타를 설계한 리쿠르고스는 농사일을 헬로트족에게 담당시키고[9] 있다. 중장통의 유토피아에서, 모어의 유토피아에서, 리쿠르고스의 유토피아에서 그리고 플라톤과 공자의 유토피아에서 언제나 힘들고 더러운 일을 하는 이는 별도로 있다. A. 스미스에게 영향을 미친 버나드 맨더빌이 '힘들고 더러운 일은 누군가는 해야 하고, 거친 삶은 어쩔 수 없는 것이다'[10]라고 한 말 그대로이다. 그렇다면, 그 힘들고 더러운 일을 하는 이들이 꿈꾸는 유토피아는 또 어디에 있는 것일까? 모두를 위한 유토피아는 존재할 수 없는 것일까?

그리고 또 하나, 실제로 모두가 평등한 사회가 되었다고 할 때 사람들은 이제 더 이상 다른 유토피아를 꿈꾸지 않게 되는 것일까? 아리스토텔레스는 '열등한 자들은 평등하기 위해 반란을 일으키고, 평등한 사람들은 우월자가 되기 위해 반란을 일으킨다'[11]고 말한

다. 모두가 평등한 세상이 오더라도 어느 누군가에게는 그것이 유
토피아가 아닐 수 있다는 이야기다.

9장

사회주의와 공산주의

사회주의와 공산주의는 '공동 소유'라는 의미에서는 일치하지만, '국가
사멸'에 대해서는 일치하지 않는다. 즉 사회주의는 '공동 소유'라는 의미
에서는 공산주의를 포함하지만, '국가 사멸'에 있어서는 공산주의와 궤
를 달리한다. 따라서 사회주의와 공산주의는 '사유재산의 폐지'라는 관
점에서는 혼용해 쓰일 수 있지만, 그 사회형태가 국가냐 공동체냐의 관
점에 있어서는 서로 상대적이어서 혼용이 불가하다.

사회주의Socialism와 공산주의Communism를 헷갈려 하는 경우가 많
다. 그럴 수밖에 없다. 이 말들을 만들어 사용했던 사람들이 헷갈
리게 사용했기 때문이다. 먼저 사전적 의미를 살펴보면 사회주의는
다음 세 가지다.

① 사유재산 제도를 폐지하고 생산수단을 사회화하여 자본주
   의 제도의 사회적·경제적 모순을 극복한 사회 제도를 실현하
   려는 사상, 또는 그 운동. 공산주의, 무정부주의, 사회민주주의
   따위를 포함하는 넓은 개념

② 자본주의에서 공산주의로 이행하여가는 과도기적 단계

③ 마르크스주의에 대립되는 사회민주주의적 사상, 또는 그 운동

그리고 공산주의는 다음 두 가지다.

① 마르크스와 레닌에 의하여 체계화된 프롤레타리아 혁명 이론에 입각한 사상. 재산의 공동 소유가 옳다고 주장하며 생산수단의 사회화와 무계급 사회를 지향한다

② 공산주의자들이 계급지배의 도구라고 여기는 국가가 철폐되고 생산수단의 사회화가 실현된 사회경제체제[1]

사회주의는 경제체제 또는 경제활동의 자유에 있어 자본주의 Capitalism의 상대 개념이다. 1820년대 영국과 프랑스 지식인들이 토론을 통해 만들어낸 '사회주의' 개념[2]은 앞의 사회주의의 ①번 개념에서와 같이 '생산수단을 사회화', 즉 생산수단의 소유 단위를 '개인'이 아닌 '사회Society'로 한다는 개념이다. 그 '사회'는 국가, 노동조합 등 다양한 주체가 될 수 있다.

사회주의의 상대 개념인 '자본주의' 용어 자체는 1860년대 등장했다[3]. 자본주의는 '생산수단을 자본으로서 소유한 자본가가 이윤 획득을 위하여 생산활동을 하도록 보장하는 사회경제체제'[4]라는 정의에서처럼, 재산의 '개인' 소유 인정을 전제로 한다. 따라서 생산수단의 소유 단위 및 주체를 기준으로 할 때, 사회주의가 '경제적 사회주의'라면 자본주의는 '경제적 개인주의'이다. '사회주의'는 경제 측면에서의 핵심인 소유 주체를 '사회'로 분명하게 드러내고 있는데 반해, '자본주의'는 자본주의에서의 주도 계급인 '자본가'만 강조되고 있다.

마르크스의 과학적 사회주의

18세기 말 산업혁명과 함께 시작된 자본주의는 많은 문제를 일으킨다. 공황, 실업과 빈곤, 독과점, 자원의 낭비, 전쟁 등과 같은 다양한 문제들이었다. 일부 사상가들은 이런 문제들의 원인이 경제적 '개인주의'에 있다고 보았다. 그래서 '개인' 아닌 '사회'가 소유와 경제의 주체가 되어야 한다는 생각을 하게 된다. 생시몽(1760-1825), 푸리에(1772-1837), 오언(1771-1858)과 같은 이들이 '사회주의'를 들고 나오게 된 배경이다. 이들은 19세기 초 자본주의의 심각한 상황에 대한 문제 인식이 확실했던 만큼 진지하고 열정적이었다. 그러나 어떤 일에서나 초기 단계는 늘 그렇듯 구체성과 현실성이 부족했다. 자본주의의 대안이 되기 위해서는 더 체계적이고 치밀한 사회주의가 필요했다. 이때 마르크스(1818-1883)가 등장한다.

마르크스는 9~10세의 아이들이 새벽부터 밤 10~12시까지 노동을 하면서 팔다리가 말라비틀어지고 신체가 왜소해지는 비참한 상황[5]과 그런 상황들이 가져온 '맨체스터의 평균수명은 중상계층이 38세인 데 비해 노동자 계급은 17세에 불과하다. 리버풀에서는 전자는 35세 후자는 15세다. 따라서 부유한 계층의 수명은 더 불리한 조건에 있는 시민들의 수명에 비해 2배 이상 길다'[6]와 같은 결과를 목도한다. 그러면서 '자본은 사회에 의해 강요되지 않는 한 노동자의 건강과 수명에 대해 조금도 고려하지 않는다. 육체적·정신적 퇴화, 조기사망, 과도노동의 고통 등에 관한 불평에 대해 자본은 다음과 같이 대답한다. 그러한 것들이 우리의 쾌락(이윤)을 증가시켜주는데 어째서 우리가 걱정해야 하는가라고. 사태를 전체적으로 보면 이 모든 것은 개별 자본가의 선의나 악의 때문은 아니다. 자유경쟁 하에서는 자본주의적 생산의 내재적 법칙들이 개별 자본가에 대해 외부적인 강제법칙으로 작용한다[7]와 같은 결론을 내린다. 그리고 대안을 내놓는다. 바로 '과학적 사회주의Scientific socialism'다. 앞서 생시몽 등의 사회주의는 현실성이 없는 '공상적 사회주의Utopian socialism'라는 이야기다.

마르크스는 '인간들은 자신들의 생활을 사회적으로 생산하는 가운데, 자신들의 의지로부터 독립되어 있는 일정한 필연적 관계들, 즉 자신들의 물질적 생산력들의 일정한 발전 단계에 조응하는 생산관계들에 들어선다. 이러한 생산관계들의 총체가 사회의 경제적 구조, 즉 그 위에 법률적 및 정치적 상부구조가 서며 일정한 사회적 의식 형태들이 그에 조응하는 그러한 실재적 토대를 이룬다. 물질적 생활의 생산방식이 사회적, 정치적, 정신적 생활 과정 일반을 조건 짓는다. 인간들의 의식이 그들의 존재를 규정하는 것이 아니라 거꾸로 그들의 사회적 존재가 그들의 의식을 규정한다. 사회의 물질적 생산력들은 그 발전의 특정 단계에서, 지금까지 그것들이 그 내부에서 운동해왔던 기존의 생산관계들 혹은 이 생산관계들의 법률적 표현일 뿐인 소유관계들과의 모순에 빠진다. 이러한 관계들은 이러한 생산력들의 발전형태들로부터 그것들의 족쇄로 변전한다. 그때에 사회혁명의 시기가 도래한다[8]라고 주장한다. 한 사회의 구성과 변화를 설명하는 마르크스의 '사회구성체Social Formation' 이론 핵심이다. 사회는 물질적 '토대'와 이에 기반한 제도와 의식의 '상부구조'로 되어 있고, 물질적 토대가 상부구조에 영향을 미친다는 이야기다.

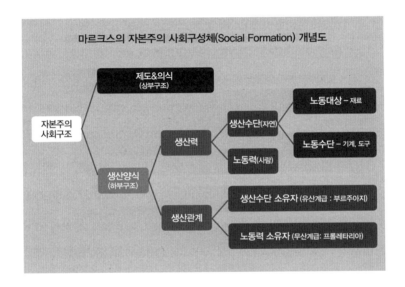

마르크스의 자본주의 사회구성체(Social Formation) 개념도

'생산방법'이라 할 수 있는 물질적 토대인 '생산양식Mode of production'은 인간이 재화를 창출해내는 능력인 '생산력Productive forces'과 재화를 창출하는 과정에서 형성되는 사람들 간의 관계인 '생산관계Relations of production' 두 가지로 구성된다. 그런데 '생산력'

은 고정적이지 않다. 분업이 발전하면서 '생산력'은 향상된다. '생산력'이 어느 정도 이상 향상되면 '생산관계'는 '생산력'에 족쇄로 작용해 상호간에 모순이 발생한다. 결국 '생산관계' 그리고 '생산양식'이 바뀐다. 그러면서 사회적 제도와 의식인 '상부구조'도 따라서 바뀐다. '생산관계'가 '원시공동체'[9]의 '공산 상태'에서 '생산수단 소유자'&'무산자' 관계인, 자유민&노예→영주&농노/장인&직인→부르주아&프롤레타리아[10]로 바뀌어가면서, '생산양식'은 아시아적→고대적→봉건적→자본주의적[11], 또는 부족 소유→고대 공동 소유 및 국가 소유→봉건적 혹은 신분적 소유→자본주의[12]로 바뀌어간다. 우리가 일반적으로 인식하고 있는 원시공산제→고대노예제→중세봉건제→자본주의와 같은 순서로 '생산양식'이 바뀌어가는 것이다.

물질적 '토대'인 '생산양식'의 변화에 따라 '상부구조'인 '제도와 의식'도 바뀐다. 분업이 심화되면서 사적 소유와 관련된 법이 강화[13]되고, 귀족이 지배하던 중세봉건제에서는 지배 계급이 필요로 하는 명예, 충성과 같은 가치들이 강조되었던 반면 자본주의 사회에서는 부르주아들의 자유로운 이익 추구 활동을 위해 자유, 평등과 같은 가치들이 중요시[14]된다.

마르크스는 자본주의도 '생산력'과 '생산관계'의 모순으로 결국 공산주의로 갈 수밖에 없다고 주장한다. 부르주아의 멈출 수 없는 '생산력' 증대에 따른 공황 발생과 독과점화, 그리고 여기에 프롤레타리아의 궁핍화와 의식화 및 단결이 더해지면서 '생산관계'의 변화와 함께 '생산양식'의 전환이 이뤄질 수밖에 없다는 것이다. 바로 '공동 소유'라는 '생산관계'와 '공산주의'라는 '생산양식'으로의 전환이다[15].

마르크스는 공산주의 또는 공산사회로 가는 과정을 두 단계로 나눈다. 프롤레타리아 독재의 '공산주의 사회의 첫 번째 단계'와, 국가가 사멸死滅하고 공산사회Commune만 존재하는 '공산주의 사회의 더 높은 단계'[16] 둘이다.

먼저 '공산주의 사회의 첫 번째 단계'에서는 사적 소유의 철폐[17], 즉 생산수단의 사회화만 이루어지고 분배의 평등은 아직 실현되지 않는다[18]. 능력만큼 일하고 노동량만큼 분배받는다. 노동량에 비례해 분배하는 것은 이제 막 자본주의에서 공산주의로 전환해 아직 생산성이 높지 않기 때문이다. 그리고 두 번째의 '공산주의 사회의 더 높은 단계'에 이르면 '각자는 능력에 따라, 각자에게는 필요에 따라!'[19]의 원칙이 실현된다. 토머스 모어의 《유토피아》에서 공동으로 일하고 필요한 만큼 가져가는 것[20]처럼, 능력에 따라 일하고 필요에 따라 분배받게 된다. 고도화된 생산성으로 물질적 여유가 충분하기 때문이다. 하루 6시간 일하고 8시간 잠을 자고, 저녁식사 후에는 한 시간 동안 오락을 즐기고, 빈 시간에는 강의 수강 등 지적 활동을 즐기는 《유토피아》에서의 삶[21]처럼, '내가 하고 싶은 그대로 오늘은 이 일 내일은 저 일을 하는 것, 아침에는 사냥하고 오후에는 낚시하고 저녁에는 소를 치며 저녁식사 후에는 비판하는 것'[22]이 가능해지는 단계이다.

  마르크스는 자신의 자본주의에 대한 대안을 '과학적 사회주의'
로 자부했지만 정작 '사회주의'라는 말은 경계했다. 사회주의나 사
회민주주의라는 말은 어디까지나 '국가의 존립'을 전제로 하는 것[23]
이었기 때문이다. 그래서 마르크스는 《공산주의당 선언》에서도 자
신의 '과학적 사회주의'인 공산주의와 다른 사회주의들을 분명하게
구분해 다루고 있다[24]. 공산주의의 실천자 레닌 역시 국가도 사멸死
滅한 상태인 공산주의Communism를 사회주의와 구분해 사용한다[25].
마르크스와 레닌이 다른 사회주의자들과 구분해 자신들의 사회주
의를 공산주의로 부르는 것은 앞의 공산주의 정의 ①번의 '마르크
스와 레닌에 의하여 체계화된 프롤레타리아 혁명 이론에 입각한 사
상. 재산의 공동 소유가 옳다고 주장하며 생산수단의 사회화와 무
계급 사회를 지향한다'는 의미다. 따라서 자연히 다른 사회주의자
들의 사회주의는 사회주의 정의 ③번의 의미가 된다. '③마르크스
와 대립되는 사회민주주의 사상, 또는 그 운동'이다.

Communism(공산주의)

———

  공산주의Communism의 '코뮌Commune'은 '공동체'를 의미한다. 엥
겔스는 자본주의 이후의 사회주의를 코뮌(Commune, 독일어로는 공동체

를 의미하는 Gemeinwesen)으로 불러야 한다고 강조하고[26], 마르크스는 '제국에 반대되는 대립물은 코뮌이었다. 코뮌은 계급지배의 군주제적 형태뿐만 아니라 계급 자체까지도 폐지해야 할 공화국의 특정한 형태였다'[27]라고 말하고 있고, 레닌 역시 '코뮌은 프롤레타리아 혁명에 의하여 마침내 발견된 노동의 경제적 해방을 수행할 수 있는 정치 형태'[28]라고 말한다.

1871년 프랑스 내전에서 혁명 세력인 프롤레타리아 계급은 자본주의의 대안으로 코뮌Commune을 들고 나온다. 'Commune'은 다름 아닌 12세기 북프랑스에서 실시된 도시 중심의 주민자치 제도다. 내전의 혁명 주도 세력이 자신들의 정부를 코뮌이라 한 것은 바로 그런 자치 공동체를 실현하겠다는 의도다. 과학적 사회주의자인 마르크스는 1871년 파리코뮌에 대한 면밀한 관찰과 분석을 통해 자신의 기존 공산주의 이론을 보완한다.

공산주의의 실행자 레닌은 마르크스가 말한 '공산주의 사회의 첫 번째 단계'를 사회주의, 그 다음의 '공산주의 사회의 더 높은 단계'를 '공산주의'로 구분한다. 그러면서 '공산주의 사회의 첫 번째 단계'에서도 '생산수단이 공동 소유로 되어 있으므로 만일 이것이 결코 완전한 공산주의가 아니라는 것만 잊지 않는다면 여기에 대해서도 공산주의라는 말을 쓸 수 있다'[29]라고 말한다. 한마디로 '공산주의 사회의 더 높은 단계'에 이르러야 진짜 공산주의이고, 그 전은 아직 공산주의가 아니라는 이야기다. 진짜 공산주의는 생산수단을

'사회화만 한' 사회주의와는 또 다른 무엇이라는 이야기다. 여기에서 레닌의 '공산주의 사회의 첫 번째 단계'가 바로 이 글 처음에서의 사회주의 두 번째 의미인 '②자본주의에서 공산주의로 이행하여가는 과도기적 단계'에 해당된다. 그리고 '공산주의 사회의 더 높은 단계'는 공산주의의 두 번째 의미인 '②공산주의자들이 계급지배의 도구라고 여기는 국가가 철폐되고 생산수단의 사회화가 실현된 사회경제체제'에 해당된다. '공산주의 사회의 첫 번째 단계'에서는 아직 프롤레타리아 독재라는 국가형태가 남아 있지만, '공산주의 사회의 더 높은 단계'에 이르면 프롤레타리아 독재와 함께 국가도 사라지고 '공동체commune'만 남는다는 이야기다. 생산수단의 공유와 함께 '공동체'만 남은 사회가 진짜 공산주의Communism, 또는 공산사회라는 것이다.

사회주의와 공산주의가 헷갈리는 보다 근본적인 이유는 사실 개념 자체에 있다. 개념만으로 따지면, '사회주의'는 말 그대로 생산수단을 공동 소유, 즉 개인 아닌 '사회가 소유'를 하는 개념이다. 여기에서 국가가 사멸死滅한다는 의미는 찾아볼 수 없다. 공산주의Communism는 어원인 'Commune'으로 이해하자면 핵심이 '공동체'다. 공동체는 네 것 내 것 구분이 없는 '공유'라는 의미도 갖지만, 공동체의 뉘앙스 그대로 국가나 기업과 같은 구속조직이 아닌 자발적으로 어울리는 모임이라는 의미다. 그래서 마르크스는 공산주의를 첫 번째 단계와 더 높은 단계로 구분해 파악했고, 레닌은 '공산주의 사회의 첫 번째 단계'는 사회주의일 뿐 아직 공산주의가 아니고 '공산주의 사회의 더 높은 단계'야말로 진짜 공산주의라고 말한 것이다.

따라서 사회주의와 공산주의는 '공동 소유'라는 의미에서는 일치하지만, '국가 사멸'에 대해서는 일치하지 않는다. 즉 사회주의는 '공동 소유'라는 의미에서는 공산주의를 포함하지만, '국가 사멸'에 있어서는 공산주의와 궤를 달리한다. 따라서 사회주의와 공산주의는 '사유재산의 폐지'라는 관점에서는 혼용해 쓸 수 있지만, 그 사회형태가 국가냐 공동체냐의 관점에 있어서는 서로 상대적이어서 혼용이 불가하다.

그렇다면 왜 마르크스는 궁극적으로 사회주의, 즉 '생산수단을 공유한 국가'가 아닌 '생산수단을 공유한 공동체Commune'인 공산주의Communism를 주장했을까? 그것은 바로 마르크스 자신의 도구적 국가관과 자신의 과학적 사회주의의 논리적 결과 때문이다. 마르크스는 《공산주의당 선언》에서 자본주의에 대해 '국가 권력은 부르주아 계급 전체의 공동 업무를 처리하는 하나의 위원회일 뿐이다'[30]라고 단언한다. 어느 시대 어느 곳에서나 지배 계급이 피지배 계급을 억압하기 위한 수단으로 필요로 하는 것이 바로 국가 존재라는 인식이다. 고대노예제 때는 자유민이 노예를, 중세봉건제 때는 영주/장인이 농노/직인을, 자본주의에서는 부르주아가 프롤레타리아를 억압할 때 언제나 동원되는 것이 바로 국가라는 것이다. 그렇게 되면 도구적 국가관 입장에서 볼 때 계급이 있으면 국가를 필요로 하고 계급이 사라지면 국가가 필요 없게 된다. 그리고 그 계급은 다름 아닌 생산수단을 소유한 계급과 생산수단을 소유하지 못한 계급 둘이다. 결론은, 생산수단을 사회 전체의 공유로 하게 되면 계급은 없어지고, 계급이 없어지면 지배 계급이 피지배 계급을 억압할 일이 없게 됨으로써 국가는 자연스럽게 사멸死滅된다는 이야기다.

그렇다면 마르크스는 공산주의로 가는 단계를 왜 두 단계로 나누었을까? 마르크스의 목적은 무정부주의자들처럼 국가를 없애는 것 자체에 있지 않았다. 자본주의가 안고 있는 근본 문제를 해결하는 데 있었다. 국가 사멸은 마르크스 자신의 과학적 연구의 논리적 귀결일 뿐이었다. 따라서 마르크스는 먼저, '생산수단 공유'를 위한 자본주의의 지양止揚을 프롤레타리아 혁명을 통해 이룰 것을 주장한다. 그러고 난 다음 프롤레타리아 독재로 국가형태를 유지하면서 생산성 고도화와 함께 사람들의 '폭력 없이 복종 없이 사회적 공동생활의 기본적 조건들을 준수하는 습관'[31]으로의 변화를 유도한다. 생산성이 고도화되고 사람들이 바뀌면 언젠가는 프롤레타리아 독재도 필요 없는 시기가 도래한다. 이때 '공산주의 사회의 더 높은 단계'가 실현된다. 국가도 사라진 완전한 공산사회Commune가 실현된다.

그렇다면 마르크스는 왜 '공산주의 사회의 더 높은 단계'로 갈 때는 '사멸死滅', 즉 때가 되면 저절로 이루어질 것이라고 하면서, '공산주의 사회의 첫 번째 단계'로 갈 때는 '지양止揚', 즉 프롤레타리아 혁명을 일으키지 않으면 안 된다고 했을까? 마르크스는 '혁명이 필요한 까닭은 단지 지배 계급이 달리 전복될 방법이 없기 때문만이 아니라, 전복하는 계급이 오직 혁명 속에서만 스스로 모든 낡은 찌꺼기를 목구멍으로부터 씻어버리고 사회를 새롭게 건설할 역량을 갖추게 되는 데까지 이를 수 있기 때문이다'[32]라고 말하고 있다. 달리 지배 계급을 전복할 방법이 없다는 것은 '보통선거권은 노동자 계급의 성숙도를 재는 측정기이다. 그것은 오늘날의 국가에서 그 이상의 것이 될 수 없으며, 또 되지도 않을 것이다'[33]라고 말한 엥겔스와 같이 노동자들의 의식수준에 대한 불신을 의미했다. 레닌 역시 이 부분에 대해 같은 입장이다. 레닌은《독재냐 혁명이냐》에서 '부르주아들이 모든 권력장치(즉 국가)를 장악하고 있는 한, 평화적인 방법으로 권력을 잡을 수 있다는 생각은 무망한 것이다. 그런데 이보다 자그마치 세 배나 헛된 망상은 의회민주주의에 의해 권력을 잡을 수 있다고 믿는 것이다'[34]라고 말하고 있다.

　마르크스나 엥겔스 그리고 레닌 모두 일상에서의 사람들의 의식을 신뢰하지 못했다. 물론 '자본주의에서의 자유는 언제나 고대 그리스 공화정들에 있었던 자유, 즉 노예 소유자들을 위한 자유와 거의 같은 것이다. 현대의 임금노예들은 자본주의적 착취와 조건으로 인해 궁핍과 빈곤에 몹시 짓눌려 있기 때문에 민주주의에 신경 쓸 여지도 없고 정치에 신경 쓸 여지도 없으며, 따라서 모든 일이 통상적으로 평화롭게 진행되고 있을 때는 주민의 다수가 공적 생활과 정치생활에서 배제되어 있다'[35]라고 레닌이 지적하고 있는 것처럼, 개인 아닌 환경 탓도 크다. 오늘날 대의제 민주주의 환경에서 어느 사회나 서민들이 부자보다 훨씬 많지만 그들이 선택한 대표들의 다수는 언제나 부자정책 지지자인 것을 보면, 마르크스와 엥겔스 그리고 레닌의 분석이 결코 억측이 아님을 확인할 수 있다. 자유주의 사회에서 보통선거에 기대할 수 없다면 마르크스 앞에 남아 있는 수단은 혁명뿐이었다.

마르크스는 '공산주의 사회의 첫 번째 단계'인 프롤레타리아 독재 상황을 1848년 발표한 《공산주의당 선언》에서 간단하게 밝히고 있다. 대체적으로 알아보면 '토지의 몰수와 지대의 국가경비로의 전용, 상속권 폐지, 은행 국영화, 운송수단의 국유화, 국영 공장의 증가, 모든 사람들의 동등한 노동, 농업과 공업의 결합, 어린이에 대한 무상 교육 실시 등등'[36]의 내용들이다. 《공산주의당 선언》으로부터 23년이 지난 1871년 프랑스 내전이 일어나자 마르크스는 내전 중 존재했던 파리의 코뮌을 통해 자신의 기존의 '과학적 사회주의'를 보강한다.

파리코뮌은 1871년 3월 18일부터 5월 28일까지 파리에 존재했던 인류 역사 최초의 민중·노동자 자치정부다. 프로이센과의 유럽 주도권 전쟁에서 패한 프랑스가 평화조약 체결을 위해 국민의회를 소집했을 때, 왕당파 의원들이 프로이센 입장 옹호와 함께 왕정복고를 꾀한다. 그러자 파리 민중들이 여기에 반발해 자치정부를 구성한다. 파리코뮌이다. 파리코뮌은 민중 주도의 다양한 개혁을 추진하다 베르사유의 기존 프랑스 정부와 프로이센의 협공으로 피와 시체가 흐르는 세느와 밤하늘의 불꽃같은 찬연한 투쟁 신화만을 남긴 채 짧은 역사를 맺는다. 마르크스는 파리코뮌 중에 코뮌의 활동과 실패를 분석하면서 공산사회Communism에 대한 설계도를 보완한다.

파리코뮌에서는 제일 먼저 노동자들의 자발적 무장조직인 국민방위대 조직이 만들어진다. 국민방위대가 조직됨으로써 상비군 폐지, 상비군 유지에 들어가는 국가예산 절약, 계급지배의 '국가'로의 회귀 방지 그리고 외국의 침략에 대비할 수 있게 된다. 관료, 법관 등은 모두 코뮌으로 구성한다. 그들은 보통선거로 선출되며 언제든지 해임 가능하고, 급여는 노동자들의 평균 수준을 넘지 못한다. 부르주아가 떠난 공장은 노동조합에 무료로 제공되며 교회 재산은 모두 국가 재산으로 귀속된다. 코뮌의 결정은 관보를 통해 공표된다. 프롤레타리아 독재를 위한 국민방위대는 군사조직과 정치연맹을 겸한 조직으로 선거를 통해 중앙위원회를 구성하며, 프롤레타리아의 국제주의에 따라 외국인에게도 개방된다[37]. 사회가 국가 권력을 흡수한 '코뮌'은 '인민에 의한, 인민을 위한, 인민 자신의 사회생활의 회복'[38]이었다.

엥겔스 역시 파리코뮌으로부터 20년이 지난 1891년 코뮌을 분석하면서 공산사회를 설계한다. 엥겔스는 파리코뮌의 주요 실패 원인을 코뮌의 중심인 국민방위대 중앙위원회의 구성에서 찾는다. 국민방위대 중앙위원회의 다수파가 블랑끼주의자고 소수파가 푸르동의 사회주의자들이었는데, 블랑끼주의자들은 '국가조직'에 집착했고 푸르동은 조합을 증오했었다는 것이다. 바로 마르크스의 '과학적 사회주의'에서 '국가'는 지배 계급의 피지배 계급에 대한 억압 도구로 궁극적으로 지양되고 사멸되어야 할 존재이고, 노동조합은 프롤레타리아 활동의 중심인데 그들은 그렇지 않았던 것이다. 엥겔스는 대공업과 매뉴팩처에까지 노동자조합을 만들 것을 지시했던 파리코뮌이 이 조직들을 대연합체로 통합해 공산주의를 지향했어야 한다고 주장한다. 또한 보통선거로 선출되고 언제든 소환될 수 있으며, 급여도 노동자들 수준인 코뮌의 행정, 사법, 교육 담당자들은 그러한 조건들로 인해 엽관獵官운동에 나서거나 출세지향적이지 않을 것이라고 말한다. 아울러 프롤레타리아 독재 상태에서 성장한 세대는 기존 '국가 상태'의 폐습을 갖지 않게 될 것이며, 프롤레타리아 독재 역시 최대한으로 신속하게 그런 '국가 상태'의 악을 제거할 필요가 있다[39]고 주장한다.

공산주의의 실행자 레닌은 파리코뮌에 대한 마르크스와 엥겔스의 주장을 되새기면서 군대와 관료제의 폐지는 값싼 정부를 실현할 것이라고 말한다[40]. 그러면서 '코뮌은 부르주아 국가기구를 분쇄하려는 프롤레타리아 혁명의 첫 시도이며 분쇄된 것을 대체할 수 있고 또 반드시 대체해야 할 '마침내 발견된' 정치형태다'[41]라고 결론짓는다. 생시몽, 푸리에, 오언 등에서 시작된 공상적 사회주의가 마르크스와 엥겔스의 과학적 사회주의인 공산주의를 거쳐 레닌에 이르러 이 포스트 자본주의체제의 구체적인 모습으로 그려진다. 국가가 사멸된 공동체Commune로서의 공산주의Communism로.

사회주의와 공산주의의 공식적 결별

1951년 자유세계 30여 개 사회주의 정당은 독일 프랑크푸르트 암마인에 모여 사회주의 인터내셔널Socialist International을 창립하고 「프랑크푸르트 선언The Frankfurt declaration」을 통해 민주사회주의 Democratic socialism를 발표한다. 선언의 핵심은 프롤레타리아 혁명 부정, 생산수단 공유의 절대목적화 부정, 의회를 통한 사회주의 개혁 추구 등이었다. 프롤레타리아 혁명을 수단으로 궁극적으로 국가 사멸을 추구하는 마르크스·레닌의 공산주의와 분명하게 선을 긋는 선언이었다. 마르크스·레닌이 일찍이 생산수단 공유에 대한 개량주의적 접근을 취하는 사회주의를 부정했던 것처럼, 민주사회주의 역시 혁명적, 공동체적 공산주의를 자신들과 다른 존재로 분명하게 못을 박은 것이다. 한 지붕 두 집 살림의 사회주의·공산주의 100년 동거 역사가 공식적으로 끝났다. 이란성으로 태어난 쌍둥

이가 100년이 지나 각자 자기 길을 떠난다.

마르크스·레닌의 공산주의를 접하는 이라면 누구나 갖는 의문이 있다. 공산주의 국가들이 프롤레타리아 독재를 거쳐 국가도 사멸死滅한 '공산주의 사회의 더 높은 단계', 진짜 공산사회Communism로 갈 수 있을까 하는 의문이다. 사실 거기에 대한 답은 이미 나왔다. 물론 21세기 초 현재 상태로다. 공산주의의 종주국인 구소련을 포함해 어떤 공산국가도 '국가가 사멸한 공산주의'를 실현하지 못했다. 국가가 사멸한 공산주의 실현은커녕 빈곤의 평등으로 자본주의체제로 다시 회귀하고 있는 실정이다. 자본주의를 지양止揚하고 프롤레타리아 독재까지는 갔지만 공산사회로는 더 이상 나아가지 못하고 유턴하고 있는 것이다. 지양止揚까지는 했는데 사멸死滅이 되지 않은 것이다.

프롤레타리아 독재의 '국가형태'가 시간이 지나도 사멸하지 않고 오히려 퇴보하는 이유는 사실 단순하다. 인간의 본능인 이기주의가 그것을 가로막기 때문이다. 이기주의는 과욕過慾과 과태過怠 양쪽으로 작용한다. 이익 추구의 기회가 주어지면 사람들은 많이 소유하려는 과욕을 드러내고, 분배의 평등이 주어지면 사람들은 노력을 줄이려는 게으름의 과태를 드러낸다. 과욕은 계급과 신분 차이를 만들어내고 과태는 생산성을 떨어트린다. 그리고 과욕과 과태는 함께 인간의 도덕 향상을 방해한다. '공산주의 사회의 첫 번째 단계'에서 '공산주의 사회의 더 높은 단계'로 가는 주요 조건이 계급의 완전한 소멸, 생산성 고도화 그리고 인간의 전면적 개선이다. 국가가 사멸하는 '공산주의 사회의 더 높은 단계'로 가기보단 오히려 '공산주의 사회의 첫 번째 단계' 그 이전으로 뒷걸음질칠 가능성이 높다.

공산주의의 실행자 레닌은 '어느 누구도 공산주의의 높은 시기 또는 높은 단계를 도입하겠다고 약속한 일이 없었을 뿐만 아니라 사실 그런 생각조차 한 적이 없다. 왜냐하면 그것은 결코 도입할 수가 없는 것이기 때문이다'[42]라고 말했다. 러시아 10월혁명을 바로 코앞에 둔 1917년 8월 《국가와 혁명》에서 밝힌 내용이다. 공산주의 국가가 지구상에 탄생하기 직전 공산주의의 실행자가 한 말이다.

마르크스 역시 '공산주의 사회의 더 높은 단계'로 가기 위해서는 조건이 필요하다고 했다. '개인이 분업에 복종하는 예속적 상태가 사라지고 이와 함께 정신노동과 육체노동 사이의 대립도 사라진 후에, 노동이 생활을 위한 수단일 뿐만 아니라 그 자체가 일차적인 생활욕구로 된 후에, 개인들의 전면적 발전과 더불어 생산력도 성장하고 조합적 부의 모든 원천이 흘러넘치고 난 후에'[43] 그때 비로소 국가가 사멸된 공산주의 사회가 도래할 것이라 했다.

'각자는 능력에 따라, 각자에게는 필요에 따라!'[44]의 유토피아는 결국 '존재하지 않는 곳Utopia'으로 끝나고 마는 것인가?

2부

정치의 미래

10장

정치혁명의 구조

헤겔의 주장은 '보수 · 진보 대립 패러다임 Ver. 1.0'인 '왕정 vs. 민주정'의 '정치체제' 대립이 끝났다는 의미이다. F. 후쿠야마의 주장은 '보수 · 진보 대립 패러다임 Ver. 2.0'인 '자본주의 vs. 사회주의'의 '경제체제' 대립이 끝났다는 것이다. 새뮤얼 헌팅턴의 주장은 '보수 · 진보 대립 패러다임 Ver. 3.0'의 주요 주제인 '문화'가 정치의 주요 쟁점이 되는 시대가 도래했다는 이야기다.

'정치혁명의 구조'는 토머스 쿤(1922-1996)의 명저 《과학혁명의 구조The Structure of Scientific Revolutions》 이름을 차용해 만든 말이다. 시간이 지나면서 발전하고, 점진적·축적적이 아닌 계단식으로 발전하고, 일단 발전하면 뒤로 되돌릴 수 없고, 단계별 패러다임의 속성이 서로 양립되지 않으면서Incompatible 비교 불가능하다Incommensurable[1]는 점에서 정치 역사와 과학 역사가 서로 닮았기 때문이다.

과학혁명과 정치혁명의 비교

———

토머스 쿤은 자연과학의 혁명이 4단계로 이루어진다고 말한다. 바로 ①정상과학Normal Science→ ②위기Crisis→ ③과학혁명Scientific Revolution→ ④새로운 정상과학 4단계로다. 기존의 과학이론과 모순되는 현상이 자주 발생하면 정상과학은 위기 단계에 들어선다. 위기가 축적되면 모순되는 현상은 물론 그 주변 자연현상들을 '보다 간결하고', '보다 직합하고', '보다 단순하세'[2] 설명할 수 있는 새로운 이론이 등장한다. 새로운 혁명적 이론은 검증 과정을 거치면서 새로운 정상과학으로 자리 잡는다. 코페르니쿠스의 지동설이 프톨레마이오스 천동설의 위기를 구하고, 뉴턴의 만유인력이 기존 천상과 지상으로 나뉘었던 물리학의 위기를 구하고, 아인슈타인의 상대성원리와 하이젠베르크의 불확정성의 원리가 광속세계와 미립자세계에 대한 뉴턴의 인식 한계를 극복한다. 그리고 각각 자기 세대의 새로운 정상과학으로 자리 잡는다.

정치도 마찬가지다. 1789년 프랑스대혁명이 기존 왕정의 한계와 위기를 극복하는 계기를 마련하고, 1848년의《공산주의당 선언》으로부터 시작된 사회주의가 반면교사로서 순수자본주의가 안고 있는 문제들을 보완하였고, 1960년대 시작된 포스트모더니즘의 해체주의가 인습적 사고에 의한 사회적 편견과 폭력 해결에 현재 나서고 있는 중이다.

정치혁명 (대립 패러다임: Conflict Paradigm)의 구조

Version	Ver. 1.0	Ver. 2.0	Ver. 3.0
Ver. 계기	1789 프랑스대혁명	1848 《공산주의당 선언》	1960년대 해체주의 등장
Ver. 종료	1946 프랑스 여성 참정권 도입	1991 소련 붕괴	진행중
대립구조 (보수vs.진보)	왕정 vs. 민주정	자본주의 vs. 사회주의	보편성 vs. 개별성
대립 주제	정치체제	경제체제	문화
대립 중심	사람	계급	사안별
확대 행복	정치적 자유	경제적 향유	문화적 자유
배경 철학	자유주의	사회주의	포스트모더니즘
정당 구조	양당 구조	양당 구조	다당제, T/F당 (or 무당)
핵심 가치	자유	평등	박애
제도 or 윤리	제도	제도&윤리	윤리
주요 인간 속성	이성	이성&감성	감성
정치의식(민도)	지속적 향상		

앞에서 패러다임 간 양립성과 비교가능성이 없다는 것은 패러다임 간 해결 방식과 관점이 전혀 다르다는 의미다. 프톨레마이오스의 천동설과 코페르니쿠스의 지동설이 그렇고, 뉴턴 이전의 물리학과 뉴턴의 만유인력설이 그렇고, 뉴턴의 만유인력설과 아인슈타인의 상대성이론, 아이젠베르크의 불확정성의 원리가 그렇다. 서로 간에 해결하는 방식과 접근 관점이 전혀 다르기 때문에 같은 잣대를 적용해 비교할 수 없다.

정치혁명도 마찬가지다. 1789년 프랑스대혁명을 계기로 '왕정'과 '민주정'이 대립하는 '왕정 vs. 민주정'의 대립 패러다임이 시작되고, 1848년《공산주의당 선언》발표를 계기로 '자본주의'와 '사회주의'가 대립하는 '자본주의 vs. 사회주의' 대립 패러다임, 그리고 1960년 대 해체주의의 등장으로 '보편성'과 '개별성'이 대립하는 '보편성 vs. 개별성' 대립 패러다임이 시작되었다. 세 패러다임의 대립 기준은 각각 정치, 경제, 문화로 과학혁명에서와 마찬가지로 세 단계 간에 같은 잣대를 댈 수가 없다.

당연히 서로 다른 점도 있다. 과학혁명은 자연을 대상으로 하고 정치혁명은 인간과 사회를 대상으로 하는 만큼 기본적으로 서로 다를 수밖에 없다. 첫째로, 과학혁명은 자연현상에 대한 예측력 및 자연 활용 증대를 목적으로 하고, 정치혁명은 오로지 사회구성원의 행복을 목적으로 한다[3]. 두 번째로, 과학혁명은 자연현상 설명 틀인 '패러다임'의 교체이고, 정치혁명은 정치적 입장의 대립 틀인 '대립 패러다임'의 교체다. 과학혁명은 '천동설'에서 '지동설'로, '지상·천상 별도 운동설'에서 '만유인력설'로, '만유인력설'에서 '상대성원리'와 '불확정성의 원리'로 '패러다임'이 바뀌어왔다. 정치혁명은 오랫동안의 공고했던 왕정에서 '왕정 vs. 민주정'의 '대립 패러다임'으로, '왕정 vs. 민주정'에서 '자본주의 vs. 사회주의'의 '대립 패러다임'으로, '자본주의 vs. 사회주의'에서 '보편성 vs. 개별성'의 '대립 패러다임'으로 바뀌어왔고 또 바뀌어가고 있는 중이다. 세 번째로, 과학혁명은 자연현상의 인과관계 설명을 위한 패러다임으로 더 강력한 예측력만 인정되면 패러다임의 교체가 이루어지지만, 정치혁명은 새로운 '대립 패러다임'의 등장 이후 오랫동안 그 대립이 지속되고, 또 '대립 패러다임' 간에 겹치는 시기가 있다. 정치혁명은 사회 전체의 행복 증진을 위한 '대립 패러다임'으로, 세력 간 자기 세력의 이익 확보를 위한 힘겨루기 및 역사적 과정을 통한 실험과 사회적 합의에 상당한 시간이 요구되기 때문이다.

정치의 목적과 정치혁명

로마의 정치인 키케로(BC106-BC43)는 '인민의 복지가 최고의 법이다'[4]라고 말하고, 루소(1712-1778)는 정치조직의 목적은 바로 '구성원의 보존과 번영'[5]에 있다고 말했다. 과학혁명처럼 필연적으로 정치혁명이 일어나는 이유는 '사회의 한 부분에서 불행을 만들거나 증가시키는 작용을 하고 있다면 그때는 개혁이 필요한 때다'[6]라는 페인의 말처럼, 아직 그 사회에 시민들의 잠재 행복 실현을 막고 있는 방해물이 있기 때문이다. 그 사회구성원의 잠재 행복 실현에 방해물이 존재하는 한 정치혁명은 계속된다.

정치혁명은 정치체제, 경제체제 그리고 문화체제 순서로 진행되어 왔고 또 진행 중이다. 정치-경제-문화 순서로 진행되는 이유는 정치체제의 변화가 그 사회 전체의 복지와 번영, 행복을 가장 크게 확대하고, 그 다음이 경제체제 변화 그리고 마지막이 문화체제 변화 순서이기 때문이다. 왕정은 법률을 제정하는 권리인 주권[7]이 한 사람에게 있고, 민주정은 그 사회구성원 모두가 동등하게 주권을 소유한다. 왕정에서 민주정으로 바뀌는 순간 그 사회의 전체 행복도는 수직 상승한다. 따라서 당연히 정치혁명의 첫 번째 순서는 정치체제 변화일 수밖에 없다.

정치체제의 변화 필요성과 방향은 선명한 데 비해 경제체제는 다소 애매하다. 정치체제에 있어서는 상식 있는 이라면 누구나 망설임 없이 민주정을 정답으로 확신하는 데 반해 경제체제는 확신하기 쉽지 않기 때문이다. 사회구성원을 행복하게 하는 매개물은 자유와 평등이다. 정치체제는 민주정이 현실에서 제대로 실현되는 순간 그 사회구성원 모두에게 자유와 평등이 바로 이뤄진다. 그런데 경제체제는 그렇지 않다. '형식'과 '실질'이 일치하지 않기 때문이다. '경제활동'의 자유와 평등이 '형식'이라면, '경제 향유'의 자유와 평등은 '실질'이다. '경제' 측면에서 인간이 행복해할 경우 그것은 결국 '경제활동'이 아닌 '경제 향유'에서 비롯된다. 그런데 '경제활동'의 자유와 평등은 결과적으로 거의 반드시 많은 이들에게 '경제 향유'의 부자유와 불평등을 초래한다. 그리고 거꾸로, '경제 향유'의 자유와 평등은 필연적으로 '경제활동'의 위축과 개인의 자유 잠식을 가져온다. '경제활동'의 자유와 평등은 '순수자본주의'이다. '경제 향유'의 자유와 평등은 '공산주의'이다. 바로 여기에 딜레마가 있다. 순수자본주의를 고수하면 실질적인 경제의 자유, 즉 경제 향유를 누릴 수 없는 이들이 많아지고, 공산주의를 고수하면 빈곤의 평등과 함께 개인의 자유가 억압된다.

따라서 양자택일은 답이 아니다. 경제의 풍요와 개인의 자유를 최대한 살리면서 모든 사회구성원이 최소한의 실질적인 경제 자유를 보장받을 수 있는 제3의 대안이 필요하다. 혼합경제다. '자본주의 vs. 사회주의'의 경제체제 대립 패러다임은 결국 두 경제체제의 조합인 혼합경제로 결론 내려진다. 혼합경제는 왕정에서 민주정으로의 전환 때만큼 큰 사회적 행복을 추가하지는 않지만 사회적 안정과 함께 사회적 행복 증진에 크게 기여한다.

정치체제와 경제체제 대립 패러다임이 거시적, 제도적 정치혁명이었다면 문화다양성에 대한 '보편성 vs. 개별성' 대립 패러다임은 미시적, 윤리적 차원의 정치혁명이다. 따라서 사회 전체에 미치는 행복의 증가폭도 정치체제와 경제체제의 대립 패러다임 때에 비해 훨씬 작고 대립 패러다임의 형태도 양자 대결이 아닌 사안별 개별 대결이기 쉽다.

정치혁명 Ver. 1.0

정치혁명의 대립 패러다임은 바로 보수주의Conservatism와 진보주의Progressivism의 대립이다. 여기에서 정치체제, 경제체제 그리고 문화체제 기준으로의 대립 패러다임 기준 변화는 프랑스, 영국과 같은 정치 선진국을 기준으로 한다. 행복을 추구하는 인간과 사회의 속성에 기초한 보수주의·진보주의 대립 패러다임 역사의 모범이기 때문이다. 1789년 일어난 프랑스혁명은 정치혁명의 출발이자 정치에 있어 본격적인 보수주의·진보주의 대립의 출발, 즉 '보수·진보 대립 패러다임 Ver. 1.0'이다. 같은 땅의 같은 국민들이 왕 한 사람의 전제적 주권을 부정하고 국민 모두의 주권을 주장한 최초의 사건으로, 이때부터 왕정Monarchy에 대한 민주정Democracy의 도전이 시작되기 때문이다. '보수·진보 대립 패러다임 Ver. 1.0'은 정치체제에 있어 의심할 바 없는 정답인 '민주정'의 인정 여부를 둘러싼 다툼이다.

하지만 Ver. 1.0의 마무리까지는 의외로 많은 시간이 걸린다. 현실에 있어 민주정의 실현은 한마디로 이성을 가진 모든 사회구성원의 참정권 확보다. 놀랍게도 영국은 1928년, 프랑스는 1946년이 되어서야 남녀 성인들에 대한 차별 없는 참정권이 실현된다. 영국의 경우 1714년 하노버 가家 조지 1세의 왕위계승과 함께 시작된 의원내각제로 실질적인 민주정을 지향하기 시작하고, 프랑스의 경우

1870년 나폴레옹 3세 퇴위로 최종적으로 왕정이 종식되지만, 왕정의 대안인 민주정이 제도적으로 완성되기까지는 영국은 그로부터 214년, 프랑스는 76년이나 걸린다. 프랑스의 경우 대혁명부터 시작하면 물경 157년이 지나서야 프랑스대혁명 정신의 진정한 마무리가 이루어진 셈이다.

민주정 실현의 마무리가 이렇게까지 늘어진 것은 왕정에 집착하는 왕정 보수주의자들 탓만은 아니다. 아니 오히려 '보수·진보 대립 패러다임 Ver. 1.0'에서의 진보주의자인 자유주의자들 탓이 절대적이다. 그들에게 민주정은 유산자인 자유주의자 그들에 한정되는 민주정이지, 노동자와 같은 대중 일반들에게까지 해당되는 민주정이 아니었기 때문이다. 왕과 귀족들에게 대항하는 데 대중들의 힘이 필요해 민주주의를 내세웠지만, 그들의 진정한 의도는 '자유주의자' 그들에 한정된 '민주주의'였을 뿐이다. 신분제적 민주정, 아니 여전히 신분제였다.

1789년 프랑스대혁명은 인류사적으로 보편적 혁명이었다. 과거의 혁명들이 인물의 교체나 지역적 환경의 변화 정도에 불과했고 다른 일상사와 마찬가지로 잠시 존재했다 사라진 것들이었다면, 프랑스대혁명은 사물의 자연적 질서의 변화이고 보편적 원리체계를 제시하는 그런 사건이었다[8]. 당연히 프랑스대혁명은 대혁명 이후 인류의 모든 혁명운동에 모델을 제공했다. 사회주의와 공산주의 혁명도 예외가 아니었다[9]. 세계인들에게 자유주의적이고 급진 민주주의적인 정치용어와 논점들을 제공하고 민주주의에 대한 최초의 위대한 실례와 개념 그리고 용어를 제공한 것도 바로 이 프랑스대혁명이었다[10]. 남성과 여성이 자연의 구별이고, 선과 악이 하늘의 구별이라면, 왕과 신하의 구별은 순전한 인간의 구별이다[11]. 왕과 신민으로 인간을 구별한다는 것은, 그것도 대물림으로 한다는 것은 한마디로 근거가 없는 일이었다. 폭력을 제외하고는 왕과 신민의 구별, 아니 정확히 말해 사람 간의 차별은 그 원인을 찾을 수가 없다. 폭력에 의한 신분 차별이 결국 폭력에 의해 제거된 셈이다.

프랑스대혁명은 정치에 있어 본격적인 보수주의와 진보주의의 대립을 가져온다. 바로 왕정과 민주정이 대립하는 '보수·진보 대립 패러다임 Ver. 1.0'이다. 왕의 친구는 그 나라 국민이 아니다. 이웃 나라의 왕들이다. 귀족 역시 그들의 친구는 그 나라 국민이 아닌 이웃 나라의 귀족들이다. 왕정과 민주정의 대립은 그 전선戰線(front line)이 분명했다. 왕들의 카르텔 대 국민의 대립, 이웃 나라 귀족들과의 카르텔 대 국민의 대립이었다. 혁명이 일어나자 루이 16세 다음으로 가장 분노했던 이들은 다름 아닌 오스트리아와 프로이센과 같은 이웃 나라의 왕들이었다. 루이 16세가 파리를 탈출해 의지하고자 했던 이 역시 이웃 오스트리아의 왕이었다. 대혁명에 빛과 어둠을 함께 가져온 나폴레옹 시대의 종언인 메테르니히 빈 체제의 핵심도 마찬가지로 '왕들의 귀환'이었다. 프랑스대혁명 그리고 나폴레옹의 정복으로 상실했던 왕위를 되찾고 왕들의 카르텔을 보다 더 견고하게 쌓는 것이 그들이 서둘러 한 일이었다. 혁명 주도 세력의 혁명 목적 역시 루이 16세에 대한 단순한 반대가 아니었다. 그들 위에 군림하는 한 인간에 대한 반대가 아닌 전제 국가원리 자체에 대한 반대였다[12]. 그들이 원하는 것은 왕이 법法인 국가가 아닌, 법이 왕이 되는 그런 국가였다[13]. 물론 버크와 같은 왕정 보수주의자들에게는 혁명이 '평등화하려는 자들이 사물의 자연적 질서를 변화시키고 전복시키는'[14] 그런 불온한 행동일 뿐이었겠지만.

프랑스대혁명의 사상적 배경은 자유주의Liberalism다. 자유주의는 르네상스와 종교개혁으로부터 시작되었다. 개인의 자유와 자유로운 인격 표현을 중시하는 사상인 자유주의는 사회와 집단은 개인의 자유를 보장하기 위해 존재한다고 본다. 자유주의의 광범위한 내용은 두 가지 원리로 요약된다. ①보편적 인권의 원리, ②보편적 시민권의 원리다. ①보편적 인권의 원리는 신체의 자유, 거주이전의 자유, 종교의 자유, 사고와 표현의 자유, 집회결사의 자유, 직업선택의 자유, 죄형법정주의를 비롯한 재판에서의 정당한 절차 존중 등과 같은 시민적 자유로 표현된다. ②보편적 시민권의 원리는 이런 시민적 자유들을 지킬 수 있도록 정치 제도와 정책과 기관을 비판하고, 만들고, 고쳐만들 수 있는 자유를 모든 남녀에게 인정하는 원리이다[15].

이런 자유주의를 배경으로 하는 프랑스대혁명은 왕·귀족의 고귀한 신분에 대한 평민 계급, 즉 낮은 신분의 저항이었다. 그러나 낮은 신분에는 신분만 낮을 뿐 이미 사회적 기득권에 발을 들여놓은 이들이 있었다. 바로 부르주아 계급이었다. 혁명이 표방하는 슬로건은 신분제의 해방이었고 모든 이들의 자유·평등·박애였지만 그 저변에는 자기들의 재산과 실력에 못 미치는 사회적 지위에 대한 부르주아의 불만이 깔려 있었다. 버크가 프랑스대혁명의 원인에 대해 평민 중 재산이 많은 이들이 거기에 걸맞는 대접을 받지 못했고, 군사적 지위가 명문가 출신에게만 너무 배타적으로 주어졌고, 또 평민의 몫에 해당되는 상설 의회가 없었다[16]고 말하는 것은 부르주아 계급의 이런 부분에 대한 지적이었다. 프랑스대혁명을 가져온 자유주의는 결국 혁명의 주도 세력인 부르주아 계급의 기본적 이데올로기[17]로 부르주아 계급에 자기편의적으로 이용된다.

왕정의 대안인 민주정은 남녀 성인의 차별 없는 참정권으로 실현된다. 1789년 대혁명으로 시작된 프랑스의 민주정은 1946년에야 남녀평등 참정권 입법으로 완성된다. 1789년 시작된 '왕정 vs. 민주정'의 '보수·진보 대립 패러다임 Ver. 1.0'이 20세기 중반이 다 되어서야 마무리된 것이다. 그 원인은 바로 새로운 기득권 계급인 부르주아 계급의 자기편의적 자유주의 추구에 있다. 에릭 홉스봄이 '민주주의는 인민대중에 의한 지배를 의미하는데, 이들은 대체적으로 가난한 자들이었다. 가난한 자들과 부유한 자들, 특권층과 비특권층의 이해관계는 명백히 달랐다'[18]라고 말한 것처럼, 혁명 주도 세력인 부르주아 계급과 동조 세력인 일반 노동자 계급[19]은 분명히 서로 달랐다. 이해관계가 달랐고 특히 민주정, 즉 남녀평등 보통선거의 완전한 실현은 부르주아들에게는 곧 노동자들의 지배를 의미했다.

19세기 영국과 프랑스 등의 자유주의자들은 이런 딜레마를 참정권의 조작과 편법으로 해결했다. 보편선거로 선출된 의회의 역할 축소, 세습적인 성원들로 구성된 양원제의 민주화된 대의기구에 대한 제재, 교육수준에 따른 투표권 차별, 게리멘더링Gerrymandering, 공개투표, 연령 제한 등과 같은 다양한 방식들이었다. 그러나 이러한 것들이 민주정을 향한 속도를 늦출 수는 있었지만 진보 자체를 막을 수는 없었다[20]. 왕정이 역사 속으로 사라지는 것이 인간의 속성 및 사회 존재 이유와 어울리는 일이었듯, 민주정의 역사 도래 역시 인간과 사회의 속성 및 존재 이유상 피할 수 없는 것이었다.

'보수·진보 대립 패러다임 Ver. 1.0'의 양쪽 기수는 버크(1729-1797)와 페인(1737-1809)이다. 오늘날 보수주의의 원조로 자리 잡은 버크는 프랑스대혁명 당시 루이 16세의 왕비 마리 앙투아네트의 죽음에 대해 '고귀한 신분의 수난, 특히 그 많은 왕과 황제의 후손인 여성으로서, 미인이며 온화한 성품을 지닌 인물의 수난은, 가장 슬픈 사태에 대한 내 감성을 적지 않게 자극한다'[21]라고 말한다. 물론 당시의 일반 농민이나 노동자들의 '빵'도 '케이크'도 없는 비참한 상황에 대해 버크가 마리 앙투아네트에게 그랬던 것처럼 측은지심을 보였다는 기록은 찾아볼 수 없다. '적절하게 규제된 우월성과 어느 정도의 우선성을 태생에 부여하는 것은 부자연스럽지 않고 부당하지 않으며 졸렬하지 않다'[22]는 그의 주장처럼, 버크에게는 사람 위에 사람 있고 사람 밑에 사람이 있었다. 신분주의자, 왕정주의자, 19세기의 보수주의자였다.

자유주의자, 민주주의자, 19세기의 진보주의자였던 페인은 그의 책《상식》의 서문에서 저자인 자신이 '이성과 원칙의 영향 하에 있음'[23]을 밝히고 있다.《상식》이라는 책 이름처럼 그가 말하고자 하는 것들이 인간으로서 그리고 한 국가로서 요구될 수밖에 없는 '보편적인 가치들'을 다루고 있다는 이야기다. 국민의 자유와 안전, 개인의 재산 보호와 행복, 인간의 평등권과 같은 그런 보편적인 가치들이다. 인간과 사회는 그들의 자연적 속성 또는 필요성에 따라 결국 보편적 상식과 보편적 가치를 찾아갈 수밖에 없다. 시간의 문제일 뿐 '왕정 vs. 민주정'의 대립은 결국 민주정의 승리로 예정되어 있다. 그리고 실제로 역사는 그렇게 되었고 또 되어가는 중이다.

정치혁명 Ver. 2.0

에릭 홉스봄은 유럽의 1789년부터 1848년을 혁명의 시대로 규정하면서, 자본주의 경제를 낳은 영국의 산업혁명과 자본주의 정치를 낳은 프랑스대혁명에 의해 이 시기에 산업자본주의가 승리를 거두었다고 말한다. 그러면서 일반의 자유와 평등이 아닌 부르주아의 자유와 평등이 승리를 거두었다고 말한다[24]. 부르주아가 이제는 기득권 계급이 되었다는 이야기다. '보수·진보 대립 패러다임 Ver. 1.0'에서 비기득권의 입장에서 변화를 꿈꾸었던 진보주의의 부르주아 계급이 이제는 자신들이 이룬 것을 지키는 보수주의로 공수의 위치가 바뀌었다는 의미이다. '보수·진보 대립 패러다임 Ver. 2.0', '자본주의 vs. 사회주의'의 출발이다.

1848년을 정치혁명 Ver. 2.0의 기점으로 잡은 것은 위 부르주아 계급의 승리와 함께 역사상 최초로 체계적으로 정리된 공산주의 사상이 발표되고, 역사상 최초로 노동자 계급이 역사 전면에 주역으로 등장한 해이기 때문이다. 세계 역사상 가장 격동의 해라 할 수 있는 1848년 1월은 《공산주의당 선언Manifest der Kommunistischen Partei》으로 시작된다. 인류에게 《성경》 다음으로 많이 읽힌 저작물로 평가되는 마르크스와 엥겔스 공저의 바로 그 공산주의의 이론·실천 강령인 《공산주의당 선언》의 등장이다.

2월 24일에는 전 유럽을 혁명의 폭풍 속으로 몰고 간 프랑스 2월혁명이 폭발한다. 2월혁명의 핵심 전력은 노동자 계급이었다. 그러나 혁명 성공에 따른 모든 전과는 같은 연합 세력이었던 부르주아 계급이 차지한다. 파리 프롤레타리아트는 다시 무기를 들고 바리케이드를 쌓는다. 이번에 그들이 대적할 이는 왕과 귀족이 아니다. 부르주아다. 역사상 최초로 부르주아 대 프롤레타리아 대투쟁이 벌어진 6월 봉기다[25].

에릭 홉스봄은 1848년을 기준으로 정치혁명이 후퇴하고 산업혁명이 전면으로 나온다고 주장한다[26]. 1848년, 보수·진보 대립 패러다임이 정치체제(왕정 vs. 민주정)에서 경제체제(자본주의 vs. 사회주의) 기준으로 전환한다. 140여 년을 지속할 '자본주의 vs. 사회주의' 대립의 새로운 '보수·진보 대립 패러다임 Ver. 2.0'의 출발이다.

'보수·진보 대립 패러다임 Ver. 2.0'에서의 보수주의인 자본주의 Capitalism는 신대륙 발견 이후 16세기 '상업자본주의'의 출발과 함께 원시적 자본축적을 시작해, 18세기 후반 및 19세기 전반 산업혁명을 거치면서 오늘날의 '산업자본주의' 경제체제로 확립된다. 사유재산 인정과 경제활동의 자유를 핵심으로 하는 자본주의는 자유경쟁을 통해 양질의 상품을 값싸게 공급하는 것을 그 장점으로 한다. 개인의 경제활동 자유가 중요한 만큼 국가의 역할은 국방, 치안 유지 및 기본적인 공공재 공급 등 최소한의 수준으로 요구된다. 자유주의, 즉 경제적 자유주의다.

그러나 자본주의의 장점과 그 배경인 경제적 자유주의는 자본주의의 내재적 모순으로 스스로 자신의 기반을 무너트린다. 바로 공황과 실업에 의해서다. 고전파경제학의 '균형이론'상 존재할 수 없는 공황과 실업이 자본주의 현실에서는 필연적으로 발생한다. 1870년대 발생한 공황과 실업은 '독점자본주의' 시대를 불러온다. 대규모 공황으로 생존 위기에 몰린 기업들은 카르텔(Cartel, 기업연합), 신디

케이트(Syndicate, 기업조합), 트러스트(Trust, 기업합동), 콘체른(Concern, 기업결합)과 같은 수단들을 동원해 독점을 지향한다. 자본주의의 내재적 모순인 공황이 자본주의체제의 장점인 '자유경쟁', 자유경쟁의 필연적 결과인 '좋은 품질의 값싼 상품 생산' 및 자유경쟁의 배경인 '경제적 자유주의'를 무너트리는 결과를 가져온다. 자본주의가 스스로 자기부정을 하는 결과를 낳고 만다. 에릭 홉스봄은 1870년대를 거치면서 자유주의적 부르주아의 정치적 지배가 무너졌다고 말한다[27]. 정치가 경제의 외피이고 그 승승장구하던 자유주의적 경제가 붕괴했으니 그렇게 평가할 만도 했다. 자본주의는 인간의 이기주의와 잘 어울리는 경제체제다. 그리고 그 결과물인 '좋은 품질의 값싼 상품 생산'은 사람들의 삶을 풍요롭게 한다. 사회는 '자본주의 구하기'에 나선다. 특수 임무를 부여받은 전사는 아이러니하게도 '사회주의'다.

'보수·진보 대립 패러다임 Ver. 2.0'에서의 진보주의인 사회주의 Socialism 그리고 프롤레타리아 계급의 역할은 인터내셔널의 역사로 요약된다. 인터내셔널 등장 전 사회주의운동의 기원은 1837년 파리에서 시작된 독일 프롤레타리아트들의 재외 공산주의 단체인 '의인義人동맹'이다. 1846년 런던으로 이전한 의인동맹은 1847년 마르크스에게 회원 가입을 요청하고, 같은 해 '공산주의자 동맹'으로 명칭을 바꾼다. 바로 마르크스와 엥겔스에게 《공산주의당 선언》 저술을 부탁했던 바로 그 '공산주의자 동맹'이다. '공산주의자 동맹'

은 유럽을 무대로 활동을 이어가다 내부 분열과 외부의 탄압으로 1853년 해체된다.

국제적인 사회주의운동의 본격적인 역사는 1864년 런던에서 창립된 제1인터내셔널(국제노동자협회, International Workingmen's Association)로 시작된다. 제1인터내셔널은 창립총회에서 마르크스를 총평의회 서기로 선출한다. 제1인터내셔널은 노동조합운동, 8시간 법정노동일 주장, 노동자들의 보통선거권 획득, 각국의 노동자 정당 창립 도모 등 노동 계급을 위한 다양한 활동을 벌인다. 유럽과 북미의 다양한 사회주의 세력으로 이루어진 제1인터내셔널은 내부의 분열과 1871년 파리코뮌 와해에 뒤이은 외부의 탄압으로 1872년부터 활동이 소강 상태로 접어들다 1876년 해산된다.

제1인터내셔널의 활동으로 마르크스주의가 각국에 보급되고 1869년 프로이센의 사회민주당(1875년 독일사회민주당으로 확대 발전) 결성을 필두로 유럽과 미국에 사회주의 정당이 출현하기 시작한다. 1886년 5월 1일에는 미국 노동자들의 8시간 노동쟁취 투쟁을 기념해 메이데이가 기념일로 정해진다. 국제적 사회주의운동은 1889년 제2인터내셔널(국제 사회주의자 회의, International Socialist Congress) 설립으로 이어진다. 엥겔스(1820-1895)의 제창으로 프랑스대혁명 100주년 기념일에 맞춰 파리에서 설립된 제2인터내셔널은 각국의 사회주의 정당, 노동조합 등의 느슨한 연합체로 노동운동 확대에 주도적 역할을 한다. 그러나 엥겔스 사후 제2인터내셔널은 우익 기회주의적 경향으로 흐르다, 1차 대전의 발발과 함께 와해되고 만다. 러시아의 볼셰비키당만 제외하고 모두 자국의 전쟁터로 달려갔기 때문이다. 노동자들의 선택은 결국 계급이 아닌 조국이었다.

1917년 사회주의 정권이 인류 역사상 최초로 등장한다. 공산국가 러시아의 탄생이다. 본격적인 공산국가 등장을 계기로 국제 노동자운동은 선명하게 둘로 나뉜다. 친공산주의와 반공산주의 노동운동으로다. 1919년 레닌의 지도하에 설립된 좌파의 제3인터내셔널(공산주의인터내셔널, 코민테른, Communist International)은 마르크스-레닌주의를 기본 사상으로 채택한다. 프롤레타리아 독재를 통한 사회주의 달성을 목표로 하는 제3인터내셔널은 세계 각국의 레닌주의 정당 결성 및 노동운동 지원, 반反파시즘 활동 등을 전개하다 1943년 스탈린에 의해 해산된다.

제2인터내셔널에서의 우파 및 중도파들은 1923년 '사회주의 노동자 인터내셔널Labour and Socialist International'을 설립한다. 우파 성향의 '사회주의 노동자 인터내셔널'은 2차 대전의 시작과 함께 소멸됐다 종전 이후인 1947년 다시 부활한다. 공산당 독재를 반대하는 사회주의 정당 모임인 '국제사회주의자회의위원회Committee of the International Socialist Conference, COMISCO' 설립으로다. 이 모임은 1951년 「프랑크푸르트 선언」과 함께 '사회주의인터내셔널Socialist International'로 개명해, 오늘날까지 지속된다. 현재 60개 이상의 사회민주주의 계열 정당들을 정회원으로 두고 있다. '사회주의 인터내셔널'은 공산당 독재를 반대하고 민주사회주의를 지향한다. 공산국가 러시아의 등장을 계기로 사회주의 경제 실현은 두 가지로 나뉜다. 하나는 공산당 독재를 통해, 다른 하나는 의회민주주의를 통해서다. 똑같이 사회주의 경제체제를 지향하지만 공산주의는 폭력 혁명을, 사회주의는 민주적 선거를 통해 사회 개혁을 지향한다. 오랫동안 혼용되던 사회주의와 공산주의 개념이 현실적인 의미에서 선명하게 갈라선다.

아리스토텔레스는 '국민이 모든 것을 공동으로 소유하는가, 하나도 공유치 않은가, 또는 어떤 것은 공유하고 또한 어떤 것은 공유치 않은가'라고 말하면서, '그들이 하나도 공유치 않는다는 것은 불가능하다'[28]라고 말한다. 사회주의, 순수자본주의 그리고 혼합경제를 말하고 있다. 그러면서 순수자본주의는 현실에서 불가능하다고 덧붙이고 있다. '보수·진보 대립 패러다임 Ver. 2.0'은 결국 정-반-합의 변증법적 과정을 따른다. 정正인 자본주의와 반反인 사회주가 대립하다, 합合인 혼합경제로 결론 내려진다.

혁명을 막을 수 있는 방법은 점진적인 개혁뿐이다. 1789년의 프랑스대혁명, 1848년의 2월혁명, 1871년의 파리코뮌 역사가 그것을 분명하게 보여주고 있다. 정치혁명 Ver. 1.0에서 참정권이 조금씩 확대되어 가는 것처럼, 정치혁명 Ver. 2.0의 경제체제 역시 프롤레타리아트의 입장, 사회주의 요소가 조금씩 강화되어간다. 제한적이지만 1860년대 노동자 조직의 단체교섭권 보장에 대한 법이 도입되고

[29], 1880년대에는 경제적 자유주의와 정면으로 배치되는 복지 프로그램도 등장한다. 1880년대 비스마르크의 사회보장 개혁을 필두로 오스트리아, 영국, 프랑스가 사회주의 성격의 복지프로그램을 도입[30]한다. 그러나 역시 결정적 계기는 불황이다. '보수·진보 대립 패러다임 Ver. 2.0'은 1929년 대공황을 계기로 빠르게 J. M. 케인스(1883-1946)의 혼합경제체제로 들어선다. 자유주의적 자본주의에 국가 주도의 계획경제적 사회주의가 깊숙이 들어온다. 경제적 자유주의에 대한 훼손을 곧 '사회주의로 가는 대기실'로 여기고 두려워했던 자본주의와 부르주아가 오히려 사회주의로부터 긴급 구제를 받는다. 자유주의적 용어로 쓰인 자본주의는 사망했지만[31] 어쨌든 자본주의는 살아남았다.

사회주의 국가들도 마찬가지로 혼합경제를 시도한다. 사회주의 경제체제에 자본주의적 이윤 동기를 접목시키는 방식이다. 1970년대 말 중국 등소평의 흑묘백묘론黑猫白猫論·선부론先富論으로 상징되는 중국 특유의 사회주의적 시장경제 도입이 바로 그런 과정이고, 연방 해체 직전 고르바초프에 의해 시도되었던 소련의 페레스트로이카(개혁) 추진과 마르크스-레닌주의 포기 선언이 바로 그런 변화들이다.

1990년 전후의 소련연방 해체와 동유럽 공산권의 붕괴를 바라보면서 자본주의 진영은 사회주의에 대한 자본주의의 승리를 만끽한다. 자본주의는 승리했다. 그러나 정확히 말하면 그 자본주의는

1929년 대공황 또는 비스마르크의 사회보장 제도 도입 이전의 그 순수자본주의가 아니다. 혁명을 예방하고 자본주의 특유의 공황을 극복하는 과정에서 일찍부터 사회주의가 침윤된 자본주의, 즉 '혼합경제성 자본주의'다. 자본주의를 기본으로 하면서 사회주의적 국가 역할을 보완한 혼합경제다. 사회주의가 패배했다면 그것은 혼합경제에 대한 패배이지 순수자본주의에 대한 패배가 아니다. 순수자본주의는 오히려 일찍이 대공황 때 사회주의로부터 도움을 받았다. 20세기 후반, 존재하지도 않은 순수자본주의가 사회주의를 이길 수는 없다.

물론 1990년 전후 서방세계의 공산권에 대한 승리가 단순히 '혼합경제성 자본주의'의 '사회주의'에 대한 승리인지에 대해서도 다시 생각해볼 필요가 있다. 혹시 '경제체제'에 '정치체제'의 우월성이 더해지면서 그것이 승리로 이어진 것은 아닌가 하는 의문이다. 공산권의 왕정적 '전체주의'에 대한 서방권의 '민주주의'의 우월성이 서방권의 승리에 적지 않은 역할을 했을 것으로 판단된다.

1929년 대공황은 순수자본주의가 인간과 사회를 행복하게 하는 데 상당한 한계를 지닌다는 것을 분명하게 보여준 사건이다. 그리고 1990년을 전후한 공산권의 몰락은 사회주의가 현실에서 인간과 사회를 행복하게 하는 데 결정적 결함을 가지고 있다는 것을 보여준 사건이다. '자본주의 vs. 사회주의'의 '보수·진보 대립 패러다임 Ver. 2.0'은 혼합경제로 수렴한다. 혼합 비율에 대한 문제는 남지만,

최소한 자본주의만 옳다 사회주의만 옳다 하는 주장은 이제 더 이상 설득력이 없다. 20세기 인류의 역사가 그것을 보여주었다. 정치혁명 Ver. 2.0의 종료다.

정치혁명 Ver. 3.0

'보수·진보 대립 패러다임 Ver. 3.0'은 문화의 정치혁명이다. 따라서 정치혁명 Ver. 3.0에서는 거대 담론보다는 개인적 취향에 관한 것, 제도적 차원보다는 윤리 차원의 것, 하나의 모범답안보다는 다양한 견해인 채로 남는 것, 이성보다 감성과 관련된 것과 같은 것들이 정치의 쟁점이 된다. 동성혼 문제, 동물권 확대 문제, 유전자 조작과 윤리 문제, AI·로봇과 윤리 문제, 에콜로지 운동, 원전 사용의 편익과 잠재 비용 문제와 같은 정치체제나 경제체제와 관련없는 다양한 것들이다. '인간 평등성', '개인의 자유와 책임에 대한 국가 개입 여부'와 관련이 별로 없는 다양한 일들이 바로 이 Ver. 3.0에 해당된다.

이런 개인적·윤리적·감성적 차원의 문화적 요소들이 정치의 주요 쟁점으로 등장하는 이유는 두 가지로 생각해볼 수 있다.

첫째, 우리가 살고 있는 사회 환경을 결정하는 큰 틀의 제도화가 대체로 마무리되었기 때문이다. 한 사회의 행복을 결정하는 큰 틀은 정치체제와 경제체제다. 정치체제의 모범답안인 민주정이 실현되고 경제체제의 현실적 가능 대안인 혼합경제에 대한 합의가 이뤄지면, 이제 인간의 추가적인 행복 증진 영역으로 남아 있는 것은 문화이다.

두 번째, 사회의 바탕을 형성하는 사상의 흐름이 사회를 문화 중심으로 이끌고 있다. 사회는 어느 한 부분만 앞서나갈 수 없다. 아파트가 일반적 주거형태로 자리 잡기 위해서는 건축, 상하수도, 전기·가스 설비와 같은 여러 가지 기술들이 모두 함께 필요 수준에 올라야 하는 것처럼, 정치 역시 그 사회의 배경 사상과 함께 나아간다. 정치혁명 Ver. 1.0의 배경이 자유주의의 등장이고, Ver. 2.0의 배경이 사회주의의 등장이었던 것처럼, 정치혁명 Ver. 3.0은 포스트모더니즘Postmodernism의 등장을 그 배경으로 한다.

1960년대 미국과 프랑스를 중심으로 시작된 문화운동인 포스트모더니즘은 모더니즘Modernism, 즉 근대Modern의 이성 중심의 합리적인 철학에 대한 비판으로부터 출발한다. 중심인물인 J. F. 리오타르(1924-1998)는 근대사회는 '거대한 이야기', 즉 계몽철학의 인간의 자유나 마르크스주의의 인간의 완전 해방과 같은 거창한 구호들로 시작되었지만 결과는 자신들이 원하는 목적 정당화에 그치고 말았다고 비판한다. 이제는 어느 한쪽이 다른 한쪽을 억압하지 않는 다양한 관점의 '작은 이야기'들이 필요하다고 주장한다. 그러면서 '거대한 이야기'가 근대modern의 특징이었던 만큼, '거대한 이야기'가 더 이상 존재하지 않는 20세기는 '근대의 종언Post-modern'이라고 주장한다.

또 다른 중심인물인 J. 데리다(1930~2004)는 해체주의Deconstruction를 말한다. 플라톤 이후 서양철학은 '정신 vs. 육체', '남자 vs. 여자', '서양 vs. 동양'과 같이 모든 것을 양자대립 관계로 틀 지우면서, 어느 하나의 다른 하나에 대한 절대우월을 주장했는데 그것은 허구라는 것이다. 모든 것이 대립적으로 선명하게 둘로 나뉘지도 않고, 어느 한쪽이 다른 한쪽보다 절대적으로 우월하다는 주장도 그 근거를 확인할 수 없다는 것이다. 따라서 양자대립 우열 개념의 서양철학은 더 이상 '성립될 수 없다De-construct'고 선언한다.

이런 개성·자율성·다양성·대중성을 중시하는 포스트모던적 '작은 이야기'와 '해체주의'는 정치혁명 Ver. 2.0의 종언에 즈음하여 정치가 다양한 문화적 요소들에 관심을 갖도록 유도한다.

정치혁명 Ver. 3.0에서는 더 이상 양당 대립구조가 적절치 않다. 동성혼 문제, 동물권 확대 문제 등과 같은 다양한 문화적 요소들은 보수주의와 진보주의의 입장에 따라 찬반이 선명하게 갈라지면서 1 대 1 대응되는 그런 사안들이 아니기 때문이다. 즉, 경제체제의 '개인의 자유와 책임에 대한 국가 개입 여부'를 기준으로 가를 수 있는 그런 문제들이 아니다. 따라서 정치의 양당 구조는 다당제 구조로 가거나 쟁점별로 '헤쳐모여' 식의 '태스크포스Task force 정당'으로 갈 가능성이 있다. 그 이야기는 정당 무용론과도 맥이 통한다.

헤겔(1770-1831)은 인류 역사 발전을 4단계로 인식한다. ①동양 세계, ②그리스 세계, ③로마 세계 그리고 ④게르만 세계 4단계로다. 동양 세계는 가부장적인 자연적 공동체로 아직 인간의 정신이 자연으로부터 미분화된 상태를 의미하고, 그리스 세계는 노예제 도시국가로 개인의 의식이 외부의 힘에 좌우되는 상태를 의미한다. 로마 세계는 시스템을 갖춘 국가로 내부적으로는 귀족정과 민주정이 갈등하고 외부적으로는 황제 한 사람이 여러 다른 민족들을 억압하는 상태를 말하고, 미지막 게르만의 세계는 객관적 진리와 자유의 화해가 실현한 상태를 말한다[32]. 헤겔은 역사 발전에 종점終點이 있다고 보았다. 그리고 그에게 그 종점은 '모든 인간에게 평등하게 자유가 주어지는 과정', 곧 게르만 세계였다. 프랑스혁명과 나폴레옹 시대 민주정의 등장을 목격한 헤겔에게는 19세기 초반이 바로 그 역사 발전의 종점이었다[33]. 이른 선언이긴 했지만, '정치체제'의 '왕정'에 대한 '민주정'의 승리 선언이었다.

F. 후쿠야마(1952-)는 1990년 전후 동유럽 및 소련 공산권의 붕괴를 보고 《역사의 종말》을 펴냈다. 공산주의와의 경쟁에서 자유민주주의가 승리를 거둠으로써 자유민주주의는 '인류 이데올로기 진화의 종점'이 될 것이라는 의미였다. 자유민주주의의 핵심은 자유시장 경제, 곧 자본주의이고, 공산주의라는 경제체제의 맞상대 역시 자본주의다. '역사의 종말'은 공산주의에 대한 자본주의의 승리로 역사의 발전이 멈춘다는 것이다. 헤겔에 이은 두 번째 역사 발전의 종언

이었다. 사실 정확히 말하면 '공산주의'에 대한 '혼합경제'의 승리 선언이었지만, 어찌되었든 경제체제의 대결 종식이었다.

새뮤얼 헌팅턴(1927-2008)은 1996년 《문명의 충돌》을 펴냈다. 자본주의와 공산주의의 대립이 사라진 세계는 이제 9개의 문명권을 중심으로 새롭게 국제질서가 형성될 것이라는 주장이었다. 문명 Civilization이라 했지만 그 9개 지역은 기독교권, 정교권, 이슬람권, 유교권, 불교권, 힌두권, 라틴아메리카권, 아프리카권, 일본권으로서 문명 아닌 문화로 바꿔 불러도 크게 뉘앙스의 차이가 없다. 아무튼 정치체제, 경제체제의 대립이 더 이상 갈등의 전선戰線이 되지 않을 것이라는 주장이었다. 헌팅턴의 주장은 분명하다. '경제체제' 이데올로기의 대립이 떠난 자리를 이제 문명, 문화 갈등 패러다임이 대신할 것이라는 이야기다. '문화'가 쟁점이 되는 시대다.

헤겔의 주장은 '보수·진보 대립 패러다임 Ver. 1.0'인 '왕정 vs. 민주정'의 정치체제 대립이 끝났다는 의미이다. F. 후쿠야마의 주장은 '보수·진보 대립 패러다임 Ver. 2.0'인 '자본주의 vs. 사회주의'의 경제체제 대립이 끝났다는 것이다. 새뮤얼 헌팅턴의 주장은 '보수·진보 대립 패러다임 Ver. 3.0'의 주요 주제인 문화가 정치의 주요 쟁점이 되는 시대가 도래했다는 이야기다. F. 후쿠야마의 '중요한 문제들이 모두 해결되었기 때문에 역사의 근거를 이루는 여러 원리나 제도에는 앞으로 더 이상의 진보나 발전이 없을 것'[34]이라는 말처럼, 정치체제와 경제체제라는 큰 틀이 정해지고 나면 자유나 평등과 같은 거창한 주제는 더 이상 정치의 주요 쟁점이 아니다. 박애, 윤리, 감성 등과 관련된 다양하고 다소 소소한 것들이 정치의 주제가 된다.

대한민국 정치혁명의 현주소

우리나라는 사실 정치혁명 Ver. 1.0, Ver. 2.0, Ver. 3.0이 상당히 혼재되어 있는 상태다. Ver. 1.0의 흔적이 아직 많이 남아 있는 이유는 왕정시대를 주체적으로 청산하지 못하고 광복 이후 오랫동안 참 '자유주의' 아닌 권위주의적 '한국적 민주주의' 교육에 물든 탓이 크다. Ver. 2.0 한가운데서 아직 한 치도 벗어나지 못하고 있는 것은 기본적으로는 북한과의 대치라는 특별한 상황 때문이기도 하지만 그런 상황을 이용하려는 남북한 양쪽의 일부 기득권 세력들 탓이 크다. 그러나 대부분의 사람들은 민주주의가 정답이라는 것을 안다. 또 순수자본주의나 마르크스-레닌주의식 공산주의 그 어느 쪽도 답이 아니라는 것도 안다. 정치 쟁점이 Ver. 3.0도 상당히 포함하고 있는 이유다.

우리는 스마트폰이나 자동차 네비게이터가 없는 시대로 다시 돌아가는 것을 상상할 수 없다. 스마트폰과 네비게이터가 주는 편리성, 거기에서 비롯되는 행복에 이미 익숙해져 있기 때문이다. 마찬가지로 우리는 왕정시대로 돌아갈 수 없다. 그곳에는 자유가 없고, 자유가 없는 곳에 이성은 숨쉴 수 없기 때문이다. 우리는 1840년대 영국 아일랜드의 순수자본주의로 돌아갈 수 없다. 자본주의 원리에 구속되어 8백만 인구 중 백만 이상이 굶어 죽어나가는 상태[35]를 방치한 그런 야만의 시대로 돌아갈 수 없다. 그것은 더 이상 인간 세상이 아닌 지옥이기 때문이다. 1990년대 이전의 소련 공산주의 세계로도 돌아갈 수 없다. 검은 빵 한 덩어리를 얻기 위해 동토의 칼바람 속에 수시간 줄을 서야 하는 그런 허울뿐인 절대빈곤 평등의 유토피아는 결코 유사 이래 인류가 꿈꿔왔던 그 유토피아가 아니기 때문이다.

보수·진보 대립 패러다임 Ver. 1.0, Ver. 2.0 그리고 Ver. 3.0은 불가역석이다. 그것은 인간의 이성에 반하고 인간과 사회의 행복을 줄이는 일이기 때문이다. 나의 정치혁명은 지금 어디쯤에 있는가? Ver. 1.0? Ver. 2.0? 아니면 Ver. 3.0? 개인이 모여 사회를 이룬다.

11장

정당의 종말

양당제의 종말은 다당제로 이어진다. 그리고 다당제는 곧 정당 자체의
종말을 의미하기도 한다. 즉 지금까지의 특정 계급 또는 특정 이데올로
기를 중심으로 모든 사안에 선명하게 전선戰線을 펼치는 그런 형태의
정당은 더 이상 존속하지 않게 된다. 필요에 따라 생겨났다 없어지고,
상황에 따라 유연하게 변신하고, 보다 작은 범위의 이익들을 대변하는
그런 형태의 새로운 정치 모임이 등장하게 된다.

좌·우 정당 구도가 흔들리고 있다. '자본주의 vs. 사회주의'를 기본
틀로 하는 양당제가 흔들리고 있다.

계급정당에서 국민정당으로

첫째, 보수와 진보의 상대방 영역 침범 또는 중도화가 좌·우 양
당 구도를 흔들고 있다. 2016년 7월 영국 역사상 두 번째 다우닝
가 10번지의 '여성 주인'이 된 테리사 메이는 총리 취임 연설에서 '특
혜받은 소수가 아닌 모두를 위한 나라를 만들겠다'고 다짐하면서,

'완전히, 전적으로 평범한 노동자들을 위한 당이 될 것'[1]이라고 말했다. 테레사 메이는 노동당이 아닌 보수당의 당 대표다. 연설 내용만 들으면 영락없는 노동당 대표 발언이다. 우파 보수당이 좌파 노동당의 영역을 침범하고 있다.

영국의 보수당이 노동당 영역을 침범한 것이 낯선 일은 아니다. 2005년, 의원이 된 지 5년밖에 되지 않은 39세의 정치 신예 데이비드 캐머런은 보수당 당수로 선출된 뒤 '보이는 것, 생각하는 것, 행동하는 것을 모두 바꾸자'고 외치면서, 동성결혼 허용과 같은 파격적인 정책 도입 등 좌파 정책을 빌려왔다. 그 결과 보수당은 2010년 총선에서 650석 중 306석을 얻어 자유민주당과의 연합정권 구성에 성공했다. 1997년 노동당에 정권을 내주었으니 13년 만의 정권 회복이었다.

엉국 정치에서 상대 낭 이데올로기 또는 정책 영역을 침범한 것은 우파의 보수당만이 아니다. 좌파인 노동당도 마찬가지다. 보수당에 캐머런이 있다면 노동당에는 캐머런의 전범典範이라 할 수 있는 토니 블레어가 있다. 1994년 41세로 노동당 역사상 가장 젊은 당수로 취임한 토니 블레어는 반노동당적 개혁을 단행한다. 당헌으로부터 '거대기업 국유화' 조항 폐지, 노동당 내 노동조합의 영향 축소를 비롯해 보수당의 전유물인 국유기업 민영화 정책 등을 추진한다. 그리고 1997년 총선에서 대처의 보수당 집권 18년을 종식시키고 하원 총 의석 659석 중 418석을 차지하는 노동당 100년 역사상 최대 승리를 끌어낸다.

2017년 5월 프랑스 대선 결선에서 극우정당 국민전선(FN)의 마린 르펜을 꺾고 대통령이 된 에마뉘엘 마크롱은 대통령이 되기 3년 전인 2014년, 35세의 나이로 프랑수아 올랑드 좌파 사회당 정부의 경제장관으로 입각한다. 마크롱은 일요일·심야영업 제한을 해제하는 이른바 '마크롱법' 제정을 주도하고, 사회당의 상징이라 할 수 있는 '주 35시간 근로제' 완화에 적극적인 태도를 보인다. 그리고 젊은이들에게 부자가 되기 위해 노력할 것을 강조한다. 모두 좌파 사회당의 전통을 벗어난 것들이었다. 20대 때 잠깐 사회당 당원을 지냈고, 사회당의 올랑드 정부 입각 때는 비당원이었던 마크롱은 2017년 5월 프랑스 대선에서 대통령에 당선되고, 한 달 뒤인 6월 총선에서는 대승을 거둔다. '좌도 우도 아닌 정치·경제·사회 자유 촉진'을 목표로 2016년 4월 정당화한 마크롱의 중도신당 '레퓌빌리크 앙마르슈(전진하는 공화국)'가 창당 1년 2개월 만에 연합 세력인 민주운동당과 함께 전체 577석 중 350석을 확보하는 기염을 토한 것이다. 우파·좌파로 프랑스 정치 세력을 양분해왔던 공화당과 사회당은 각각 131석과 32석을 차지했다. 직전 집권당인 사회당은 250석 이상을 잃어 존폐기로에 놓여 있다.

2017년 1월 미국 45대 대통령에 취임한 트럼프는 보수당인 공화당의 기존 노선을 많이 벗어난다. 대기업·월가·부자에 대한 증세는 진보적 입장이고, 불법 이민자 추방이나 멕시코 국경 장벽 설치 그리고 기존의 동맹관계와 국가 간 협정을 뒤집어엎는 자국 우선의 보호무역주의는 극우에 가깝다. 기존의 '자본주의 vs. 사회주의'의 좌우 패러다임으로는 설명이 어렵다.

2017년 12월 보수의 자유한국당 김성태 신임 원내대표는 국립서울현충원을 참배한 뒤 방명록에 '서민, 노동자, 농민과 함께하는 자유한국당으로 거듭나겠습니다'라고 적었다. 영국 보수당 테리사 메이의 총리 취임 일성인 '특혜받은 소수가 아닌 모두를 위한 나라를 만들겠다. 완전히, 전적으로 평범한 노동자들을 위한 당이 될 것'이라는 발언을 떠올리게 한다. 내용만 봐서는 영락없이 진보의 정의당이다.

'자본주의 vs. 사회주의'를 기본 틀로 하는 좌·우 양당의 정당 대립 구조는 산업혁명 시대의 산물이다. 18세기 말·19세기 초 산업혁명이 시작되면서 자본가 계급이 등장하고 19세기 중반 노동자 계급이 정치세력화되면서 자연스럽게 등장한 것이 '자본주의'를 내세우는 보수주의와 '사회주의'에 방점을 두는 진보주의의 양당 대립 구조다. 즉 '경제활동의 자유'를 강조하는 보수와 '경제 향유의 평등'을 강조하는 진보 양쪽 '계급정당Class party'의 대립이다. 영국의 보수당과 자유당이 서로 상대방의 고유 영역을 침범하고, 프랑스 사회당이 사회당의 전통을 벗어나 경제활동의 자유를 적극 권장하고, 미국의 공화당 출신 대통령이 진보적 입장에서 부자 증세 정책을 취하고, 우리나라 보수당의 원내대표가 노동자를 위한 당이 될 것을 다짐하는 탈脫계급정당적 일들이 벌어지는 이유는 다름이 아니다. 산업혁명 시대의 산물인 계급정당으로서의 양당 대결구조가 그 생명을 다했기 때문이다.

정당은 '국민의 이익을 위하여 책임 있는 정치적 주장이나 정책을 추진'(정당법 제2조)하는 조직이다. 20세기 100년의 세계 역사는 순수자본주의만 정답이라고 고집하는 것, 사회주의만이 옳다고 주장하는 것 모두 '국민의 이익'에 전혀 부합하지 않는다는 것을 분명하게 보여주었다. 각기 '시장의 실패'와 '결코 신神이 될 수 없는 국가의 한계'를 보여주었다. 순수자본주의나 사회주의 양쪽 모두 정답이 아니라는 것이 명백히 드러난 상황에서 정당들이 이데올로기에 교조적으로 구속되는 것은 그리스 신화에서 프로쿠르테스가 침대에 집착하는 것과 같다. 침대에 사람의 몸을 맞춰 사람의 다리를 자르거나 강제로 늘이는 것처럼 순수자본주의 또는 사회주의를 절대불변의 잣대로 삼아 사람들의 삶과 정책을 재단하는 것이다.

정당활동에서 불변의 기준, 즉 상수常數는 순수자본주의 또는 사회주의의 이데올로기가 아닌 국민의 이익, 국민의 행복, 인류의 보편적 가치다. 정당은 자기 당의 보수 또는 진보 정체성이나 당 명칭과 상관없이 국민에게 도움이 되고 인류의 보편적 가치에 부합하는 것을 당연히 주장하고 정책으로 채택해야 한다. 1970년대 등소평은 흑묘백묘론를 들고 나왔다. 반미주의자로 불렸던 진보주의자 노무현 전 대통령은 사람들의 예상을 깨고 재임 시 한·미 자유무역협정

FTA을 적극적으로 추진했다. 두 사람 다 19·20세기 유물인 계급이 넘 또는 계급정당의 인습에서 벗어났다.

'계급정당'은 '특정 계급의 이익을 추구'하는 반면에 '국민정당'은 특정 계급, 특정 이데올로기에 구애됨이 없이 '국민 전체의 이익을 추구'[2]한다. 영국과 프랑스의 정치 현상은 바로 '계급정당'에서 '국 민정당'으로 진화하고 있는 과정을 보여준다. 국민정당에서는 보 수·진보 구분이 의미가 없다. 좌·우 양당제가 종말을 고하고 있다.

디지털 환경이 정당의 종말을 재촉한다

두 번째, 정보통신의 발달이 정치를 이해하는 기본 틀로 오랫동 안 인식해왔던 좌·우 양당 구도를 흔들고 있다.

2015년, 굳건한 양당제 전통의 스페인 총선에서 창당 2년이 안 된 신생 정당이 돌풍을 일으켰다. 대안정당 '포데모스Podemos'다. 포 데모스는 의석 350석 중 69석을 차지해 우파 국민당, 좌파 사회노 동당의 123석, 90석에 이어 제3당이 되었다. 포데모스는 서클 형식 의 오프라인 대중모임이다. 몇 십 명 또는 몇 백 명 단위로 모이는 전국 900여 개의 모임은 SNS로 연결되며, 정책토론이나 후보·집행 부 선출 등은 모두 온라인으로 이뤄진다. 당원이 아니더라도 온라 인 토론 등에 참여할 수 있으며 당 운영자금은 시민모금 방식인 크라우드 펀딩으로 이뤄진다. 물론 온라인으로 대부분의 활동이 이뤄지는 만큼 당 운영비용은 기존 정당활동에 비해 훨씬 적게 든다. 정당 아닌 미디어가 정치 참여 창구가 된 셈이다[3].

2018년 3월 총선에서 창당 9년 만에 이탈리아 최대 정당(32.22% 득표)으로 올라선 오성운동은 디지털 정당을 표방한다. 오성운동은 정치권의 부패 척결을 위한 시민운동으로 시작해, 부패 척결 및 인터넷을 통한 직접민주주의 실현을 목표로 정당화했다. 현재 대표는 31세의 루이지 디 마이오다. 오성운동의 주요 정당활동은 '루소'라는 인터넷 플랫폼을 통해 이뤄진다. 출마 신청, 후보 결정, 주요 정책 결정 등이 모두 이 '루소'를 통해 이뤄진다[4].

2018년 6월 27일, 언론 해외란에 알렉산드리아 오카시오 코르테스라는 28세의 여성이 갑자기 등장했다. 술집 바텐더 경력의 20대 히스패닉계 사회주의자 코르테스가 뉴욕 주 브롱크스 연방하원의원 제14선거구 민주당 당내 예비선거에서 민주당 10선 현역의원인 조 크롤리를 무너트리는 파란을 일으킨 것이다. 조 크롤리는 차기 하원의원 원내대표로 거론되던 거물 정치인이다. 뉴욕 주 브롱크스는 민주당 우세 지역이다. 오카시오 코르테스는 11월 6일 중간선거에서 공화당 후보를 누르고 하원에 입성한다. 민주당 당내 선거전 전력戰力에서 오카시오 코르테스는 당연히 조 크롤리의 상대가 될 수 없었다. 돈과 조직이 없는 오카시오 코르테스가 의지한 것은 인터넷이었다. SNS 등 인터넷을 활용한 선거운동으로 현역 10선의 유력 정치인을 무너트리고, 일약 미국뿐만 아니라 세계적으로 유명 인사가 된 것이다. 디지털 정치가 기존 정당 정치를 무력화시켰다[5].

대의제 민주주의는 일단은 직접민주주의의 물리적 한계로부터 비롯된다. '주권은 국민에게 있고 모든 권력은 국민으로부터 나온다'(헌법 제1조②항)의 민주주의가 가능하고 직접민주주의의 물리적 한계가 극복될 수 있다면, 국민들의 선택은 당연히 대의제 민주주의가 아닌 직접민주주의가 될 것이다. 정보통신기술의 발달은 직접민주주의의 물리적 한계를 제거한다.

정당의 주요 기능은 ①시민 정치학습, ②시민 이익 집약, ③정치적 대표 선출, ④정책 수립[6] 4가지다. 인터넷이 일반화되기 전, 20세기 후반 가까이까지 일간 신문이나 월간 시사잡지와 같은 정보매체의 구독 여부는 정치 문맹자와 정치 유식자를 가르는 중요한 기준이었다. 남성 성인 중에서도 일부 식자층만 일간 신문과 월간 시사잡지를 구독했다. 정치의식이 높고 정치학습이 되어 있는 시민은 유권자 중 일부에 한정될 수밖에 없었다. 인터넷의 등장은 정치 문맹자와 정치 유식자의 경계를 없앴다. 인터넷을 통한 다양한 소스를 활용해 누구나 손쉽게 '①시민 정치학습'을 할 수 있게 되었다. '②시민 이익 집약'도 마찬가지다. 특정 사안에 대한 찬반 여부나 자신들의 생각을 인터넷을 통해 실시간으로 표출할 수 있게 되었다. '③정치적 대표 선출' 역시 이미 인터넷을 통해 부분적으로 시행되고 있다. 아직 의회 의원 선출까지는 아니지만 당내 의원 후보 선출이나 당 대표 선출 등에 인터넷이 상당한 역할을 하고 있다. '④정책 수립'도 마찬가지다. 인터넷을 통해 아이디어를 모으고 비판하고 여론을 형성하고 있다.

2015년 스페인 총선에서 돌풍을 일으켜 창당 2년 만에 제3당의 자리를 굳힌 포데모스, 2018년 3월 총선에서 이탈리아 최대 정당이 된 오성운동 그리고 2018년 6월 미국 하원 민주당 당내 예비선거에서 기적 같은 승리를 거둔 알렉산드리아 오카시오 코르테스는 바로 이 인터넷을 활용한 새로운 정치 방식의 전범典範을 보여준다. 기본적으로 인터넷을 통해 정당의 주요 기능 또는 선거활동이 수행된다. 기존 오프라인Off-line 정치 방식에서의 공간적·시간적·비용적 제약들 중 상당 부분이 제거되었다. 정치비용의 축소 및 새로운 정치활동 공간의 확대는 정치의 진입장벽을 없앤다. 새로운 정치 진입자가 늘어나고 기존의 정치 구도는 흔들린다. 좌·우 양당 구조는 더 이상 유효하지 않게 된다.

인터넷을 통해 주요 정당 기능들이 이루어진다는 것은 곧 정당 소멸을 의미하기도 한다. 나아가 대의제 민주주의의 종말을 초래할 수도 있다. 보다 효과적인 직접민주주의가 가능하고, 게다가 훨씬 낮은 비용으로 국민의 의사가 실시간으로 반영될 수 있다면 권력의 원천인 국민들은 굳이 정치의 중간 유통단계인 정당이나 대의제 대표를 경유하려 하지 않을 것이다.

추구 가치의 다양화가 정당의 종말을 재촉한다

———

세 번째, 양당 구조의 붕괴는 계급정당의 종언이나 정보통신의 발달에 의해서만 이루어지지 않는다. 사람들의 추구 가치의 다양화와 의식 향상에 의해서도 양당제 구조는 그 유효성을 상실한다.

사람들의 가치추구 다양화는 양당제 구조의 존속을 위협한다. 이데올로기 중심의 거대 양당 구조가 다양화되는 사람들의 추구 가치들을 효과적으로 집약하고 대표할 수 없기 때문이다. 실질적인 민주주의화와 경제수준 및 복지의 향상은 사람들의 욕구를 보다 높은 차원으로 이동시킨다. 바로 매슬로 욕구 단계에 있어 아래의 필요조건적 욕구로부터 위의 충분조건적 욕구로의 이동이다. 실질적인 민주주의화와 혼합경제로서의 복지국가 실현은 생리적 욕구, 안전의 욕구와 같은 사람들의 필요조건적 욕구들을 충족시킨다. 필요조건적 욕구들이 충족되면 사람들은 자연스럽게 자아실현 욕구와 같은 충분조건적 욕구로 옮겨간다. 필요조건적 욕구 단계에서 사람들의 정치적 요구는 단순하다. 생존을 위한 물질 충족과 이성적 존재로서의 동등한 대우 정도다. 그 역사적 해법은 실질적인 민주주의화와 혼합경제의 실현이다. 정치혁명의 구조 Ver. 1.0과 Ver. 2.0인 '왕정 vs. 민주정', '자본주의 vs. 사회주의'의 양당 대립 패러다임이 그 해결을 담당해왔다.

사람들의 욕구가 보다 높은 차원의 충분조건적 욕구 단계로 옮겨가면 상황은 근본적으로 달라진다. 자아실현과 같은 욕구에서는 그 자아실현을 위한 수단과 방식이 사람마다 모두 제각각이기 때문이다. 이 단계에서는 제각각의 다양한 기호 또는 다양한 가치들이 정치적 요구로 분출된다. 동성혼, 동물권, 에콜로지 운동, 원전사용의 편익에 대한 회의와 같은 기존의 정치체제·경제체제 쟁점과는 속성이 전혀 다른 다양한 문제들이다.

양당 대립 패러다임의 약화에는 플라톤의 2항 대립Binary opposition 의 해체Deconstruction와 같은 철학 흐름도 한몫한다. 데리나(1930-2004)는 세상이 플라톤의 주장처럼 '음 vs. 양', '밝음 vs. 어둠', '남성 vs. 여성'과 같이 서로 정면 대립하는 두 가지 상태로만 존재하지 않고 다양한 상태로 존재한다고 주장한다. 이 주장으로 2천 년 이상 양자대립의 인습적 사고에 속박되어 있던 인간의 인식이 해방된다. '자본주의 vs. 사회주의'의 대립 소멸과 시기적으로 맞물리면서 데리다 철학은 사람들의 가치 추구 다양화에 영향을 미친다.

사람들의 의식 향상은 양당제의 종말을 넘어 대의제 자체에까지 회의를 갖게 한다. 대의제 민주주의의 장점 중 하나로 꼽히는 것이 의식수준이 높은 이들이 대표가 되어 의사결정을 하게 됨으로써 보다 이성적이고 안정적인 민주주의를 실현할 수 있다는 것이다. 직접 민주주의의 중우정치화 위험을 대의제 민주주의로 방지할 수 있다는 주장의 근거다. 그러나 오늘날 이런 주장은 OECD 회원국 정도의 선진국에 있어서는 19세기적 구태의연한 인식에 불과하다. 사회

구성원 중 극히 일부만이 대학교육을 받을 수 있던 시대에나 해당되는 이야기이기 때문이다. 오늘날 국민의 대표가 되겠다고 자원하고 나서는 이들과 그냥 유권자로 머물러 있는 이들의 차이라면 선거비용을 감당할 수 있는 재산을 소유하고 있느냐와 자기상승 욕구가 강하냐 그렇지 않느냐의 차이 정도다. 그 외 특별한 차이가 없다. 따라서 대의제 민주주의의 제도적 장점의 근거로 내세우는 일반 국민보다 한 차원 높은 국민 대표들의 정치의식 및 학습수준은 먼 옛날 이야기다.

우리나라의 경우 국방의무 수행이나 준법과 같은 민주시민의식에 있어서는 의회 의원들이 오히려 일반 국민보다 못하고, 일반 윤리의식 등에 있어서도 결코 더 나을 것이 없다. 또한 일반 국민들의 생각을 제대로 대표하지도 못한다. 세상에서 가장 가난한 대통령으로 존경을 받았던 호세 무히카(80) 전 우루과이 대통령은 '정치인의 생활은 그 나라의 평균이어야 한다'고 말했다. 국민 대표들의 소유재산 수준이 국민 평균이어야 국민들의 생각이 좀 더 자연스럽게 정책에 반영되게 될 터인데, 대표들의 재산이 국민 평균보다 훨씬 더 높다(우리나라 20대 국회의원 1인당 재산 평균액 약 44억 원)[7]. 보수 정당은 물론 진보 정당도 마찬가지다. 그런 상황에서 입법이나 정책은 기득권 계층에 유리한 쪽으로 흘러가기 마련이다. 국민 대표들에 의해 결정된 법 또는 정책과 일반 국민들의 생각 사이에 항상 괴리가 발생할 수밖에 없는 배경이다.

사람들의 가치추구의 다양화는 정치의 양당 구조를 거부한다. 양당 구조로는 그 추구 가치들을 제대로 대변할 수 없다. 사람들의 의식 향상은 정당의 존재는 물론 대의제 민주주의 제도에 대해서까지 회의를 갖게 한다. 정당이 국민의 욕구를 대변하지 않고 국민 대표들의 민주주의 및 윤리의식이 매우 실망스러운 수준이기 때문이다.

변화 욕구의 약화가 정당의 종말을 재촉한다

네 번째, 사회가 성숙해짐에 따라 양당 대립 패러다임은 그 힘을 잃는다. 사회가 성숙해지면서 그 사회 전체에 요구되는 변화의 강도가 약해지기 때문이다.

왕정에서 민주정으로의 변화 욕구는 강력하다. 한 사람을 제외한 그 사회 모든 이가 원하는 것이고, 한 사람을 제외한 모든 이들의 행복이 크게 확대되기 때문이다. 순수자본주의에서 혼합경제 복지국가로의 변화 욕구는 왕정에서 민주정으로의 변화만큼은 아니지만 그래도 강한 편이다. 그 사회의 다수가 원하는 것이고, 또 다수의 행복도를 높이는 것이기 때문이다. 복지국가는 사회에 안전판을 제공한다. 가난한 이들에게는 생존의 안전판을, 부자들에게는 급격한 변화에 대한 혁명 예방의 안전판을 제공한다.

민주주의와 사회의 안전판이 마련되면 사회 전체의 집약적 변화 욕구는 급격히 약해진다. 민주정에 대한 욕구만큼 그 사회구성원 전체의 이해관계가 일치되는 사안은 물론, 복지국가에 대한 욕구 정도로 그 사회구성원 대부분이 바라는 그런 사안이 더 이상 존재하지 않기 때문이다. 극히 개인적이거나 사회구성원 일부의 요구에 불과한 사안, 또는 사회 전체의 행복이 과연 조금이라도 더 확대될 수 있을 것인가에 대한 판단이 매우 어려운 그런 사안이 대부분이다.

　　진보는 변화를 추구하고 그 변화 주장의 정당성은 사회 전체의 행복 증진이다. 사회구성원 일부의 욕구에 불과하거나 사회 행복 증진 여부가 분명치 않은 사안은 진보적 변화의 대상으로서 한계가 있다. 정당으로서의 진보가 선명성을 유지하기 쉽지 않다. 진보의 선명성 상실은 보수의 역할 약화로 이어진다. 공격이 약해지면 당연히 수비의 역할도 줄어들 수밖에 없기 때문이다. 좌·우의 양당 대립 패러다임은 힘을 잃기 시작한다.

극우 세력의 등장이 정치의 양당 대립구도를 흔들고 있다

───

　　마지막 다섯 번째, 국제사회의 불확실성이 기존의 좌·우 양당 구도를 흔든다.

100년 전 세계를 재앙으로 몰고 갔던 극우가 다시 유럽 정치권에 머리를 내밀고 있다. 2016년 5월 대선 도전에 실패하긴 했지만 49.7%의 득표율을 올린 오스트리아의 극우 정당 자유당이 연립정부에 참여해 내무·국방·외무장관 및 부총리 자리를 차지했다. 전후 나치 부역자들이 세운 오스트리아 자유당이 투표로 정권 참여에까지 나선 것이다. 독일에서는 2017년 9월 총선에서 극우 정당 '독일을 위한 대안AfD'이 12.6%를 득표해 하원 709석 중 94석을 확보, 제3당이 되었다. 나치 잔재 청산을 역사적 최우선 과제로 삼아 온 독일에서 2013년 창당된 신생 극우 정당이 의회 진출 6개 정당 중 세 번째 큰 정치 세력으로 등장한 것이다. 이탈리아에서는 2018년 3월 총선에서 극우 동맹당이 17.5%를 득표해, 당 대표인 살비니가 부총리 겸 내무장관으로 연정에 참여하고 있다. 2017년 5월 프랑스 대선에서는 극우 정당 국민전선FN의 마린 르펜이 에마뉘엘 마크롱에게 패하기는 했지만 대선 결선까지 오르는 기염을 토했다. 스웨덴에서는 2018년 9월 총선에서 극우 성향인 스웨덴민주당이 2010년 최초 원내 진출 후 전체 349석 중 62석(17.6% 득표)을 확보해 원내 3당으로의 부상과 함께 정권의 캐스팅 보트를 쥐게 되었다.

유럽에서의 갑작스런 극우 세력의 등장은 정치 구조의 역사적 진화 과정에서는 일종의 돌발 사건이다. 유럽 극우의 등장은 반反이민, 반反이슬람, 반反EU(유럽연합) 분위기를 배경으로 하고, 그중 핵심 고리는 유럽으로의 난민 유입에 대한 반反이민이다. 바로 중동 및 아프리카 지역으로부터의 난민 수용에 따른 국가재정 부담 및 사회불안 요인 증가 우려에 의한 반대, 난민 수용과 함께 진행되는 유럽 사회의 이슬람 인구 증가에 대한 반대, 난민 수용 할당 등 EU(유럽연합)의 국가 자율성 훼손에 대한 반대라는 유럽 사회의 분위기가 바로 유럽 극우 발흥의 온상이다. 그리고 예의 국가·민족을 과도하게 강조하는 포퓰리즘이 그들 극우 세력의 강력한 무기이다. 극우의 부상은 '자본주의 vs. 사회주의'의 좌·우 패러다임의 약화를 초래한다.

정당이 사라진다

미국의 정치외교전문지 〈포린폴리시〉는 2040년이 되면 정당이 사라질 것이라고 전망했다. 사람들의 다양한 이해관계와 관심사, 가치관을 좌·우 양단의 이데올로기 정당으로는 제대로 모을 수가 없기 때문이다[8]. 사람들은 사안에 따라 좌·우 정당을 왔다 갔다 한다. 사람들의 복잡해진 정치적 요구와 이데올로기 중심 정당 역사의 끄트머리가 교차하는 시점에서 잠시 벌어지고 있는 현상이다. 이데올로기적 기준을 벗어난 사안들을 구태의연한 이데올로기 정당이 무리하게 이데올로기로 재단하면서 발생하는 상황들이다.

정당 자신들도 새로운 특정 사안에 대해 찬성 입장을 취해야 할

지 반대 입장을 취해야 할지 헷갈리는 일이 점점 늘어난다. 기존의 불멸의 잣대였던 이데올로기와는 아무런 관계가 없는 것들이기 때문이다. '정치혁명 Ver. 2.0'이 사멸되고 '정치혁명 Ver. 3.0'이 도래하고 있다는 증거들이다. 뉴턴 패러다임의 한계에서 아인슈타인 패러다임이 등장하는 과학혁명의 구조처럼 정치도 진화한다.

양당제의 종말은 다당제로 이어진다. 그리고 다당제는 곧 정당 자체의 종말을 의미하기도 한다. 즉 지금까지의 특정 계급 또는 특정 이데올로기를 중심으로 모든 사안에 선명하게 전선戰線을 펼치는 그런 형태의 정당은 더 이상 존속하지 않게 된다. 필요에 따라 생겨났다 없어지고, 상황에 따라 유연하게 변신하고, 보다 작은 범위의 이익들을 대변하는 그런 형태의 새로운 정치 모임이 등장하게 된다.

3부

한국의 정치

제도는 민주정, 의식은 왕정

민주정 역사 70년을 맞이하고 있지만 이 땅의 사람들은 38년 동안이나 왕정 때나 다름없는 정치 환경을 살았고, 그 나머지 32년 중 일부도 왕정까지는 아니지만 상당히 권위주의적이었다. 민주주의적·시민적 저항에는 상당히 익숙해져 있지만, 민주주의적·시민적 평등한 인간관계 인식이나 민주주의적·시민적 대통령은 아직도 낯설고 어색하다.

뒷골목에서 주차 시비가 붙었다. 한쪽은 왜 차가 빠져나갈 수 없게 차를 세워놨느냐 따지고, 다른 한쪽은 왜 주차지정 장소가 아닌 곳에 차를 주차했냐고 주장한다. 양쪽 모두 일리가 있다. 같은 말이 수차례 반복된다. 언성이 높아지고 투계장의 수탉들처럼 눈싸움이 시작된다. 그러다 아니나 다를까, 예의 그 지정 멘트가 나온다.

"당신이라고? 너 몇 살이야? 너 몇 살인데 나한테 당신이야?"

"왜 반말이야? 당신이니까 당신이지 그럼 여보라고 불러?"

"이 자식이, 새파란 놈이…."

"자식이라니? 당신이 내 아버지야?"

급기야 멱살잡이가 시작된다. 경찰이 출동한다. 경찰이 왜 싸우게 되었는지 묻는다.

"아, 이 어린 자식이 반말을 하잖아요."

"반말은 당신이 먼저 했지, 내가 먼저 했어? 그리고 말끝마다 자식자식 하지 마. 나 당신 같은 아버지 둔 적 없어."

경찰이 다시 묻는다. 맨 처음 다투게 된 원인이 뭐냐고. 두 사람 모두 잠시 '왜 싸움이 시작된 거지?' 하는 표정이다.

2013년 7월 6일 아시아나항공 보잉 777-200ER기가 샌프란시스코 공항에 착륙하는 도중 충돌 사고를 냈다. 미국의 경제전문방송인 CNBC는 토머스 코칸 매사추세츠공과대MIT 슬론경영대학원 교수의 말을 빌려 한국의 권위주의 문화가 충돌 사고의 원인일 수 있다는 가능성을 제시했다. 한국의 나이·계급에 의한 서열주의 및 권위주의 문화가 의사소통을 방해해 사고로 연결될 수 있다는 것이다. 비상 상황에서 순종적 문화가 아랫사람의 윗사람에 대한 문제제기 또는 해법 제시를 방해해 사고로 이어졌을 수 있다는 것이다[1]. 기계적·환경적 분석도 아직 이루어지지 않은 상태에서 너무 섣부른 추측이라는 국내 항공 관계자들의 비판이 뒤따랐다.

검찰총장, 법무부장관, 3선 국회의원 그리고 청와대 비서실장을 지낸 김기춘 씨는 박근혜 전 대통령과 같은 국회의원 동료 시절, 박근혜 의원을 '주군'이라 부르고 박근혜 의원이 한 말에 대해 '하명'이라는 표현을 썼다[2]고 한다. 일본인들이 즐겨 찾는 일본 고전 '주신구라忠臣蔵' 스토리를 떠올리게 한다. 에도시대(1603-1868) 초기, 주군의 죽음(할복)에 대한 앙갚음으로 주군과 시비를 벌였던 상대 성주를 도륙하고 할복한 47명의 낭인浪人에 대한 이야기다. 그러고 보니 박근혜 전 대통령 탄핵 당시 당을 떠난 새누리당 의원들을 이 '주신구라' 스토리를 들어 비판한 언론 내용도 있다. '이미 폐주廢主 신세가 된 박근혜 대통령 개인에게 봉건적 충절忠節을 바치라는 얘기는 아니다. 하지만 자신을 다선多選 의원이나 도지사로 키워준 정당의 '은혜'는 기억해야 하지 않을까? -중략- 명색이 차기 대권주자니 정계 중진이니 하는 새누리당 탈당파 의원들의 행태는 '주신구라'에 나오는 최하급 무사만도 못하다는 생각이 들어 씁쓸하다'[3]라는 내용이다. '주군'은 '군주국가에서 나라를 다스리는 우두머리'인 '임금'을 이르는 말이고, '폐주'는 그런 자리에서 쫓겨난 주군을 의미한다. '하명'은 '임금의 명령을 이르던 말'인 '어명御命'이라는 뜻의 '하명瑕命'과, '명령'이라는 뜻의 '하명下命' 두 가지 의미가 있다. 어느 쪽이든 명백한 신분 구분에 의해 윗사람이 아랫사람에게 지시를 한다는 의미다.

우리나라 헌법 제1조①항은 '대한민국은 민주공화국이다'라고 되어 있고, ②항은 '대한민국의 주권은 국민에게 있고, 모든 권력은 국민으로부터 나온다'고 되어 있다. 또 제11조①항은 '모든 국민은 법 앞에 평등하다. 누구든지 성별·종교 또는 사회적 신분에 의하여 정치적·경제적·사회적·문화적 생활의 모든 영역에 있어서 차별을 받지 아니한다', ②항은 '사회적 특수계급의 제도는 인정되지 아니하며, 어떠한 형태로도 이를 창설할 수 없다'라고 되어 있다. 제1조 두 항은 이 나라의 주인은 국민이라는, 즉 주권이 국민에게 있다는 것을 밝히고 있고, 제11조의 ①항과 ②항은 민주주의의 근간인 국민의 평등을 말하고 있다. 나라의 주권이 군주에게 있고 나라구성원이 모두 군주 한 사람의 신민臣民으로 예속되어 있는 신분제의 왕정과 구분되는 민주정이다.

민주주의 사회에서는 성인이면 모두 평등한 독립된 인격체다. 서로가 만19세 이상(민법 제4조)의 성인이라면 나이의 많고 적음을 이유로 상대방에게 일방적인 존중을 요구할 수 없고, 상대방을 일방적으로 존중해야 할 의무도 없다. 존중의 의무가 있다면 그것은 같은 시민으로서, 평등한 인격체로서 서로를 존중할 시민적·인간적 의무가 있을 뿐이다. 나이뿐만이 아니다. 성별, 재력, 학력, 경력, 가문 등의 차이에 따른 존중 요구나 상대를 떠받드는 행위도 마찬가지다. 남성이 여성에게 또는 여성이 남성에게 성별 차이를 근거로 상대방에게 일방적으로 우월을 주장하거나 양보를 요구할 수 없고, 부나 학력 또는 경력 차이를 근거로 상대를 하대하거나 자신에 대한 우선권 인정을 요구할 수 없다. 양보와 우선권 인정이 있다면 그것은 육체적, 정신적 또는 사회적 약자에 대한 배려 차원의 강자의 양보와 우선권 인정이 있을 뿐이다.

21세기 계몽된 사회에서 가문에 의한 일방적인 군림·섬김과 같은 반이성적 군주놀이는 아예 처음부터 논할 가치조차 없다. 아비 신분이 자식의 신분으로 이어지는 것의 불합리성은 인류 역사에서 이미 수천 년 전부터 지적되었기 때문이다. 2,700여 년 전, 왕의 자식이 아비인 왕의 능력과 품성을 그대로 물려받고 태어나는 것이 아니라는 것을 이해한 고대 로마(왕정시대: BC753-BC509)는 일찍부터 왕위를 세습제 아닌 종신제 및 선거제로 운영했고, 동양에 있어서 중국의 요순시대도 마찬가지로 일찍이 종신제와 선양禪讓이라는 실질적인 선거제였다. 21세기 계몽사회에 주군이라는 반민주적·비이성적 개념과 함께, 아비가 주군이니 그 자식에게도 주군 대접을 해야 한다는 저열한 의식이 존재한다면 그것은 수천 년 전의 신정시대에도 미치지 못하는 매우 미개한 원시적 행태다.

토머스 페인은 봉건시대 프랑스의 전제주의가 왕위라는 인격에만 자리 잡은 것이 아니라는 것을 지적하면서 '그것은 어디에서나 그 깃발을 들고 있다. 그래서 모든 관청이나 부서는 관습과 관례에 따라 세워진 전제주의를 가진다. 도처에 그곳 나름의 바스티유가 있고, 모든 바스티유에는 전제 군주가 있다. 왕이라는 인격 속에 내재한 근본적인 세습 전제주의는 수많은 형태와 형식으로 분열되고 재분열되어, 결국 각각의 대리자에 의해 행사된다'[4]라고 말하고 있다.

100여 년 전인 1910년 이 땅에서 왕정이 역사의 뒤안길로 완전히 자취를 감추었음에도 그 왕정의 본질인 신분제, 권위주의는 아직 이 사회 구석구석 살아 숨쉬고 있다. 같은 어른(19세 이상 성인) 간에도 여전히 연장자의 우월적 권위가 주장되고, 많이 개선되었다지만 남성 중심의 관행과 인식 역시 여전히 강력하고, 사람을 평가할 때 그 사람의 집안 배경 또는 가문 역시 여전히 중요 요소로 따라다닌다. 국민에 의해 봉사자로 뽑힌 정치인이 국민 위에 군림하는 것 역시 그대로고, 그런 정치인들에 대한 알현(?) 기회가 주어졌을 때 주권자인 국민이 허리 굽혀 황송해하는 것 역시 여전하다. 제도로서의 왕정과 신분제는 없어졌지만 행동과 의식에 있어서의 왕정과 신분제는 아직 공고하다. 진행형이다. 이 땅의 많은 사람들이 아직도 조선시대를 살고 있다. 초·중·고 12년간 사회 과목에서 배운 민주주의 개념과 원칙들은 그냥 수험용일 뿐이다.

권위주의자는 수평적 인간관계를 견디지 못한다

왕정과 같은 신분제 사회는 '권위주의Authoritarianism'를 그 바탕으로 한다. '권위주의'는 특정한 지위나 인물에 대해 절대적인 권위와 위광威光을 인정하고 이에 따라 행동하는 사회적 태도로, 이성이 아닌 감정을 앞세우는 경향을 보인다. 권위주의는 두 방향으로 작용한다. 즉 위로는 윗사람의 권위에 절대 순종하고, 밑으로는 아래 사람들에게 자신의 권위를 내세우는 사고방식과 행동양식으로다[5]. 윗사람에게는 예스맨으로 굽신거리는 조직의 중간관리자가 부하

직원들 앞에서는 절대자로 군림하는 것과 같은 경우다.

　권위주의는 사고방식과 행동양식으로 일종의 습관화된 태도다. 따라서 오랫동안 권위주의적 삶을 살아온 사람들은 민주주의적 환경 또는 민주주의적인 태도의 사람을 만나더라도 여전히 권위주의적 태도를 유지하려 한다. 권위주의가 왕정과 같은 신분제 사회의 근간인 이유는 간단하다. 사람관계를 수직관계로 인식하는 것이 바로 권위주의의 핵심 속성이기 때문이다. 이와 반대로 민주주의는 사람관계를 수평관계로 인식한다. 민주주의에서는 대통령이나 이제 막 사회에 나온 사회초년생이나 대학교수나 모두 평등하다. '사람의 가치'라는 무게에서 아무 차이가 없다. 사회적 분업 차원에서 각자의 '사회적 역할'에 따른 차이가 있을 뿐이다.

　태도와 의식에 권위주의가 뿌리 깊이 배어 있는 이들은 민주주의 상황을 맞닥트릴 때 견디기 힘들어한다. 자신이 윗자리든 아랫자리든 수직관계로, 상대방을 억누르든지 상대방으로부터 억누름을 당하든지 해야 마음이 편해지는데 그렇지 못하기 때문이다. 그들에게 평등한 인간관계라는 것은 부자연스럽고 낯설다. 권위주의자들은 사람을 만나면 제일 먼저 상대도 권위주의적인가를 살핀다. 그러고 난 다음 상대가 나보다 강한 자인가 약한 자인가를 신속하게 간파한다. 상대가 권위주의적이지 않으면, 즉 민주주의적 성향이거나 밖으로 드러난 그대로의 순진한 성품이라면 곧바로 상대방 누르기에 들어간다. 상대가 민주주의적이거나 순진한 성품이라는 것은 곧 나를 억누를 의도를 가지고 있지 않다는 것이다. 그때 권위주의자가 취하는 행동은 당연히 상대방을 자기 밑으로 두려는 시도다. 사람 관계를 위아래 서열의 수직관계로밖에 인식하지 못하는 권위주의에서는 매우 자연스런 태도다.

민주주의적이거나 순진한 성향의 사람과 권위주의적 성향의 사람이 함께할 경우 민주주의적이거나 순진한 사람이 자주 곤혹스런 상황에 놓이게 되는 것은 바로 이런 이유 때문이다. 공자의 '친근하게 대하면 불손하게 행동하고 멀리하면 원망한다[6]'라는 말 그대로다. 상대가 민주적으로, 평등하게, 순진하게 대하면 곧바로 공격태세를 취한다. 빈틈과 빌미를 찾아 상대방 꺾기에 들어간다. 사람관계를 선린·우호관계로 인식하는 이들은 선전포고 없는 권위주의자들의 갑작스런 공격적 태도에 무방비로 당할 수밖에 없다. 상대도 권위주의적일 경우에는 자신과의 역학관계에 따라 자신이 향할 방향을 신속하게 결정한다. 상대방을 깍듯이 모시든지 아니면 상대를 하대하든지 둘 중 하나다. 주군 아니면 가신, 보스 아니면 시다바리(?), 형님 아니면 아우, 선배 아니면 후배와 같이 둘 중 어느 한쪽으로 신속하게 자신의 위치가 결정되어야 한다. 그렇지 않으면 좌불안석인 것이 권위주의자들의 일반적 정신 상태다.

자생적 자유주의의 유산 부재가 권위주의를 남겼다

———

그렇다면 왕정이 청산된 지 100년이 넘었는데 왜 우리나라 사람들의 의식과 습관은 아직까지 왕정의 연장일까? 신분제 의식도 강하고, 왜 온 사회 구석구석 권위주의가 민주주의를 압도하고 있는 것일까?

첫째는 자생적 자유주의 사상이 없었기 때문이다.

고대국가 등장 이후 근대 이전까지 동서양을 막론하고 모든 사회는 왕정 또는 귀족정의 신분제 권위주의 사회였다. 일찍이 공자는 여자를 미성숙한 인간으로 인식[7]하였고, 순자는 '신분이 평등하면 고루 만족할 수 없고, 세력이 같으면 통일될 수 없고, 사람들이 같은 수준이면 부릴 수가 없다'[8]라고 말해, 사람 위에 사람 있고 사람 밑에 사람 있는 것을 당연시하였다.

고대 서양사회도 마찬가지였다. 플라톤은 여자를 남자보다 열등한 존재로 인식[9]하였고, 아리스토텔레스는 '누구는 지배하고 또 누구는 지배당하여야 한다는 것은 필요한 일일 뿐만 아니라 편리한 것이므로, 사람은 태어날 때부터 어떤 자는 지배하도록 또 어떤 자는 복종하도록 나뉘어 있다'[10]라고 말해, 태어날 때부터 원래 인간은 불평등한 것이라 주장하고 있다.

이렇듯 동서양 모두 일찍부터 인간을 불평등한 존재로 인식했지만, 서양은 17세기부터 로크(1632-1704), 루소(1712-1778) 등의 자유주의 사상가들에 의해 인간 불평등이 배격되기 시작한다. 로크는 왕을 비롯한 지배자들의 권력 원천을 폭력으로 규정해 신분제의 근거를 부정하면서 모든 인간은 평등하다[11]고 주장한다. 루소 역시 '인간은 본래 자유인으로 태어났다. 그런데 그는 어디서나 쇠사슬에 묶여 있다'[12]라고 말하면서 인간의 자유와 평등을 주장한다. 서양 사회는 1776년 미국의 독립혁명, 1789년 프랑스대혁명을 기점으로 자유와 평등 원칙에 입각한 민주주의 제도를 단계적으로 완성해나 간다. 신분제와 그 신분세의 근간인 권위주의는 민주주의의 단계적 발전에 따라 힘을 잃는다.

　동양의 근대화는 외부, 즉 서양에 의해 시작되었다. 따라서 신분제, 권위주의와 같은 전 근대적 요소들이 자발적·단계적으로 청산된 것이 아니라 서세동점西勢東漸에 의해 어느 날 갑자기 부정되기 시작했다. 중국은 영국과의 1차 아편전쟁(1840-2) 및 난징조약(1842), 일본은 미 페리 제독의 우라가浦賀만 통상요구(1853년)와 미국과의 화친조약(1854) 및 수호통상조약(1858), 우리나라는 일본과의 강화도조약(1876)이 바로 그 계기였다. 그러나 동북아 삼국이 같은 상황은 아니었다. 사실 중국은 주류 사상이 아니어서 그렇지 로크보다 100년 앞서 자유주의 사상이 등장했다. 바로 명明나라 때의 이지(1527-1602)와 같은 인물에 의해서였다. 이지는 '사람에 남녀가 있다고 말하는 것은 옳지만 견식에 남녀가 있다는 말이 어찌 가당하겠는가? 견식에 길고 짧음이 있다고 말하는 것은 가능하지만, 남자의 견식은 모두 길고 여자의 견식은 모두 짧다는 말이 또 어떻게 가당하겠는가?'[13]라고 말해, 사람관계의 출발이자 신분제의 기본인 남녀차별을 단호히 부정했다.

그러나 우리나라 조선 왕조 역사에는 이런 혁명적 자유주의 사상가가 존재하지 않았다. 이지와 동시대를 살았던 이이(1536-1584)나 그로부터 2백여 년 지나 태어난 실학자 정약용(1762-1836)과 같은 인물들에게서도 이런 자유주의 사상의 흔적을 찾아볼 수 없다. 이이는 '내시같이 천한 자들은 다만 물 뿌리고 청소하는 일을 담당케 하여야 그 집안을 다스리는 실질을 이룰 수 있습니다'[14]라고 말했고, 정약용 역시 '족族에는 귀천이 있으니 마땅히 그 등급을 구별해야 하고, 세력에는 강약이 있으니 마땅히 그 상황을 살펴야 한다. 이 두 가지는 어느 하나도 없어서는 안 된다'[15]라고 말했다. 정약용의 대표적 저술인《목민심서牧民心書》의 '목牧'도 '가축을 기른다'는 '목축牧畜'에서의 '목牧'처럼 백성을 '기른다'[16]는 의미다. 애민주의자이긴 했지만 두 사람 모두 조선의 기득권 계급으로서 신분차별제를 당연시했다. 애민은 백성을 어여삐 여기고 긍휼의 대상으로 여긴다는 것이지 자신들과 대등한 인간으로 인식한다는 것은 아니다. 동양 사회가 서양에 비해 신분의식·권위주의가 더 강할 수밖에 없다. 그중에서도 우리나라는 근대 이전 자유주의 사상의 자생적 발아를 찾아보기 힘든 만큼 그 신분의식·권위주의의 그림자가 더 짙고 길 수밖에 없다.

주도적 왕정 청산 실패의 역사가 권위주의를 남겼다

두 번째, 왕정의 비주도적 청산 때문이다.

이 땅의 왕정은 한일병합이라는 일본의 강점에 의해 종식되었다. 프랑스처럼 시민들이 주도적으로 왕정을 청산하고 민주정을 완성해가는 그런 정상적인 역사 발전 단계를 밟지 못했다. 외부 세력에 의한 왕정 종식 및 식민지화라는 역사 단절을 거쳐 다시 외부 세력의 지원으로 민주 제도가 이식되었다.

1876년 강화도조약 이후 1910년 한일병합 때까지 이 땅에는 크게 세 정치 세력이 존재했다. 왕정 고수파인 유학자 중심의 위정척사衛正斥邪파, 입헌군주정을 주장하는 엘리트 중심의 개화파, 그리고 외세 배격과 민생 안정을 주장하며 동학혁명을 일으켰던 민중파 셋이었다. 세 세력은 조선을 둘러싼 열강들의 힘겨루기 상황에서 갈등을 지속하다, 1905년 일본의 을사조약 그리고 1910년 한일병합을 거치면서 반일反日 독립과 친일親日 협조 세력으로 재편된다. 한일병합 전까지 이 땅의 핵심 과제는 ①근대화, ②외세로부터의 자주독립이었다. 둘 사이에는 선후가 없었다. 둘 다 절대절명의 과제였다. 근대화의 실패는 국력 약화로 곧 외세의 지배를 의미했고, 외세로부터 자주독립 실패는 그 자체로 다른 나라에 먹히고 마는 것이었다.

위정척사파는 외세로부터 자주독립을 주장했다. 개화파는 근대화와 함께 자주독립을 주장했다. 그러나 개화파의 자주독립은 일본 편향적 자주독립이었다. 개화파 주도로 설립된 독립문이 바로 청淸으로부터의 독립을 의미했고, 그들이 주도한 갑신정변(1884년)과 갑오경장(1894년)은 바로 일본을 등에 업은 근대화 시도였다. 동학혁명의 민중파 역시 근대화와 자주독립을 주장하였으나 근대화는 토지개혁과 같은 경제문제에 주로 기울어져 민주정의 도입과 같은 정치적 주장까지 나가지 못했다. 당시 주권자였던 조선 왕실은 왕정만 유지될 수 있다면, 즉 왕실만 보존될 수 있다면 그 외 것들은 그리 중요하지 않았다. 동학혁명으로 왕실이 위협받자 청군을 동원하고 일본군의 개입까지 초래하면서 이 땅의 민중들을 억압했던 것처럼, 왕실 보존을 위해서라면 언제든지 러시아, 청 또는 일본 어느 열강이든 끌어들일 준비가 되어 있었다. 그리고 그 결과는 일제 식민지였다.

강화도조약 이후 한일병합 때까지 이 땅에서 진행된 세력 간 갈등은 피아가 불분명했다. 양자대결이 아닌 열강까지 포함한 다자대결이었고, 갈등의 초점이 하나가 아니었기 때문이다. 정치근대화, 즉 왕정 청산에 있어서는 위정척사파·왕실과 개화파(입헌군주정)가 대립하고, 경제문제, 즉 토지개혁에 있어서는 위정척사파·왕실·개화파와 민중파가 대립하는 입장이었다. 그리고 자주독립에 있어서는 기본적으로는 위정척사파·왕실·개화파·민중파와 외세가 대립하면서, 왕실은 왕실 보존을 위해 필요에 따라 바꿔가며 외세를 끌어들였고, 개화파 역시 지원 세력으로 일본을 끌어들였다. 따라서 갈등의 초점이 바뀜에 따라 전선戰線이 수시로 바뀌었다. 그러다 보니 피아 인식에 대한 왜곡이 발생했다. '적의 적은 내 편'이라는 잘못된 인식 패러다임이었다. 갑신정변 때 개화파 입장에서 조선에 대한 지배권을 강화하려는 적인 청의 적, 즉 일본은 내 편이었다. 그래서 개화파는 일본과 손잡았다. 동학혁명 때 왕실 입장에서 왕실을 위협하는 적인 농민군의 적, 즉 청나라는 내 편이었다. 그래서 왕실은 청군의 지원을 받아 조선의 농민을 진압했다. 조선의 민중 입장에서 명성황후는 내 편이었다. 적인 일본군의 손에 참혹하게 살해당했으니까. 그래서 지금도 많은 사람들은 그녀를 '국모'로 호칭하는 데 주저함이 없다.

적의 적은 내 편일 수 있다. 단, 양자대결 그리고 갈등 초점이 하나인 경우에 한해 그렇다. 다자대결 그리고 갈등의 초점이 다수인 경우에는 그렇지 않다. 엄밀히 말해 일단 나 이외는 모두 다른 편일 뿐이다. 21세기 대한민국의 정서는 조선 왕조 그리고 그 왕조의 마지막 인물들에 대한 연민이 깊다. 왕정 종식 후 그 왕손들의 삶에 대해서도 그렇다. 왕정에서 그 나라의 주권은 왕이 갖는다. 그리고 균형의 법칙에 의해 왕은 그 권리에 버금가는 거의 무한대의 책임을 진다. 이 땅에 몸 붙이고 사는 모든 이들의 생존과 안위에 대한 책임이다. 19세기 후반 및 20세기 전반 이 땅 민중들은 이루 다 헤아릴 수 없는 고통을 겪었고 이 땅의 역사는 단절되었다. 민중의 고통과 역사 단절에 대한 최종 책임은 누구에게 있을까? 당연히 당시 조선 땅과 조선 민중의 주권자인 고종과 명성황후, 그리고 대원군과 같은 이들에게 있다. 그런데 21세기 이 땅의 사람들은 그들에게 연민을 갖고 동정을 보내고 심지어 받들기까지 한다. 왜일까? 이유는 간단하다. 그들은 바로 '적의 적'이었기 때문이다. 이 땅의 역사를 강탈한 숙적 일본으로부터 핍박을 받고 죽임을 당한 일본의 적이었기 때문이다.

그렇다면 만약 프랑스처럼 이 땅의 주인인 민중들이 주도적으로 왕정을 청산하고 민주정을 만들어왔다면 어땠을까? 자신들의 무한대 책임을 다하기는커녕 오히려 외세를 끌어들여 민중 토벌에 나섰던 조선 왕실을 여전히 연민과 동정의 눈으로 바라보고 있을까? '적의 적은 내 편'이라는 잘못된 단순 논리가 이 땅의 역사 인식에 심각한 왜곡을 가져왔다. 매우 심각한.

왕정에서는 한 사람만 자유인일 뿐 나머지는 모두 그의 신민臣民이다. 인간 위에 인간 있고 인간 밑에 인간 있는 불평등한 신분사회, 수직관계의 권위주의 사회가 바로 왕정이다. 주군, 가신, 하명, 충절, 국모 심지어 마마란 말이 특별한 저항감 없이 머릿속에 떠오르고 입 밖으로 튀어나온다면 그 이는 아직 조선시대를 살고 있다. 그것은 그 사람의 민주주의 시민의식 결여나 이성 부족 탓만은 아니다. 왕정의 역사를 이 땅의 주인인 민중의 힘으로 주도적으로 청산하지 못한 탓 역시 작지 않다.

권위주의적 정치가 권위주의를 강화했다

———

세 번째, 광복 이후의 권위주의적 정치 지도자들 때문이다.

독립협회, 신민회, 대한광복회가 지향해온 '민주정Democracy' 원리
는 1919년 4월 11일 상해임시정부의 '대한민국은 민주공화제로 함'
(대한민국임시헌장 제1조)이라는 내용으로 규정되고, 1948년 5월 10일 구
성된 제헌국회와 뒤이은 1948년 8월 15일의 대한민국 정부 수립으
로 그 실행에 들어간다. 한 사람만이 주권자였던 야만의 왕정시대
를 뒤로하고, 치욕스런 단절의 역사를 마감하고 마침내 국민이 주
인이 되는 민주주의 시대를 맞이했다. 그러나 대한민국은 오랫동안
나라의 정체만 민주정이었을 뿐 정치는 민주주의와 거리가 멀었다.
권위주의적·독재적 정치였다.

초대 대통령 이승만(1948.7-1960.4)은 권력 연장을 위해 야당과 언론
을 탄압하고 발췌 개헌과 사사오입 개헌을 시도했다. 초등학생들
이 조회시간에 대통령 찬가를 부르고 대통령 업적을 찬양하는 편
지쓰기 행사에 동원되고[17], 대통령 생일날 동대문운동장에 여고생
들이 동원돼 '이승만 대통령 탄신일 축하행사'와 같은 행사가 열리
기도 했다[18]. 이승만의 권위주의적 통치와 권력욕은 끝내 1960년
3·15 부정선거를 불러일으키고, 부정선거는 4·19 혁명을 촉발시켜
결국 본인의 대통령 하야로 이어진다.

대한민국은 1년여의 윤보선 내각책임제 정부를 거쳐, 1961년

5·16 군사쿠데타와 함께 다시 장기 독재체제로 들어간다. 쿠데타로 권력을 쥔 박정희는 민간정부로의 정권 이행 약속을 어기고 1963년 10월 스스로 대통령에 출마해 제3공화국을 연다. 박정희 (5-9대, 1963.12-1979.10)는 반공과 경제 발전 우선의 기치 아래 민주주의적 기본 가치들을 말살한다. 박정희에게 서양식 민주주의는 민주주의가 아니었다. 민족과 국가에 헌신하는 민주주의가 민주주의였다 [19]. 물론 어떤 것이, 누가 민족과 국가에 헌신이 되는지에 대한 판단은 전적으로 정권의 재량이었다. 20세기 왕정Monarchy이었다. 박정희는 1969년 3선개헌을 추진하고, 1972년 10월에는 급기야 종신집권이 가능한 유신헌법을 통과시킨다. 대통령을 통일주체국민회의에서 간접선거로 뽑고, 대통령 중임 제한을 없애고, 대통령이 국회의원의 1/3을 임명하는 내용이었다. 종신집권은 왕 또는 황제에게 해당되는 권력이었다. 민주주의의 사망 선고였다. 그러나 역사가 덧없이 흐르기만 하는 것은 아니었다. 10월 유신은 민주 세력의 강력한 반발을 불러일으키고, 급기야 1979년 10월 26일 박정희의 최측근 김재규는 유신의 심장에 총을 겨누고 만다. 김재규는 최후 증언에서 '자유민주주의'를 위해 총을 쏘았다고 했다[20]. 박정희의 권력이 '반反자유민주주의적'이었다는 이야기다. 18년 장기독재가 막을 내리는 순간이었다.

그러나 대한민국의 정치는 아직 춘래불사춘春來不似春이었다. 또한 번의 혹독한 겨울이 다가오고 있었다. 1년 가까운 기간의 권력

공백과 '민주화의 봄'을 거쳐 또 다른 군사정권이 들어섰다. 전두환의 등장이었다. 박정희 시해사건 수사를 담당하던 보안사령관 전두환은 1979년 12월 12일 상관인 계엄사령관을 전격적으로 체포해 군권을 장악하고, 1980년에는 5·18 광주민주화운동을 유혈 진압한다. 그리고 1980년 10월, 유신헌법과 유사한 개정헌법에 의해 간접선거로 대통령(11-12대, 1980.9-1988.2) 자리에 오른다. 잠깐 피어났던 민주주의는 다시 동면에 들어간다.

전두환 정권의 국민 기본권 부정과 절대권력 행사는 민주주의 세력의 반발을 불러일으킨다. 국민들은 1987년 6월 여당 대통령 후보 노태우의 6·29선언을 끌어내 대통령직선제 개헌을 쟁취한다. 개정된 헌법에 의해 '보통사람의 시대'를 내세운 노태우 후보가 대통령(1988.2-1993.2)에 선출되고, 이어 '문민정부'를 내세운 김영삼(1993.2-1998.2)이 대통령에 선출된다. 시민의 힘에 의해 노태우 정권 때부터 성장하기 시작한 민주주의는 1997년, 정부 수립 50년 만에 최초로 보수에서 진보로의 정권교체를 가져온다. 바로 '국민의 정부'를 내세운 김대중(1998.2-2003.2) 정부다. 정권은 김대중 정부에 이어 같은 진보의 노무현(2003.2-2008.2) 정부, 이어 다시 보수인 이명박(2008.2-2013.2)과 박근혜(2013.2-2017.3) 정부로 넘어갔다, 2017년 진보인 문재인(2017.5-) 정부로 다시 넘어온다.

민주공화정 70돌을 맞는 대한민국 국민은 70돌의 절반 이상인 38년(이승만 12년+박정희 18년+전두환 8년=38년)을 독재적 절대권위주의 아래서 살았다. 물론 나머지 32년 중 일부도 독재라고는 할 수 없지만 상당히 권위주의적이었다. 정치철학 또는 정책이 아닌 특정 인물 중심으로 당이 나뉘고, 공천과 정치자금이 한 명의 보스에 의해 좌지우지되는 정당 또는 정권들이었기 때문이다. 하긴 '대통령'이라는 명칭부터가 매우 권위주의적이고 위압적이다. 큰 '대大', 거느릴 '통統', 거느릴 '령領'으로 '크게 거느리고 또 거느린다'는 의미다. 원래 말인 'President'는 전혀 위압적이지 않다. 'President'는 '회의를 주재한다'는 'preside'에서 나왔고, 'preside'는 'pre'와 'side'가 합해진 말로, 각각 '미리(pre)'와 '앉는다(sit)'는 의미다. 결국 원래 말인 'President'는 먼저 와서 앉아 회의를 주재하는 사람 정도의 평이한 의미다. 극히 민주주의적이다. 한국, 중국 그리고 일본 동북아 한자 문화권 삼국에서 'President'를 '大統領대통령'이라는 권위주의적 의미로 번역해 사용하는 나라는 우리나라밖에 없다.

민주정 역사 70년을 맞이하고 있지만 이 땅의 사람들은 38년 동안이나 왕정 때나 다름없는 정치 환경을 살았고, 그 나머지 32년 중 일부도 왕정까지는 아니지만 상당히 권위주의적이었다. 민주주의적·시민적 저항에는 상당히 익숙해져 있지만, 민주주의적·시민적 평등한 인간관계 인식이나 민주주의적·시민적 대통령은 아직도 낯설고 어색하다.

이 땅의 사람들이 제도는 민주정이지만 의식과 태도는 아직 상당히 왕정시대에 머물러 있는 것은 살펴본 대로 크게 세 가지 배경 때문이다. 일찍이 근세(1392-1876)에 자생적 자유주의 사상의 발아가 없었고, 근대(1876-1948)에 왕정을 주도적으로 청산하지 못했고 그리고 현대(1948-) 들어 대한민국 정부 수립 후 권위주의적, 심지어 독재적 정치 지도자들을 주로 보아왔고 또 그들이 만든 정치 환경 속에서 살아왔다. 이성적 의지로 노력하지 않으면 수평적 인간관계보다 수직적 인간관계가 더 편하고, 권위주의적인 사람에게는 미리 알아서 저자세를 취하면서 민주주의적인 사람은 만만하고 손쉽게 대하기 쉽다.

민주주의 실현에서 제도는 중요하다. 그러나 그 사회구성원의 의식과 태도는 더욱 중요하다. 아무리 훌륭한 제도를 도입하더라도 그 사회의 사람들이 권위주의적이면 그 사회는 여전히 신분제 왕정이다. A. 토크빌(1805-59)은 '왕정이 공화정으로 점차 변화하고 있을 때, 왕정의 실질적인 권한이 오래 전에 사라진 뒤에도 행정권은 왕정의 직위, 영예, 예의범절, 그리고 자금까지도 유지하고 있다. 영국인들은 한 사람의 왕의 목을 자르고 또 다른 왕을 퇴위시켜 추방시킨 뒤에도 그들의 계승자들에게 무릎을 꿇고서만 이야기하는 버릇을 아직도 지니고 있다'[21]라고 말했다

대한민국 사회가 그렇다. 제도는 민주정이지만 의식은 사회 구석구석 아직 왕정이다. 민주주의에는 협조적이고 권위주의에는 분노해야 한다. 민주주의자에게는 온화하고 권위주의자에게는 단호해야 한다. 그래야 당신의 자유와 평등이 온존되고 민주주의가 실현된다.

남북분단으로 인한 정치의 왜곡

대한민국과 북한은 남북분단 상황으로 70년간 심각한 정치 왜곡이 진행되어왔다. 정확히 말하면, 남북분단 자체가 아닌 남북분단을 자신 또는 자기 세력에 유리하게 이용하려는 일부 정치 독점 세력들에 의해 정치 왜곡이 발생했다. 그 결과 대한민국은 정치의 퇴행과 함께 민주주의의 실현 지체를 겪고, 북한사회는 아예 정치(정당정치) 자체가 실종되었다.

한국정치학회는 중앙일보와 함께 4년 단위로 국회의원들을 대상으로 정치이념을 조사한다. ①외교·안보, ②경제 그리고 ③사회 분야별로 각각 5개씩 15개 문항의 질문을 해 그 결과를 0(진보)-10(보수)으로 지수화하는 방식이다. 그런데 2016년 20대 국회의원들을 대상으로 한 15개 문항 내용을 살펴보면, 15개 질문 중 5개가 바로 북한 관련 내용이다. ①대북지원, ②외교·안보 정책 방향, ③국가보안법, ④정부의 개성공단 전면 폐쇄 결정, ⑤고고도 미사일 방어(THAAD) 체계 도입과 같은 내용들[1]이다. '북한을 어떻게 인식할 것인가?'와 같은 대對북한 인식이 국회의원의 보수 또는 진보 정치성향 형성에 크게 영향을 미친다는 이야기다.

우리나라의 특수 환경으로 가장 결정적인 것은 남북분단이다. 정치에 가장 영향을 미치는 요소 역시 당연히 남북분단이다. 남북분단이 남북 각각의 정치에 가장 중요한 요소라고 할 때 우리는 진지하게 질문을 던져볼 필요가 있다. '남북분단이라는 요소가 남과 북의 정치에 인과관계적·기계적으로만 단순히 영향을 미쳐왔을까?' 하는 것이다. 즉, ①남북한의 실상이 상호간에 실제 그대로 정확하게 인식되고, 또 ②정치인들이 정확한 남북 상호간의 현실 인식에 기초해 국민 이익·국민 행복 극대화라는 정치 원리에 충실히 각각 국가를 운영해왔을까 하는 의문이다.

상대방 실상을 정확하게 인식하지 못한 부분이 있었다면 그것은 곧 국민 이익·국민 행복의 저해로 이어졌을 터이고, 상대방을 정확하게 파악하고는 있지만 국민 이익·국민 행복 극대화가 아닌 정치인 자신들의 권력 유지와 기득권 유지를 위해 그것을 이용해왔다면 국민 이익·국민 행복은 심대한 훼손을 입어왔을 것이다. 국가규칙을 정하고 국가자원 배분의 우선순위를 결정하는 국회의원들이 북한의 실상을 제대로 모르거나, 알면서도 분단 상황을 자신들의 기득권 유지를 위한 수단으로 활용해왔다면 북한에 대한 잘못된 인식 또는 잘못된 의도는 그 의원의 정치성향이 되어 그대로 국가규칙과 국가자원 배분에 반영되었을 것이다. 행정수반인 대통령도 마찬가지다. 북한에 대한 실상을 제대로 파악하지 못하고 있거나, 제대로 파악하고 있지만 그 정보를 자신의 권력 유지에 왜곡 이용했다면 정치는 퇴보하고 국민의 권익은 큰 손상을 입었을 것이다.

우리 사회를 평가할 때 흔히 '경제는 일류, 정치는 삼류'라고 말한다. 우리 사회에서 가장 낙후된 분야가 바로 '정치'라는 이야기다. 경제는 세계 10위권을 넘보고 문화 한류는 이제 아시아도 좁아 세계로 달려가고 스포츠 한류 역시 국제무대를 주름잡는데, 왜 유독 '정치'만 아프리카의 어느 이름 모를 국가들과 비교되고 있는 것일까? 경제 우등생, 문화 우수생, 스포츠 일류가 왜 정치에서만은 열등생·지진아일까? 그것은 바로 세계 유일의 분단국가 상황을 자신의 권력, 자기 부류의 기득권 유지에 악용해온 일부 정치 세력이 있었기 때문이다. 그들의 탓이 크다.

남북 분단 전 사회주의의 등장과 그 흐름

———

광복 직후까지의 이 땅의 보수·진보 관계는 '새는 좌·우의 날개로 난다'는 의미 그대로였다. 방법이 달랐을 뿐 상호 대립과 균형 속에서 양쪽 모두 국민의 이익과 행복인 대한독립을 궁극의 목적으로 했다. 특정인 또는 특정 부류의 이익을 위해 상대를 정략적·사회파괴적으로 이용하지 않았다.

이 땅의 사회주의Socialism 역사는 1919년의 3·1 운동 이후 시작된다. 민족주의 독립운동의 한계, 윌슨의 민족자결주의(1차 대전 패전국인

독일과 오스트리아, 오스만투르크의 식민지 국가에만 해당. 일본은 승전한 연합국 측이었

음)의 허구성에 대한 실망, 1917년 10월 러시아 사회주의 혁명의 성

공 그리고 국내 민중의 저항 가열 등이 바로 1920년대 이 땅에 사회

주의가 들어오게 된 배경이었다. 바로 당시까지의 민족주의 대일 투

쟁 방식에 대한 또 다른 대안으로 등장한 것이 사회주의였다[2]. 재일

유학생들을 통해 국내에 알려지기 시작한 사회주의 사상은 1920년

김철훈 등이 결성한 러시아 연해주의 이르쿠츠크파 고려공산당과

1921년 이동휘에 의해 결성된 중국 상해의 상해파 고려공산당과 같

은 국외 사회주의운동 단계를 거쳐, 1925년 4월 17일 김재봉을 책

임비서(당수)로 하는 '조선공산당'의 등장으로 이 땅에 최초로 그 모

습을 드러낸다.

조선공산당은 코민테른으로부터 국내 최초로 정식 승인을 받

은 사회주의 정당이었다. 코민테른(Comintern: Communist International의

약칭. 제3인터내셔널이라고도 함)은 사회주의 혁명의 종조인 러시아의 레닌

이 각국의 사회주의 혁명을 지원하기 위해 1919년 모스크바에 설립

한 기구로, 1920년 제2차 코민테른 대회에서는 「민족·식민지 문제

에 관한 테제」를 주제로 채택해 극동의 피압박 민족문제에 대해 깊

은 관심을 보이기도 했다. 일제 및 봉건 세력 타도와 조선의 완전

독립을 위한 항일독립 투쟁의 새로운 세력으로 등장한 조선공산당

의 역사는 그리 오래 가지 못한다. 일제의 강화된 사상 탄압 때문이

었다. 조선공산당이 설립된 직후인 1925년 5월 12일 일제는 '국체國

體를 변혁하고 또는 사유재산 제도를 부인하는 것을 목적으로 하여 결사를 조직하거나 또는 그 정情을 알고서 이에 가입한 자는 십년 이하의 징역 또는 금고에 처함'(치안유지법 제1조)을 목적으로 하는 「치안유지법」을 도입·시행한다. '국체의 변혁'은 다름 아닌 '일본으로부터의 조선 독립을 위한 행위'를 의미했고, '사유재산 제도 부인'은 다름 아닌 '사회주의 사상'을 의미했다. 조선공산당은 설립된 지 7개월 만인 1925년 11월 22일 일명 '신의주 사건'으로 주요 간부들이 일제에 대거 검거되면서 당 조직이 붕괴되고 만다. 1925년 12월 조선공산당은 재건에 들어가지만 6개월 뒤인 1926년 6·10 만세운동 때 일제에 발각되어 다시 해체되고, 그 뒤로도 재건과 해체를 두 차례 반복하다 1928년 7월 이후에는 아예 다시 일어서지 못한다.

일제의 「치안유지법」에 궤멸된 '조선공산당'은 고려공산청년회(1925년 설립된 조선공산당 산하조직) 책임비서를 지냈던 박헌영의 주도로 1945년 8·15 광복 직후인 9월 11일 다시 부활한다. 30일 뒤인 1945년 10월 10일에는 김용범을 책임비서로 하는 '조선공산당북조선분국'이 북한에 설립된다. 조선공산당북조선분국은 서울의 조선공산당 중앙에 소속된 조직으로 북한의 공산주의 세력 대부분을 망라했다. 당시 북한의 주요 정치 세력으로는 동북지역을 근거로 무장투쟁을 전개해온 김일성 세력, 오기섭 등의 국내파 세력, 허가이 등의 소련 출신 세력, 김두봉 등의 중국을 거점으로 하는 조선독립동맹과 같은 공산주의 세력과 조만식의 민족주의 세력(조선민주당)이 있었다. 조선공산당북조선분국은 1945년 12월 17일 김일성을 분국의 책임비서로 선출한다. 김일성은 1946년 4월 당명을 '북조선공산당'으로 바꾸었다가 1946년 8월 '조선신민당'과의 합당을 계기로 다시 '북조선노동당(북로당)'으로 개칭한다. 남한 서울 조선공산당으로부터의 독립선언이었다. 남북한 한 국가에 두 개의 공산당이 존재하는 상황이 전개된다.

일제하의 조선공산당처럼 광복 후 재건된 조선공산당 역시 그리 오래 지속되지 못한다. 1945년 10월 20일 발생한 위조지폐 관련 조선정판사 사건으로 1946년 5월 이후 조선공산당 간부들에 대한 미군정의 대대적인 검거가 시작되면서 남한의 좌파 정당은 궤멸되기 시작한다. 책임비서(당수) 박헌영은 미군정의 검거를 피해 1946년 9월 5일 북한으로 넘어간다. 남한의 조선공산당은 북한 공산당의 세력 확대 및 '북조선노동당'으로의 독립에 대항키 위해 남한의 좌익 세력 결집에 나선다. 조선공산당은 1946년 11월 23일 여운형의 조선인민당, 백남훈의 남조선신민당과의 불완전한 통합을 통해 '남조선노동당(남로당)'으로 당을 개편하고, 박헌영은 북에 머문 상태로 남로당 부위원장 직위로 '박헌영 서한'을 통해 남로당 활동을 지도한다. 남로당은 1948년 8월 25일 북한의 '조선민주주의 인민공화국' 수립을 위한 총선거에 간접선거 방식으로 참여한다. 박헌영은 1948년 9월 9일 수립된 김일성 내각에 부수상 및 외상으로 참여한다. 남로당 세력은 약화 일로를 걷다 1949년 6월 30일 북한의 북로당에 합당된다. 북한에 '조선노동당'이 탄생한다. 오늘날 북한 정권의 바로 그 조선노동당이다. 1920년대 이후 해방정국까지 조선 사회주의운동의 중심에 서왔던 박헌영은 6·25 전쟁이 끝난 뒤 김일성의 남로당계 숙청 때 '정권전복 음모와 미제국주의를 위한 간첩행위 음모'로 체포된다. 그리고 1955년 12월 15일 처형된다.

남북분단 전 민족주의와 사회주의의 협력과 대립

———

1925년 조선에 사회주의 세력이 등장한 이후 민족주의와 사회주의 세력 사이에는 대립만 있지 않았다. 노선이 다를 뿐 궁극 목적은 모두 조선의 독립이었기 때문에 대립하면서도 끊임없이 좌우합작을 시도했다. 1919년 9월 6일 통합 출발한 상해 대한민국임시정부는 대통령에 이승만, 국무총리는 사회주의 세력의 이동휘였다. 민족주의와 사회주의 연합정부였다[3]. 1925년 11월 조선공산당이 신의주 사건으로 붕괴된 후 한 달 지난 12월 조선공산당을 다시 재건한 강달영은 민족주의계와 통합해 '국민당'을 만드는 것을 목표로 했다. 1926년 6·10 만세운동으로 다시 당이 해체되면서 미수로 끝나긴 했지만 조선 독립이라는 대의 앞에 노선 차이는 그리 중요한 것이 아니었다[4].

신간회 결성은 모범적인 좌우합작 사건이었다. 1926년 11월 사회주의 주요 세력을 망라하는 단체인 정우회는 대일 투쟁에 있어 '분파 투쟁의 청산, 사상단체의 통일, 타락하지 않은 민족주의 세력과의 적극적 제휴, 경제투쟁에서 정치투쟁으로 방향 전환'이라는 '정우회 선언'을 하고 우익 세력과 함께 '신간회'를 결성해 대일 공동투쟁에 나선다[5]. 좌우합작의 노력은 해방 직후까지도 이어진다. 여운형이 주도한 건국준비위원회에 의해 1945년 9월 6일 선포된 '조선인민공화국' 수립이 바로 그것이었다. 조선인민공화국은 주석 이승만, 부주석 여운형, 국무총리 허헌, 내무부장 김구 등 좌우 주요 인물들을 망라하고 있었다[6]. 미 군정의 인정 거부로 결국 해체되고 만 조선인민공화국은 이 땅의 통일국가 수립을 위한 좌우통합의 '부드러운 전환Soft Transition'의 마지막 기회였다. 이후 정국은 통일국가 수립을 향한 '딱딱한 전환Hard Transition'의 좌우통합 시도, 그리고 그 실패들로 이어진다. 그리고 그 실패는 민족상잔과 민족분단이라는 비극을 낳는다.

조선인민공화국 수립 실패 이후 좌우익은 격렬한 대립 상황에 돌입한다. 바로 1945년 12월 모스크바 3상회의의 5개년 신탁통치 결정을 기점으로 해서다. 우익의 이승만 계열은 신탁통치 반대와 남한 단독정부 수립을 주장한다. 좌익은 신탁통치 찬성과 남북 통일정부 수립을 주장한다. 신탁통치안을 둘러싼 좌우 대결을 '민족적 위기'로 판단한 여운형(중도좌파)·김규식(중도우파) 등은 1946년 7월 25일 '좌우합작위원회'를 구성해 통일국가 설립을 위한 좌우 입장 조절을 시도한다. 그러나 좌우합작위원회의 중도정부 수립 시도는 실패로 끝나고 만다. 신탁통치·토지개혁·친일파 처리 원칙에 대한 양측의 좁혀지지 않는 간극 때문이었다[7]. 미국의 한반도 정책이 '중도세력에 의한 통일정부 수립'에서 '남한 단독정부 수립'(미국 제안에 따라 1948.2.26일 UN이 결정)으로 바뀌고 남북문제가 유엔으로 넘어가자, 김구·김규식은 남한만의 단독정부 수립에 반대해 1948년 4월 북행을 강행, 김일성·김두봉과 남북협상을 시도한다. 민족상잔과 남북분단을 막기 위한 마지막 시도인 남북협상도 무위로 돌아간다.

남북분단과 남북한의 단독정부 수립

남한은 1948년 5월 10일 총선거 실시(대통령은 국회 간접선거로 국회에서 선출)와 1948년 8월 15일 '대한민국' 정부 수립으로, 북한은 1948년 9월 9일 '조선민주주의인민공화국' 수립으로 각각 제 갈 길을 간다. 한 민족 두 국가 분단의 역사가 시작된다. 1950년 6월 25일 김구가 마지막까지 막고자 했던, 그리고 여운형이 고뇌했던 민족상잔 6·25가 일어나고 1953년 7월 27일 UN과 북한 사이에 판문점 정전협정이 체결된다. 이후 오늘날까지 이 땅은 분단 상태를 지속한다.

대한민국과 조선민주주의인민공화국은 각각 단독정부수립주의자인 이승만, 김일성 정권으로 시작된다. 이승만이 드러난 단독정부 수립주의자라면 김일성은 교묘한 단독정부수립주의자였다. 김일성은 1931년 중국공산당에 가입해 동북항일연군 소속으로 항일무장투쟁을 하다 일본 관동군의 추격을 피해 1941년 이후 연해주에서 소련의 보호를 받는다. 1945년 9월 소련군과 함께 북한에 들어온 김일성은 1945년 10월 10일 조선공산당북조선분국의 창설을 주도하고, 1945년 12월 17일 조선공산당북조선분국 책임비서 자리에 오른다. 1946년 2월 8일에는 북조선임시인민위원회 위원장, 1947년 2월에는 북조선인민위원회 위원장 그리고 1948년 9월 9일에는 조선민주주의인민공화국 수립과 함께 내각 수상의 자리에 오른다. 정권 수립 후인 1949년 6월 30일에는 북조선노동당과 남조선노동당을 통합해 '조선노동당'을 결성하면서 중앙위원회 위원장 자리에 오른다.

국내 공산당 역사의 비주류로 4년 만에 공산국가 건설과 함께 정권 최고 자리에 오르는 데는 소련의 지원이 절대적이었다[8]. 소련과 김일성의 북한 단독정부 수립 의도가 드러난 것은 바로 1948년 1월 한반도 통일정부 수립의 총선 감시를 위한 UN한국임시위원단의 입북을 거부한 사건과, 1945년 10월 10~13일에 평양에서 개최된 '북조선 5도당책임자 및 열성자 대회'에서 발언한 김일성의 보고 내용에서다. 이 보고에서 김일성은 '북한 지역을 분리하여 먼저 공산화하고, 공산화된 북한을 기지로 삼아 남한까지 공산화해야 한다'[9]라고 주장한다. 미국의 지원 아래 선先 건국 후後 북진통일을 주장

하는 남한단독정부수립주의자 이승만이 남한의 정권을 잡았다면
[10], 소련의 지원 아래 북한을 먼저 공산화 후 남한까지 공산화를 기
도하는 또 실제로 그렇게 한 김일성이 북한의 정권을 잡았던 것이
다. 둘 다 이념과 방향만 다를 뿐 미국과 소련 양세력을 대리했고
평화통일론이 아닌 전쟁통일론이었고 민족 이익보다는 자기 정치
세력이 우선이었고 또 자기만이 절대 선, 상대는 악이었다.

여기서부터 남북한 현대 정치사의 왜곡은 시작되고 정치 발전의
역주행은 출발한다. 국민의 이익·국민의 행복이 아닌 자신의 권력,
자기 부류의 기득권 유지를 위해 상대를 그리고 분단 상황을 정략
적·사회파괴적으로 이용하는 정치 세력의 등장이 이어진다. 남한의
보수는 자신들의 권력과 기득권 유지에 방해가 된다면 누구에게나
친북·종북·좌경의 주홍글씨를 새겼다. 친북·종북·좌경 낙인은 남
한 보수 세력의 전가의 보도였다. 북한의 기득권 세력 역시 분단 상
황을 정권 유지 및 유일체제 강화에 이용한다. 자신의 권력 유지에
방해가 된다면 누구나 친미·반동 세력으로 몰아 숙청했다. 그 결
과, 남한 사회는 민주주의의 실현이 수십 년 지체되었고, 북한은 아
예 보수·진보의 대립 및 균형이라는 정치원리 자체가 실종되었다.

진보당 사건

———

이승만 정부는 정권이 출범하자마자 1948년 12월 1일 「국가보안법」을 제정한다. '국가의 안전을 위태롭게 하는 반국가활동을 규제함으로써 국가의 안전과 국민의 생존 및 자유를 확보함을 목적'(국가보안법 제1조①항)으로 하는 법으로, 북한 공산당원과 그 지지자들에게 적용되고 이들의 활동을 동조하거나 찬양 고무하는 자 등에게도 적용되는 법이다. 일제가 사회주의운동 등을 탄압하기 위해 만들었던 비슷한 목적의 「치안유지법」이 UN연합군 총사령부의 명령으로 폐지(1945년 10월 15일)된 지 3년 남짓 만이다.

이승만 정권은 민의원 총선을 4개월여 앞둔 1958년 1월 12일 및 14일 야당인 진보당의 주요 간부들과 당수 조봉암을 국가보안법 위반 혐의로 체포한다. '진보당'은 1952년 8월 5일의 제2대 대통령 선거와 1956년 5월 15일의 제3대 대통령 선거에서 이승만과 맞붙은 야당 대통령 후보 조봉암이 1956년 11월 10일 결성해 지방으로 지역당 조직을 확대해나가고 있는 중인 신당이었다. 조봉암은 간첩죄·국가보안법 위반 및 무기 불법소지 혐의로 기소되었다. 수사에는 검찰뿐만이 아니라 민간인에 대한 수사권이 없는 육군 특무대까지 불법적으로 동원되었다. 조봉암은 1958년 7월 2일 1심에서 간첩과의 접선 등은 사실이 아닌 것으로 밝혀져 징역 5년을 선고받는다. 수사당국이 거센 반발을 하고 우익의 반공청년단이 '조봉암을 간첩 혐의로 처벌하라'며 법원 청사를 난입하는 상황이 발생한다. 조봉암은 서울고등법원의 1958년 10월 25일 2심 재판(김용진 부장판사)에서 사형을 선고받는다. 1심에서 조봉암에게 불리하게 진술했던 양이섭이 2심에서 그것은 허위자백이었다고 피고에게 더 유리한 진술을 했음에도 불구하고 사형이 내려졌다. 재판부는 조봉암의 '평화통일론'이 국시國是에 위반된다는 등의 이유를 들었다. 3심은 1959년 2월 27일 재판장 김세완 등 5인의 대법관에 의해 이루어진다. 결과는 사형 확정이었다. 조봉암은 대법원 판결에 재심을 청구했고 대법원(재판장 백한성)은 1959년 7월 30일 이유 없음으로 기각했다. 재심 기각 다음날인 1959년 7월 31일 사형이 집행된다.

조봉암의 죽음 이후 평화통일론 등 통일정책에 대한 공개적 논의가 사라진다. 진보정치 역시 크게 위축된다. 50여 년이 지나 조봉암의 진보당 사건은 「진실화해를 위한 과거사정리위원회」의 권고로 다시 재심에 들어가게 되고, 2011년 1월 20일 대법원은 무죄를 선고한다[11].

인민혁명당 사건과 민청학련 사건

─────

5·16 군사쿠데타로 집권에 이르게 된 박정희 정권은 한일협정 체결 추진에 대한 학생들의 반대가 거세지자 1964년 6월 비상계엄령

을 선포한다. 같은 해 8월 14일 중앙정보부는 '인민혁명당(약칭 인혁당)' 사건을 발표한다. 북한의 지령을 받아 일부 진보 세력이 인민혁명당이라는 반국가단체를 만들어 대한민국을 전복하려 했다는 내용이었다. 혁신계 인사와 언론인, 교수, 학생 등 41명이 검거되고 16명이 수배되었다. 사건 기소를 담당한 서울지방검찰청 공안부는 증거가 불충분하고 중앙정보부의 조사과정에서 고문과 가혹행위가 있었다는 것을 확인한다. 우여곡절 끝에 서울고등검찰청의 재조사로 57명 피의자 중 13명만 기소되고, 적용 혐의도 '반국가단체 결성'에 관한 국가보안법 위반에서 '반국가단체 찬양·고무·동조'에 관한 반공법 위반으로 바뀐다. 1심에서 2명이 징역 3년·2년, 11명은 무죄를 선고받고, 2심에서는 피고 전원이 징역 1년 또는 징역 1년에 집행유예 3년 유죄를 선고받는다. 대법원은 2심 재판의 형량을 그대로 확정한다. 여기까지가 1차 인혁당 사건이다.

10년이 지난 1974년 4월 민청학련 사건(1974년 4월 박정희 유신정권에 의해 전국민주청년학생총연맹을 중심으로 한 180명이 긴급조치 위반으로 구속·기소된 사건)이 발생하자 1964년 1차 인혁당 사건 관련자들에 대한 구금 수사가 다시 시작된다. 1974년 5월 27일 비상보통군법회의 검찰부는 인혁당 재건위가 민청학련을 배후 조종했다며 도예종 등 23명을 내란 예비와 음모 등의 혐의로 기소한다. 같은 해 7월 11일 비상보통군법회의 선고공판에서 재판부는 군 검찰부가 구형한 대로 23명 중 8명에 대해 사형, 7명은 무기징역 그리고 나머지 8명에게는 징역

20년을 선고한다. 두 달 뒤인 9월 7일 비상고등군법회의 선고공판에서 8명과 7명은 비상보통군법회의 선고 그대로 사형과 무기징역을 선고받고, 나머지 8명은 4명씩 각각 징역 20년과 15년을 선고받는다. 1975년 4월 8일 대법원 전원합의체는 피고들의 상고를 기각하여 이들의 형량을 그대로 확정한다. 대법원 상고기각 판결이 확정된 다음날인 1975년 4월 9일 도예종 등 8명의 사형이 서울구치소에서 집행된다.

2002년 9월 「의문사진상규명위원회」는 재조사를 통해 인혁당 사건이 고문에 의해 과장·조작된 사건임을 밝히고, 사건 피해자들과 유족들의 재심 청구에 서울중앙지법은 2007년 1월 23일 사형이 집행된 8명에 대해 무죄를 선고하고, 2008년 1월 23일과 9월 18일 징역형을 받았던 다른 15명에 대해서도 무죄를 선고한다. 검찰의 항소 포기로 23명에 대한 무죄가 확정되었다[12].

김대중 내란음모 사건과 학림 사건 그리고 부림 사건

전두환 신군부 세력은 1980년 5월 17일 비상계엄조치를 전국으로 확대하면서 진보 세력 지도자인 김대중(제15대 대통령)을 비롯한 재야인사 37명을 내란음모, 국가보안법 및 계엄법 위반 등의 혐의로 구속·기소한다. 5·18 민주화운동이 '김대중이 대중을 선동해 민중

봉기와 정부 전복을 획책한 것'이라는 이른바 '김대중 내란음모 사건'이다. 김대중은 1980년 9월 17일 군법회의에서 사형을 선고받고, 1981년 1월 대법원에서 사형 확정판결을 받는다. 다른 재야인사들도 내란음모죄 또는 계엄법 위반 혐의로 모두 실형을 받는다. 김대중은 이후 정부로부터 무기징역, 징역 20년으로 감형을 받다 국제사회의 구명운동으로 수감 2년 7개월 만인 1982년 12월 병원으로 이송된 뒤 가족과 함께 미국으로 떠난다. 김대중을 제외한 '김대중 내란음모 사건' 관련자들은 2001년, 2003년 재심에서 무죄를 신고받는다. 김대중은 2004년 재심에서 무죄를 선고받는다[13].

군사쿠데타로 실권을 장악한 전두환 신군부 세력은 1981년 군사독재에 반대하는 전국민주학생연맹(전민학련)과 전국민주노동자연맹(전민노련)에 대한 탄압에 나선다. 이른바 '학림 사건'이다. 치안본부 대공분실은 이들 단체 관련자들을 영장 없이 불법 감금한 상태에서 전기고문 등으로 자백을 강요해, 민중봉기를 일으켜 사회혼란을 조성하려 한 혐의(국가보안법 위반 등)로 기소한다. 1982년 법원은 이태복에게 무기징역, 민병두 등 다른 관련자들에게 실형을 선고한다. 2010년 12월 30일 민병두 등 24명은 재심을 통해 28년 만에 무죄를 선고받는다. 재판부는 기존 재판부가 수사기관의 고문에 의한 허위자백을 기초로 선고를 했다며 권위주의 시대 재판부가 저지른 과오에 대해 용서를 구한다[14].

1981년 9월 전두환 군사정권 집권 초기, 부산지검은 부산지역 사회과학 독서모임 회원 22명을 '이적 표현물 학습'과 '반국가단체 찬양 및 고무' 혐의로 체포한다. 이른바 부산판 학림 사건으로 불리는 '부림 사건'이다. 독서모임이나 다방에서 몇몇이 모여 나눈 이야기들이 정부전복을 꾀하는 엄청난 음모로 부풀려진 것이다. 이들은 영장 없이 체포된 뒤 20~63일간의 불법 감금 상태에서 구타와 고문을 받으며 조사를 받는다. 국가보안법·계엄법·집시법 위반 혐의로 기소된 이들은 5~7년의 중형을 선고받고, 1983년 12월 전원 형집행정지로 풀려난다. 이때 이들을 무료 변론한 변호사가 바로 노무현(제16대 대통령 역임)과 김광일 등이다. 이들은 2009년, 2014년 재심을 통해 대법원에서 모두 전원 무죄 판결을 받는다[15].

강기훈 유서대필 조작 사건

노태우 정권 후반인 1991년 4월 명지대생 강경대가 시위 도중 경찰의 쇠파이프에 맞아 숨지는 사건이 일어난다. 이 사건에 항의해 전국민족민주운동연합(전민련) 사회부장인 김기설이 노태우 정권 퇴진을 외치며 서강대 건물 옥상에서 분신한다. 검찰은 김기설이 남긴 유서의 필적이 본인의 것이 아닌 전민련 총무부장인 강기훈의 것이라고 발표한다. 이른바 '강기훈 유서대필 조작 사건'이다. 강기훈은 유서를 대신 써주고 자살을 방조한 혐의로 1992년 7월 징역 3

년에 자격정지 1년 6개월을 선고받는다. 이 사건으로 민주화 세력은 도덕성에 치명상을 입는다.

17년이 지난 2009년 강기훈은 이 사건에 대한 재심을 신청한다. 그리고 6년 뒤인 2015년 5월 14일 유죄 선고 23년 만에 대법원으로부터 자살방조 혐의에 대한 무죄를 확정받는다. '강기훈 유서대필 조작 사건'은 1894년 프랑스에서 다른 사람의 필적을 증거로 유대인인 드레퓌스 대위를 간첩으로 몰았던 '드레퓌스 사건'에 비유되어 일명 '한국판 드레퓌스 사건'으로 남는다[16].

서울시 공무원 간첩 조작 사건

2012년 12월 19일 제18대 대선에서 박근혜가 대통령에 당선되고 임기가 아직 시작되기 전인 2013년 1월 국가정보원은 서울시청에 근무하고 있는 탈북공무원 유우성을 간첩혐의로 긴급 체포한다. 탈북자 정보를 북한에 넘긴 혐의(국가보안법) 등으로 유우성은 같은 해 2월 검찰에 의해 기소된다. 2013년 8월, 1심에서 유우성은 국가보안법 위반 혐의에 대해 무죄 판결(북한이탈주민 보호 및 정착지원법과 여권법 위반 혐의는 유죄)을 받는다. 검찰은 유우성의 '중국-북한 간 출입경 기록'과 '출입경 기록 정황설명서에 대한 회신', '허룽시 공안국이 선양 주재 한국 영사관에 발송한 공문' 3가지 서류를 보완 증거로 제시하며 항소한다. 그런데 항소심 재판에서 검찰이 증거로 제출한 중국정부 문서가 위조된 것이라는 의혹이 제기된다. 검찰이 증거로 제출한 3가지 서류에 대해 항소심 재판부가 중국 측에 진위 여부를 요청한 결과, 2014년 2월 중국 대사관은 3건 모두 위조된 것이라는 회신을 보낸다. 2014년 4월 유우성은 2심에서도 국가보안법 위반 혐의에 대해서는 무죄를 선고받는다. 고검은 대법원에 상고한다. 2015년 10월 대법원 역시 국가보안법 위반 혐의는 무죄로 판단한다. 이른바 '서울시 공무원 간첩 조작 사건'이다[17].

대한민국 70년 현대사에서 58년간 정권을 잡았던 보수 세력이 권력 유지, 기득권 유지를 위해 정치적 반대 세력 또는 평범한 시민들을 친북·종북·좌경으로 몰아 탄압하거나 국정 전환에 이용한 사례 중 몇 가지다. 민주주의, 자유, 인권과 같은 인류 보편적 가치들이 엄혹한 반공주의 앞에 모두 얼어붙어버렸다. 자유는 박해 아래 신음했고, 이성은 반역이 되고, 사람들은 생각하기를 두려워했다. 진보의 날개가 자랄 수가 없고, 정상적인 보수·진보의 민주주의적 대립과 균형의 정치가 작동할 수 없었다. 국민은 겁박과 조작된 위협에 긴장했고, 진보 세력에 대한 사회적 인식은 왜곡되었다. 대한민국 정치는 뒷걸음질쳤다.

북한식 사회주의 주체사상과 3대 세습

———

북한 집권 세력의 이른바 자기들 입장에서의 불순 세력에 대한 탄압 및 일반 주민에 대한 억압의 심각함은 이미 국제사회에 널리 알려진 바다.

김일성은 1948년 9월 9일 '조선민주주의인민공화국' 수립과 함께 수상 자리에 오르고, 1949년 6월 30일 남북의 '남조선노동당'과 '북조선노동당'을 통합, '조선노동당'을 결성해 중앙위원회 위원장에 오른다. 그리고 1994년 7월 8일 사망 때까지 46년간 1인 지배체제를 굳혀간다. 1인 지배체제는 아들 김정일로, 그리고 다시 손자 김정은으로 3대 세습된다.

1950년대, 김일성은 자신의 1인 지배체제 기반을 구축한다. 6·25 남북상잔을 일으켜 남북분단을 공고화하고, 전쟁 후 박헌영(1955년 처형) 등 남로당 계열 공산주의자들을 제거함으로써 자신의 정치적 통제력을 강화한다. 전후 복구 과정에서는 천리마운동과 농업협동화정책 등을 펼쳐 사회 통제력을 강화한다. 그리고 1956년 8월 조선노동당 전원회의에서 권력 내 계파 간 대립과 갈등이 표면화(8월 종파사건)되자 '반종파투쟁'을 전개, 연안파와 소련파 등 반대파들을 제거함으로써 1인 지배체제 기반을 닦는다.

1960년대, 김일성은 정치적·사상적 기반 강화에 들어간다. 1955년 12월 28일 당 선전선동원대회에서 김일성이 최초로 언급한 '주체' 개념은 북한의 실정에 맞는 '북한식 사회주의'의 혁명·건설 개념으로 시작해, 1966년 10월 조선노동당 중앙위원회 제4기 14차 전원회의와 1970년 11월 노동당 제5차 대회를 계기로 김일성 유일체제 구축을 위한 지배 권력의 통치 담론으로 바뀌어간다. 즉 마르크스·레닌주의의 북한식 적용 개념으로 시작해, 마르크스·레닌주의를 대체하는 북한 조선노동당의 유일 지도사상으로 발전한다. 그리고 그 과정의 중심에 1인 독재체제 및 세습의 공고화가 자리 잡는다.

1970년대부터 1994년 사망 때까지 김일성은 1인 지배체제의 확립·강화와 함께 세습체제를 구축한다. 1972년 12월 27일 「조선사회주의헌법」 제정을 통해 수상보다 강력한 권한을 가진 국가주석 자리를 신설해 주석에 취임하고, 1974년 2월 당 5기 8차 전원회의에서는 혁명 1세대들의 제의에 의해 김정일이 김일성의 후계자로 추대된다. 1977년에는 국가 공식이념을 마르크스·레닌주의에서 '주체사상'으로 변경한다. 1980년대 들어 '혁명위업을 대를 이어 끝까지 완수'할 것을 강조하기 시작하면서 국내 일은 김정일, 통일과 외교는 김일성 자신이 주로 관장한다. 1992년 김일성은 아들 김정일을 원수로 추대하고, 1993년에는 국방위원회 위원장직을 물려준다. 김일성은 김영삼 대통령과의 남북정상회담 개최를 합의한 상황에서 1994년 7월 8일 심장마비로 사망한다.

20년간(1974-1994)의 승계 작업을 거쳐 김일성의 권력을 세습한 김정일은 남북분단 52년 만인 2000년 김대중 대통령과 남북정상회담을 갖고 이어 2007년 노무현 대통령과 정상회담을 갖는다. 그리고 다른 한편으로, 2006년과 2009년 두 차례에 걸쳐 핵실험을 강행한다. 김정일은 2008년 뇌졸중이 발병한 뒤 2009년부터 아들 김정은에 대한 후계 승계 작업에 들어간다. 김정은은 2010년 9월 27일 인민군 대장 칭호를 받고, 다음날 개최된 제3차 노동자대표자회와 노동당 중앙위원회 전원회의에서 조선노동당 중앙군사위원회 부위원장과 정치국 위원에 선임된다. 2011년 12월 17일 김정일이 심근경색과 심장 쇼크로 사망하자 권력은 아들 김정은으로 세습된다. 북한의 맹방인 중국과 러시아가 김정은의 지도체제를 공식 인정한다. 3대 세습이 완성된다. 정권을 물려받은 지 1년이 안 된 2012년 7월 김정은은 원수 칭호를 받으며 북한군 최고 계급에 오른다. 당·정·군 장악으로 권력 구축을 마무리한다[18].

'조선민주주의인민공화국' 현대사 70년은 마르크스·레닌주의의 사회주의 국가 추구로 시작해 주체사상에 입각한 세습왕정체제 구축으로 마무리되고 있다. 국명인 '조선 민주주의 인민 공화국'에서의 '민주주의', '공화국'은 구호일 뿐 인민(People)이 주권을 가지고 정치 지도자 그리고 국가운영 규칙을 결정하는 민주주의·공화정은 그 어디에서도 찾아볼 수 없다. 그냥 왕정, 그것도 세습왕정일 뿐이다. 북한의 70년 현대사는 다름 아닌 세습왕정을 완성해가는 과정이었다. 그리고 그 과정은 숙청의 연속이었다. 야당이 있을 수 없었고, 보수와 진보의 견제와 균형이 있을 수 없었다. 정치의 실종이자 봉건제 왕정으로의 퇴행이었다.

남북한 정치의 왜곡과 퇴행

————

　대한민국과 북한은 남북분단 상황으로 70년간 심각한 정치 왜곡이 진행되어왔다. 정확히 말하면, 남북분단 자체가 아닌 남북분단을 자신 또는 자기 세력들에게 유리하게 이용하려는 일부 정치 독점 세력들에 의해 정치 왜곡이 발생했다. 그 결과 대한민국은 정치의 퇴행과 함께 민주주의의 실현 지체를 겪고, 북한사회는 아예 정치(정당정치) 자체가 실종되었다. 정치의 퇴행과 민주주의의 실현 지체는 자유의 억압과 함께 사회 갈등의 확대 및 분열의 고착화를 가져오고, 정치의 실종은 인민의 빈곤과 함께 인민에 대한 심각한 인권 침해(UN 인권결의안에 의해 14년 연속 인권 개선을 요구받고 있음)를 가져왔다. 북한은 '조선민주주의인민공화국'이라는 국명 그대로 '민주주의' 및 '공화정' 제도와 정신을 다른 수식어 없이 그대로 실현해야 한다. 민주주의와 공화정의 실현, 즉 그 사회구성원에 의해 사회규칙이 결정될 때 그 모든 과정과 결과는 정당화될 수 있다. 그것이 사회주의든 자본주의든.

　대한민국은 1980년대 후반 이후 민주주의가 앞으로 나아가기 시작했지만 일부 보수의 자신들의 마음에 들지 않은 세력에 대한 북한 낙인찍기는 아직도 여전히 계속되고 있다. 분단 상황을 왜곡 이용하려는 구태의 보수 세력이 아직도 왕성하게 움직이고 있는 것이다. 북한 체제가 수백 년 전의 봉건시대 세습왕정체제로 역주행하고, 주체사상이 궁극적으로 1인 독재체제를 지향하는 사상체계라는 것이 만천하에 드러난 상황에서 민주주의 사회에 사는 사람 중 북한의 정치체제를 추종할 사람은 없다. 혹시라도 일부 보수가 주장하는 북한의 그런 정치체제에 동의하는 진짜 종북, 진짜 친북 또는 진짜 주사파가 있다면 그 사람은 필경 의식이 이직 조선시대에 머물러 있는 사람이다.

국가가 발전하고 민족이 융성하려면 정치도 발전해야 한다. 정치가 삼류라는 이야기는 다름 아닌 정치가 이 나라 다른 모든 분야의 발전에 제약 요소Bottle neck로 작용하고 있다는 이야기다. 정치인만 잘 하면 이 나라가 금방 선진국으로 도약할 것이라는 이야기는 바로 그런 의미다. 때마침 경직된 분단 상황이 부드러운 분단 상황으로 전환되고 있는 중이다. 더 이상 분단 상황이 개인의 권력과 일부 세력들의 이익에 왜곡 이용되어서는 안 된다. 더 이상 정치가 대한민국, 나아가 한반도 발전의 발목을 잡아서는 안 된다.

보수의 자격 vs. 진보의 자격

정치는 좌나 우를 추구하는 것이 아닌, '옳은 것'을 추구하는 것이다. 그 '옳은 것'은 바로 국민의 이익과 행복 그리고 인류의 보편적 가치 실현 이다. 따라서 '같은 현실'에 발을 딛고 국민의 이익·행복과 인류의 보편 가치 실현이라는 '같은 목적'을 추구할 때, 보수·진보 간에 이견은 있을 수 있지만 갈등은 사실 그리 클 까닭이 없다. 그렇다면 현실의 보수·진 보 간 깊은 갈등은 왜일까?

우리나라 보수가 추구하는 핵심 가치는 '자유민주주의'다. 그리고 진보가 추구하는 가치는 '평등·복지민주주의'다. 보수의 '자유'와 진보의 '평등'은 각각 '자본주의'와 '사회주의' 경제체제를 의미한다. 우리나라 보수의 '자유민주주의'에서의 '자유'를 '경제활동의 자유' 가 아닌 '정치적 자유'로 해석하기도 하는데, 그것은 '자유주의'의 역 사적 배경이나, 우리나라에서 '자유민주'라는 용어의 출발 배경 그 리고 '자유민주주의'라는 용어 자체 논리상 설득력이 약하다.

우리나라 보수에 있어 '자유'의 의미

────

첫째, 프랑스혁명을 불러온 자유주의는 왕정·귀족정의 종식을 가져오고 '경제적 자유'인 '자본주의'와 '정치적 자유'인 '민주주의'를 낳긴 했지만, 그중 민주주의는 자유주의의 필연적인 자가발전 결과이지 자유주의 세력이 적극적으로 추구한 결과가 아니었다. 자유주의 주도 세력인 부르주아가 원했던 것은 왕·귀족들에 대한 자신들과의 신분 차별 폐지였지, 일반 노동 계급과 자신들이 평등해지는 것은 아니었기 때문이다. 즉, 혈통적 신분제를 없애자는 것이지 화폐적 신분제를 부정하는 것이 아니었다.

둘째, 우리나라 헌법에서 '민주' 앞에 '자유'를 덧붙인 '자유민주적'이라는 용어는 1972년 12월 27일 발효된 '유신헌법' 전문에 처음 등장한다. 유신헌법을 만든 박정희 정권은 신체의 자유(헌법 제12조①항)를 포함한 사생활의 비밀과 자유(헌법 제17조), 양심의 자유(헌법 제19조), 언론·출판의 자유와 집회·결사의 자유(헌법 제21조①항), 학문과 예술의 자유(헌법 제22조①항) 등 헌법상의 자유를 가장 억압했던 정권이다. 박정희 정권 이후, 인권이 유린되고 시민의 자유가 제약받던 시기 역시 주로 보수 정권 때다. 따라서 우리나라 보수가 말하는 '자유민주주의'에서의 '자유'는 '정치적 자유'일 수 없다.

셋째, '자유'가 '정치적 자유'라고 할 때 '자유민주주의'라는 말은 과잉 용어가 될 수 있다. 왜냐하면 '민주주의'라는 개념 자체에 이미 정치적 자유가 충분히 포함되어 있기 때문이다. 민주주의는 '국가의 주권이 국민에게 있고 국민을 위하여 정치를 행하는 제도, 또는 그러한 정치를 지향하는 사상'[1]이기 때문이다. 민주주의 앞에 '한국식 민주주의'나 '인민민주주의'와 같이 무엇인가 붙는 것은 군더더기이고 민주주의에 대한 왜곡 의도일 뿐이다.

따라서 '자유민주주의는 보편적 참정권, 자유·평등선거를 바탕으로 한 대의민주주의, 그리고 시민권을 보장함으로써 파시즘과 구별된다. 또 다당제를 통해 일당 독재를 부정하고 자유시장경제의 가치를 존중해 공산주의와 구별되는 게 자유민주주의다'[2]라는 주장과 같이, '자유민주주의'에서 '자유'를 빼면 마치 큰일이라도 날 것처럼 말하는 것은 지나친 억지다. '자유'를 뺀 그냥 '민주주의'여도 이 주장은 충분히 성립된다. 만에 하나 그냥 '민주주의'로는 이 주장이 성립되지 않는다면 그것은 우리가 지금까지 민주주의를 잘못 배워왔거나 우리가 배운 민주주의와 또 다른 개념의 민주주의가 있다고밖에 생각할 수 없다. 이 주장에서 의도하는 것은 결국 '민주주의'이되, 주장 뒷부분에 나오는 것처럼 '자유시장경제', 즉 '자본주의적' 민주주의가 아니면 안 된다는 이야기다. '국민이 결정할 권리를 가진다'(민주주의)라고 하면서 단, 그 결정된 경제체제는 '사회주의'이거나 '사회주의의 불순물(?)'이 섞인 자본주의'(혼합경제)가 아닌 '자본주의', 즉 '순수자본주의'여야 한다는 것이다.

따라서 우리나라 보수가 추구하는 '자유민주주의'는 '자본주의적 민주주의' 또는 '시장경제적 민주주의'이다. 민주주의의 종주국인 미국이나 프랑스 헌법에도 '자유민주주의Liberal Democracy'라는 말은 없다.

보수의 자격

자본주의의 핵심은 '경쟁을 통한 자유로운 경제활동'과 '재산의 개인 소유'다. 우리나라 보수가 원하는 '자유민주주의'에서의 '자유', 즉 자본주의적·시장경제적 사회를 만들기 위해서는 두 가지가 필수다. 하나는 '경제활동의 기회 평등', 그리고 다른 하나는 '지속적인 자본주의체제 유지' 둘이다. '경제활동의 기회 평등'이 보장되지 않으면 '경쟁을 통한 자유로운 경제활동'이 불가능하고, '지속적인 자본주의체제 유지'가 보장되지 않으면 '재산의 개인 소유' 지속이 불가능해진다. 따라서 보수라면 '경제활동의 기회 평등'을 원칙으로 하고, '지속적인 자본주의체제 유지'를 궁극의 목적으로 한다. 두 가지에 충실한 것이 이 나라 보수의 자격이다.

첫째, '경제활동의 기회 평등'을 실현하기 위해서는 어떻게 해야 할까? 기회 평등의 대 전제조건은 다름 아닌 '준법'이다. 자유로운 경쟁에 참여하는 이라면 누구나 법을 준수해야 한다. 일부가 경쟁 원칙인 법을 지키지 않으면 그것은 공정한 경쟁이 될 수 없고, 돈이 많거나 영향력이 크다고 무시로 법을 무시하면 그 사회는 국가 형성 이전의 원시자연 상태가 되고 만다. 국가 공권력이 무력화된 동물의 왕국이다. 자본의 힘으로 탈세, 법인재산의 횡령, 국가 권력의 사유화 등의 범법을 저지르거나 그런 것을 용인한다면 그것은 자본주의의 근간을 무너뜨리는 행위이고 자유민주주의에 대한 정면 도전이다. 보수라면 당연히 국가 존재 자체를 부정하고 자본주의의 기초를 무너뜨리는 그런 범법 행위를 용인해서는 안 된다. 그래야 국가도 살고 '경쟁을 통한 자유로운 경제활동'도 계속 보장될 수 있다.

준법의 적은 사적 영역만이 아닌 공적 영역에도 있다. 판관 입장인 국가 권력이 앞장서 경쟁의 공정을 무너뜨리는 경우다. 거대한 자본을 대할 때 쓰는 잣대와 일반 시민을 대할 때 쓰는 잣대가 다른 경우다. 진정한 보수라면 이런 일부 국가 권력의 법 무용화, 국가 시스템의 무력화 행태에 분노하고 저항해야 한다. 법이 공정을 잃고 국가 시스템이 무너지면 보수가 지키고자 하는 '경쟁을 통한 자유로운 경제활동'도 국민 행복의 최종 보루로서의 국가도 더 이상 존재할 수 없다.

'경제활동의 기회 평등'을 위해 또 하나 챙겨야 할 것은 '올바른 법'의 추구다. 자본주의의 종조인 아담 스미스는 《국부론》에서 '보이지 않는 손An Invisible Hand'[3]을 말했다. 부자가 되고자 하는 개인의 이익 추구를 사회적 풍요로 연결하는 '보이지 않는 손'이다. 얼

핏, 자본주의가 신의 섭리라도 되는 듯한 착각을 일으키게 하는 바로 그 '보이지 않는 손'이다. '보이지 않는 손'은 사실 '보이지 않는 손'이 아니다. '보이는 손A Visible Hand'[4]이다. 바로 사회규칙인 '법'이 그것이다. 법이 어떻게 되어 있느냐에 따라 개인의 이익 추구가 사회적 선善이 될 수도 있고, 반대로 사회적 악惡이 될 수도 있다. 대기 오염을 일으키는 사업체의 이익 추구는 사회적으로 악이 된다. 열심히 생산활동을 하면 할수록 시민들의 고통은 커진다. 이때 이 기업에 오염 제거시설을 의무화하는 법을 도입하면 기업의 이익 추구는 사회 번영과 궤를 같이 하게 된다. 보수라면 자본주의의 종조 아담 스미스의 강력한 메타포인 '보이지 않는 손'이 정상적으로 작동되도록 해야 한다. 공공의 이익을 해치는 기업활동 또는 상품을 허용하는 법이 있다면, 다투어 앞장서 아담 스미스의 자본주의 교리에 정면 도전하는 그런 반자본주의적 법 개정에 적극 나서야 한다. 그래야 '보이지 않는 손'이 신의 섭리처럼 작동하고 보수의 자유민주주의가 추구하는 자본주의가 제대로 돌아갈 수 있다.

기회는 선택이고, 선택에는 책임이 따른다. 자유가 없었던 봉건 시대에는 자유가 없는 대신 어느 정도의 보호가 있었다. 농촌의 장원제가 그랬고 도시의 길드제가 그랬다. 자유와 책임, 종속과 보호는 균형의 원칙에 합당하다. 자본주의는 '경쟁을 통한 자유로운 경제활동'이다. 좋은 결과든 나쁜 결과든 자신이 선택한 이상 그 모든 원인과 책임은 자신에게 돌려야 한다. 따라서 진정한 보수는 '선택과 책임', '자유와 의무 간의 균형' 의식을 갖춘다. 보수는 선택과 자유만 누리고 책임과 의무를 회피하는 것을 극도로 혐오한다. 자신의 삶은 스스로 책임지고 자신의 상황을 남 탓 사회 탓으로 돌리지 않는다. 스스로를 책임지는 것, 그것이 보수의 기본이자 보수의 자긍심이다.

두 번째, '지속적인 자본주의체제 유지'를 위해서는 어떻게 해야할까? 자본주의를 지키기 위해서는 먼저 지켜야 할 대상인 자본주의가 '무엇인지'를 알아야 한다. 그리고 그것을 추구하고 감수해야 한다. 그 '무엇인지'는 구체적으로 자본주의의 장점과 단점이다. 자본주의의 장점과 단점이 사회주의의 장점·단점보다 인간을 더 행복하게 하고, 또 인간을 더 인간답게 만드는 데 적합하다는 확신이 설 때 사람들은 진실로 자본주의를 원하게 된다. 자본주의의 장점은 '물질적 풍요'이고 단점은 '경쟁의 고통'이다. 물론 물질적 풍요는 끊임없는 '치열한 경쟁' 즉 '경쟁의 고통'에서 나온다. 사회주의의 장점은 '정신적 편안함'이고 단점은 '빈곤의 평등'이다. 그리고 그 정신적 편안함은 다름 아닌 사유재산과 경쟁을 배제한 공동생산 공동분배에서 온다.

인간은 본성적으로 이기적이다. 될 수만 있다면 '물질적 풍요'와 '정신적 편안함'의 환상적 조합을 원한다. 바로 자본주의의 장점과 사회주의의 장점만 가지길 원한다. 그런데 아쉽게도 세상에 이런 조합은 존재하지 않는다. '물질적 풍요'는 '경쟁의 고통'의 결과이고, '정신적 편안함'은 그 반대인 '경쟁의 고통의 배제'로부터 나오기 때문이다. 자본주의와 사회주의는 각각 'Two in One' 상품이다. 자본주의는 '물질적 풍요+경쟁의 고통', 사회주의는 '정신적 편안함 +빈곤의 평등' Set 상품이다. '물질적 풍요'를 선택하면 치열한 경쟁과 경쟁의 고통이 딸려오고, '정신적 편안함'을 선택하면 개인 소유의 포기와 빈곤의 평등이 자동으로 딸려온다. 인간은 자유로운 경제활동의 자유가 허용되면 보다 더 많은 것을 소유하기 위해 탐욕을 부리고, 반대로 완벽한 분배의 평등 조선에서는 고통을 줄이기 위해 게으름을 피운다. 그래서 순수자본주의는 탐욕으로 무너지고, 사회주의는 빈곤으로 붕괴한다. 1930년대 대공황이 순수자본주의의 한계이고, 1990년 전후의 소련 해체와 동유럽 공산권의 붕괴가 바로 강한 사회주의의 종말이다.

인간은 이기주의에 더해 자기실현을 추구한다. 물질만이 아닌 가치와 의미도 추구하는 것이 인간이다. 가치와 의미 추구는 자유와 궁합이 맞다. 자본주의가 사회주의보다 장점이 더 많은 이유다. 보수는 자본주의체제 유지를 원한다. 그렇다면 물질적 풍요만이 아닌 물질적 풍요를 낳은 치열한 경쟁과 그 결과인 경쟁의 고통까지 감수해야 한다. 아울러 개인의 자기실현을 통한 가치와 의미 추구가 가능한 사회를 추구해야 한다. 그것이 보수의 자격이다.

자본주의는 필연적으로 부익부빈익빈을 초래한다. 그리고 동서양을 막론하고 부익부빈익빈의 극단은 언제나 혁명이었다. 보수가 진실로 원하는 것은 그냥 자본주의가 아닌 '지속가능한 자본주의'이다. 오늘만 자본주의이고 내일은 자본주의 아닌 다른 그 어떤 것이어서는 안 된다. '지속가능한 자본주의'의 확보 비결은 다름 아닌 부익부빈익빈의 지나친 심화를 미리 막는 것이다. 가난한 이들의 혁명을 막는 것이다. 막는 방법은 두 가지다. 하나는 제도를 통해, 다른 하나는 자본가들의 자발적 양보를 통해서다.

'지속가능한 자본주의'를 담당하고 있는 대표적 국가기관은 공정거래위원회다. 공정거래위원회는 기업들의 독과점 및 불공정 거래를 막는 역할을 한다. 바로 자본주의의 장점인 '물질적 풍요', 즉 '품질은 뛰어나면서 가격은 낮은 상품'의 원천인 '치열한 경쟁' 상태가 계속 공정하게 유지되도록 하는 것이다. 공정거래위원회가 없다면 자본주의 시장은 거대 자본에 의해 필연적으로 독점 상태로 가고 만다. 경쟁 없는 독점 기업은 품질 향상과 원가 절감에 더 이상 최선을 다할 필요가 없다. 그 결과, 소비자는 '낮은 품질의 값비싼 상품'을 소비할 수밖에 없게 되고, '물질적 풍요'는 사라진다. 사회주의에 대한 자본주의의 강력한 장점이 바로 '물질적 풍요'인데 그 '물질적 풍요'가 사라지는 것이다.

그런 사회는 더 이상 자본주의가 아니다. 다른 크고 작은 자본이 모두 사라지고 국가를 위협할 정도의 거대 자본 하나만 남은 상태는 '○○공화국', 아니 '○○왕국'이 된다. 부익부빈익빈이 극단에 이른다. '생산수단의 집중과 노동의 사회화는 마침내 그 자본주의적 외피와 양립할 수 없는 점에 도달한다. 자본주의적 외피는 파열된다. 자본주의적 사적 소유의 조종이 울린다. 수탈자가 수탈당한다[5]라고 마르크스가 경고했던 바로 그 시점의 도래다. 동서양 인류 역사에서 숱하게 보아왔던 바로 그 혁명이다. 보수가 가장 원하지 않는 상황이다. 공정거래위원회는 보수의 보루다. 바로 '자본주의의 지킴이'다. 자본주의를, 그리고 사회주의를 올바르게 이해하고 있는 보수라면 공정거래위원회와 같은 존재가 있다는 것을 천만다행으로 여겨야 한다. 그리고 공정거래위원회는 보수의 '지속가능한 자본주의'를 위해 철저하게 독과점을 규제하고 불공정거래를 엄단해야 한다.

부익부빈익빈의 심화를 막는 두 번째 방법은 기업들의 자발적 양보를 통해서다. 즉 분배를 통해서다. 분배를 나타내는 대표적 지수는 '노동소득분배율'이다. 기업이 1년간 생산한 부가가치 중 노동자에게 급여 등으로 지급되는 금액의 비율이다. 즉 노동과 자본의 분배 비율이다. 고용노동부는 '2018년 통계로 보는 우리나라 노동시장의 모습'에서 2016년 현재 우리나라 노동소득분배율을 63.3%로 발표했다. 지속적으로 높아지고는 있지만 아직도 OECD 28개국 중 21번째로 하위권이다. 반면에 노동시간은 28개국 중 멕시코 다음 두 번째로 장시간이다. OECD 28개국 전체 평균 노동소득분배율은 67.0%이고, 28개국 중 상위 10개국 평균은 73.8%이다. 우리나라의 노동소득분배율은 OECD 전체 평균에 비해서는 3.7%, 상위 10개국 평균에 비해서는 10.5%나 낮다. 2017년 현재 국내총생산GDP 세계

12위, 2017년 및 2018년 수출 세계 6위 등의 우리나라 경제규모를 고려하더라도 낮은 분배율이라 할 수 있다.

마르크스가 잉여가치론을 통해 노동자 몫에 대한 자본가의 '착취'를 주장했지만 사실 어느 정도가 노동자의 정당한 몫, 즉 공정한 임금인가에 대한 정답은 없다[6]. 최후의 고전파 경제학자인 J. S. 밀(1806-1873)이 '지주와 자본가와 노동자가 각각 생산물을 얼마만큼씩 나누어 가져야 하는가를 결정하는 것은 인간의 윤리도덕'[7]이라고 말한 것처럼, 결국 임금은 생산요소를 제공한 경제주체들 간에 결정되어야 할 일이다. 자본가가 국가는 아니다. 그러나 자본주의의 주역이긴 하다. 또 '지속가능한 자본주의'를 가장 필요로 하는 이들이기도 하다. 임금은 생계유지 및 최소한의 문화생활이 가능한 수준이 되어야 한다. 생계가 위협받는 사람들이 늘어나면 '지속적인 자본주의체제 유지'도 위협받는다. 진정한 보수라면 마땅히 어떻게 하면 사람들의 '생계유지 및 최소한의 문화생활'이 가능할 수 있을까에 대한 실천적인 고민이 있어야 한다. 그런 진지한 고민이 없다면 그는 보수가 아니다. '지속적인 자본주의체제 유지'에 대한 위협이 커져가고 있는데도 그냥 나 몰라라 하고 있다면 그를 어떻게 진정한 보수라 할 수 있겠는가?

보수는 '경제활동의 기회 평등'을 원칙으로 삼고, '지속적인 자본주의체제 유지'를 목적으로 삼는다. '경제활동의 기회 평등'을 위해서는 법을 준수하고, 사회에 해악을 끼치는 기업과 상품을 증오하고, 자유와 책임 간의 균형 의식을 가져야 한다. 또한 '지속적인 자본주의체제 유지'를 위해서는 물질적 풍요뿐만이 아니라 경쟁의 고통까지 받아들이고, 빈부격차가 혁명 상황으로까지 악화되지 않도록 공정한 경쟁과 윤리적 분배를 실행해야 한다. 그것이 보수의 자격이다.

진보의 자격

———

그렇다면 진보의 자격은 무엇일까?

우리나라의 진보가 추구하는 가치는 평등이다. 그러나 그 평등이 마르크스의 '각자는 능력에 따라, 각자에게는 필요에 따라!'[8]와 같은 '공산주의 사회의 더 높은 단계'나 분배의 절대평등은 아니다. 사회주의의 종주국인 소련이 '공산주의 사회의 더 높은 단계'는 고사하고, 그 전 단계인 '공산주의 사회의 첫 번째 단계'까지 갔다 유턴한 상황에서 소련형 사회주의는 더 이상 사회주의 모델이 될 수 없기 때문이다.

북한식 평등은 처음부터 논외다. 경제체제는 사회주의, 정치체제는 민주주의를 표방하지만, 사회주의는 식량자립 자체가 어려울 정도로 이미 파탄 났고, 정치체제는 민주정이 아닌 왕정으로 퇴행했기 때문이다. 우리나라 진보의 평등은 다름 아닌 자본주의 시스템이 낳은 지나친 불평등을 완화하는 평등이다. '경제활동의 기회 평등'이 가져올 수밖에 없는 빈부격차를 복지 제도를 통해 완화하는 평등이다. 바로 유럽식 사회주의이다.

평등은 4단계로 생각해볼 수 있다. '기회의 평등', '노력의 평등', '결과의 평등' 그리고 '자존감의 평등' 넷이다.

첫째, '기회의 평등'은 다름 아닌 '경제활동의 기회 평등'이다. 기회의 평등은 평등의 기본이자 대전제다. 기회의 평등이 먼저 전제된 다음 그 결과를 뒤의 다른 평등들이 보완한다. 기회의 평등이 기본인 것은 기회의 평등이 인간의 본성인 이기주의에 근거할 때 가장 객관적이고 개인의 성취와 사회 발전의 원동력이기 때문이다. 기회의 평등이 없는 곳에 인간의 잠재력은 꽃필 수 없고 사회 발전 역시 기대할 수 없다. 진보의 평등 주장도 사실 상당 부분은 이 기회의 평등에 대해서다. 사회적 불공정을 문제 삼을 때 그 불공정의 대부분은 이 기회의 불평등이다. 기회의 평등만 제대로 이뤄져도 혁명의 위험은 물론 사회적 갈등도 대폭 줄어든다. 기회의 평등이 공정하게 이뤄진다면 이후 다른 평등의 역할은 크게 줄어든다.

진보의 자격은 이 '기회의 평등'을 실천하는 것에서부터 시작된다. 약자 입장이었을 때는 기회의 평등과 공정성을 부르짖다가 그 반대의 기득권 입장으로 바뀌면 특별대우를 요구하고 스스로 공정성 훼손에 나선다면 그것은 진보가 아니다. 기회주의적 태도로 진보의 입장을 약화시키는 것일 뿐만 아니라 사회규칙을 어기는 행위이다. 일부 힘 있는 노조의 고용세습과 같은 행태는 '기회의 평등'을 깨는 일이다. 매우 부조리하다. '기회의 평등' 준수는 진보이기 위한 필요조건이다.

둘째, '노력의 평등'이다. '기회의 평등'이 지켜지고 난 다음에는 '노력의 평등'이 고려되어야 한다. '기회의 평등'은 흔히 손쉽게 언급되는 평등이지만 사실은 몇 가지 불평등한 요소를 안고 있다. 바로 환경, 타고난 소질 그리고 운과 같은, 개인적 의지나 노력과는 상관없는 것들이다. 평등한 기회가 주어지더라도 부유한 환경, 좋은 머리 또는 운이 작용한다면 그 사람은 다른 사람보다 훨씬 더 좋은 성과를 낼 수 있다. 따라서 결과를 평가할 것인가 또는 들인 노력을 평가할 것인가에 대한 논란이 있을 수는 있지만, 엄밀히 따지면 '기회의 평등'은 여러 객관적 평가 중 하나일 뿐이지 유일한 객관적 평가는 아니다. 따라서 '기회의 평등'에는 출발선을 동일하게 조정한 '노력의 평등'이 추가적으로 함께 고려되어야 한다. 대학입시에 있어 농어촌특별전형과 같은 경우는 바로 이런 '노력의 평등'이 고려된 예다. 환경의 영향을 제거한 경우다.

진보는 '기회의 평등' 다음으로 '노력의 평등'을 준수해야 한다. 계약직이나 비정규직의 '무조건적' 동일 정규직화와 같은 사례는 정규직 입사 자격의 차원에서 '기회의 평등'에도 어긋나고, '노력의 평등'에도 맞지 않다. 기존에 입사한 정규직 또는 새로 정규직으로 그곳에 취업하려는 이들과 기회, 노력에서 평등하지 않다. 마침 '이때'

'이곳에' '비정규직으로 있었다'는 '운' 하나가 그들의 정규직화의 모든 것을 결정하기 때문이다. '노력'과는 대척점에 있는 '운'이. '노력'에 대한 배신이다. 공산주의의 주창자 마르크스도 고도의 생산성 향상으로 물질이 풍부해지기 전까지는 '능력만큼 일하고 노동량만큼 분배'[9]받는 '노력의 평등'을 원칙으로 삼았다. 사회는 앞의 '기회의 평등'에 '노력의 평등'만 제대로 지켜져도 사실 천국에 가깝다. 평등에 큰 의미를 두는 진보라면 '노력의 평등'을 '기회의 평등'에 추가해 자신의 원칙으로 삼아야 한다. 아울러 스스로의 '노력 부족'에 따른 결과는 당연히 스스로 감수해야 한다. 환경이나 타고난 소질 또는 운이 가져온 결과에 대해서는 외부 탓을 할 수 있겠지만, '노력'이 가져온 결과에 대해서는 남 탓을 할 수 없다. 그것은 '평등'을 앞세우는 진보가 취할 태도가 아니다. '평등'과는 정면으로 모순되는 일이다.

셋째, '결과의 평등'이다. 결과의 평등은 다름 아닌 분배를 조정하는 복지를 말한다. 사람들은 모두 다르다. 건강 상태, 지능, 나이, 환경, 지식 등 모든 것이 다르다. 같은 것은 한 사회구성원이라는 사실뿐이다. 영국의 정치인 디즈레일리(1804-1881)는 '오두막이 행복하지 않으면 궁전도 안전하지 않다'[10]고 말했다. 빈부격차가 심한 사회에서는 가난한 사람뿐만 아니라 부자도 행복할 수 없다는 이야기다. 육체적·정신적으로 건강하지 못한 사람, 어리거나 연로해 경제적 활동이 불가능한 사람, 운이 없어 불행에 빠진 사람은 사회의 보호를 받아야 한다. 그리고 자신의 노력 부족으로 어려움에 처한 사람에게는 최소한의 생계 정도가 제공되어야 한다. 개인의 노력 부족으로 인한 어려움에 대한 배려는 최소한에 그쳐야 한다. 자칫 인간 이기주의의 소극적 측면인 게으름을 사회적으로 권장하는 일이 될 수 있기 때문이다. '결과의 평등', 즉 복지를 제공하는 이유는 단순하다. 그렇게 하는 것이 사회 전체의 행복도를 높이고, 나아가 갑작스런 사회 변혁도 방지할 수 있기 때문이다. 진보라면 '기회의 평등', '노력의 평등'에 이어 '결과의 평등', 즉 복지 실현을 원칙으로 삼아야 한다.

마지막으로, '자존감의 평등'이다. 인간은 밥만 먹고 살지 않는다. 의미도 먹고 산다. 이성적 존재로서 인간에게 가장 기본적인 의미는 다름 아닌 자존감이다. 건강한 사회는 자존감이 있는 사람들로 이루어진 사회다. 자존감에서 올바른 시민의식이 나오고 자율적인 도덕 행위가 나오고 건강한 인간관계도 나온다. 당연히 사회의 행복도도 올라간다. 공자는 '가난하면서 남을 원망하지 않기 어렵고, 부자이면서 교만하지 않은 것처럼 행동하기는 쉽다'[11]고 말했다. 가난하면 마음이 먼저 병들기 쉽다는 이야기다. 복지의 완성은 복지 대상의 자존감 회복이다. 그리고 그 자존감은 자신의 문제를 자기 스스로 해결하는 데서부터 출발한다. 따라서 '자존감의 평등'은 복지의 궁극적 목적이다. 진보라면 사람을 계속 도움이 필요한 상태로 두거나, 도움에 익숙한 상태로 만들 것이 아니라 가급적 자립을 할 수 있도록 해야 한다. 그것이 당사자에게는 인간적이고 사회 모두에는 공리적이다.

　진보는 평등을 앞세운다. 그 평등은 복지를 통해 분배를 조정하는 평등이다. 분배를 조정하는 '결과의 평등'에는 앞뒤로 고려되어야 할 평등들이 있다. 앞선 평등은 '결과의 평등'의 부담을 크게 덜어주고, 뒤의 평등은 '결과의 평등'을 의미 있게 완성시킨다. 앞선 평등은 '기회의 평등'과 '노력의 평등'이다. 모든 사람은 우선 '기회의 평등'을 보장받아야 되고, '기회의 평등'이 거르지 못한 '운' 등 외부요인은 '노력의 평등'으로 보완되어야 한다. 그리고 마지막으로 물질적 '결과의 평등'은 가치적·인간적 '자존감의 평등'으로 마무리되어야 한다.

　진보의 평등은 편협한 또는 자기편의적 평등이어서는 안 된다. 인간의 속성과 사회적 한계가 고려된 현실적·논리적·체계적 평등이어야 한다. 그래야 인간은 보다 인간다워지고 사회는 지속가능할 수 있다. '기회의 평등', '노력의 평등', '결과의 평등' 그리고 '자존감의 평등' 실현이 진보를 공상적 진보가 아닌 현실적 진보이게 한다.

'합리적' 보수와 '현실적' 진보

　보수와 진보에게는 각각 자유, 평등 이외에도 중요시하는 것들이 있다. 보수가 경제활동의 자유 못지않게 강조하는 것은 바로 튼튼한 국가안보다. '자유'는 '안보' 없이 존재할 수 없다. 안보의 출발이 '병역의무의 이행'이라면 그 마무리는 '남북의 평화통일'이다. 국민 한 명 한 명의 성실한 '병역의무의 이행' 없이 안보가 설 수 없고, '남북의 평화통일' 실현 없이 안보의 완성이 있을 수 없기 때문이다. 따라서 보수는 '병역의무의 이행'을 무엇보다 우선시하고, 박정희 정권의 유신헌법 이후 대한민국 남북통일의 기조가 된 '평화통일'(유신헌법 전문에 최초 등장)을 방해하는 어떠한 행위나 세력도 결단코 반대한다. 아울러 안보를 위험에 빠트리는 방산비리, 안보의 정치적 이용, 군의 정치개입과 같은 행위들을 혐오하고 반대한다. 국가안보를 해치는 것은 물론 때로는 이적행위이기까지 한, 보수의 가치에 정면으로 도전하는 그런 행위나 세력을 보수는 절대로 용납하지 않는다.

국가안보에는 보수·진보가 따로 없다. 진보 역시 당연히 안보를 중요시한다. 1948년 정부 수립 이후 70년 중 진보 집권 기간은 12년이다. 정부 수립 이후 지금까지 5차례 남북 정상회담이 있었다. 모두 진보 집권 기간에 이루어진 것들이다. 진보의 안보는 바로 평화통일의 실현이다. 통일에서 모험은 금물이다. 그러나 시도는 민족적·역사적 숙명이다. 정치적으로 한반도를 둘러싼 강대국들과 어깨를 나란히 하고, 경제적으로 내수·수출의 균형을 이루면서 미국, 중국 등에 휘둘리지 않는 정치강국·경제강국·문화강국이 되기 위해서는 반드시 남북통일이 이뤄져야 한다. 수천 년 민족 역사에 분단 70년은 짧은 시간이다. 그러나 서로간에 켜켜이 쌓인 불신의 골과 이질화 70년은 결코 짧은 시간이 아니다. 통일로 가는 길은 결코 절망이 아니지만 그렇다고 환상도 아니다. 정교한 마스터플랜, 주요 관계국들과의 치밀한 협력과 선도적인 외교, 확실한 전쟁 억지력의 유지를 확보하고, 일부 통일을 원하지 않은 세력들의 온갖 억측과 훼방을 진중한 인내심으로 이겨내면서 한 발 한 발 앞으로 나아가야 할 것이다. 성급한 통일 주장, 절망적 통일 주장 둘 다 통일에 도움되지 않는다. 진보는 실현가능한 안정적 그리고 단계적 통일을 추구한다.

보수·진보는 모두 민주정·민주주의를 추구한다. '사람 중심'의 정치 세력이나 당이 아닌, '가치 중심'의 정치 세력 또는 당을 추구해야 한다. '사람 중심'의 정치 세력 또는 당은 수백 년 전 인류가 아직 몽매했던 때의 정치체제인 '왕정'으로의 회귀다. 왕정에서는 그 어느 곳이나 '이 곰이 사라지면 우리 모두가 몰락하고 만다'[12]는 신화가 작동한다. 미개하고 원시적인 토테미즘 신화가. 보수의 종조로 평가받는 에드먼드 버크는 '지혜가 가장 상대하기 버거운 것이 광신'[13]이라고 했다. 가치가 아닌 사람을 받드는 것은 자칫 광신이 될 수 있고, 더구나 신분의 대물림을 떠받드는 것이라면 그것은 정확히 광신이다. 진보의 종조로 평가받는 토머스 페인은 왕정에 대해 '사람들이 엄청나게 야단법석을 부리고 보기에는 대단히 장엄한 분위기도 풍기지만, 어쩌다가 커튼이 열려 관중이 그 뒤에 있는 것이 무엇인지를 알면 폭소를 터뜨리게 되는 그런 것"[14]이라고 말한다. 왕정에는 '자유', '평등' 모두 존재하지 않는다. 자유가 있다면 한 사람만을 위한 자유, 평등이 있다면 그 한 사람을 제외한 다른 모든 이들의 맹종적 평등만이 있을 뿐이다. 21세기 정치 세력은 보수나 진보 모두 민주정·민주주의 위에 서야 한다. 토테미즘과 광신이 아닌 이성 위에 서야 한다.

정치는 좌나 우를 추구하는 것이 아닌, '옳은 것'을 추구하는 것이다. 그 '옳은 것'은 바로 국민의 이익과 행복 그리고 인류의 보편적 가치 실현이다. 따라서 '같은 현실'에 발을 딛고 국민의 이익·행복과 인류의 보편 가치 실현이라는 '같은 목적'을 추구할 때, 보수·진보 간에 이견은 있을 수 있지만 갈등은 사실 그리 클 까닭이 없다. 그렇다면 현실의 보수·진보 간 깊은 갈등은 왜일까?

그 이유는 단순하다. 정치인들이 현실에 발을 딛지 않고 있거나 정치의 진짜 목적이 국민의 이익·행복 실현에 있지 않기 때문이다. 또는 보수·진보 간에 서로 다른 현실에 발을 딛고 있기 때문이다. 시민들의 삶을 자주 찾지 않으면 일반 시민들의 애로와 어려움이 무엇인지 알 수 없다. 문제가 무엇인지 모르면서 국민의 행복 실현을 위한 정답을 찾아낼 수는 없다. 또 일반 시민들의 애로와 어려움을 알더라도 국민이 아닌 자신 또는 자기 부류의 이익을 앞세우면 국민의 행복은 내팽개쳐지고 정치 세력들 간 갈등은 깊어진다. 거기에 논리와 사실 아닌 일방적 주장과 궤변, 거짓과 사실 왜곡 일색의 '궁박한 상황 일단 모면하기' 및 '상대방 무조건 흠집 내기'와 같은 몰상식까지 더해지면 협의Parliament는 실종되고 불신과 증오는 극으로 치닫는다. 국민은 분노하다, 허무하다, 끝내는 절망하고 만다. 정치는 국민을 위한 것이지 자기들 지지 세력이나 당원, 의원들 자신 또는 그들의 리더 한 사람을 위한 것이 아니다.

아직까지 경제체제가 관건인 보수와 진보의 차이는 궁극적으로 인간에 대한 관점 차이다. 보수는 인간의 욕심을 긍정적인 측면에서 바라보고, 진보는 인간의 욕심을 부정적인 측면에서 바라본다. 보수는 인간의 욕심을 개인 향상과 사회 발전의 원동력으로 인식하는 반면에, 진보는 인간의 욕심을 사회불평등·불공정의 원인으로 인식한다. 이 인간에 대한 관점 차이로부터 여러 주장들의 차이가 시작된다. 그러나 그런 주장들의 차이에는 반드시 타협점이 존재한다. 보수라고 해서 욕심의 부정적 측면을 전혀 인정하지 않을 수는 없고, 진보 역시 욕심의 긍정적 측면을 완전히 부정할 수는 없기 때문이다.

보수, 진보 양쪽 다 일단은 자신들의 자격을 먼저 지키고 볼 일이다. 각자 자신들의 자격에만 충실해도 소모적 정쟁은 크게 줄어들고 국민의 행복도는 훨씬 높아진다. 보수의 자격을 지키는 보수를 우리는 '합리적 보수'라 부르고, 진보의 자격을 지키는 이들을 우리는 '현실적 진보'라 부른다.

맺음말

_____

국민은 일류인데 정치는 삼류, 기업은 이류라고들 말한다. 국민이 더 행복할 수 있는데 정치와 기업이 그것을 방해하고, 국민과 기업이 더 잘될 수 있는데 정치가 그것을 가로막고 있다는 이야기다. 결국 정치가 국민 행복과 나라 발전에 가장 큰 걸림돌Bottle neck이 되고 있다는 지적이다.

국민들은 대한민국의 정치와 정치인의 행태에 대해 분노한다. 아니 분노하다 못해 허무하기까지 하다. 분노는 애정의 이면이지만 허무는 무관심의 친구이다. 혹시라도 정치인들이 노리는 것이 바로 이 국민의 무관심인 것은 아닐까? 어차피 누군가는 정치를 해야 하고 거기에 국민들의 적극적인 무관심의 협조가 있다면 지금의 기득권을 훨씬 더 손쉽게 유지할 수 있을 터이니. 평범한 시민이지만 정치에 무관심 할 수 없는 이유다.

정치도 진화한다. 바로 보수·진보의 대결 패러다임을 통해서다. 첫 번째 '보수 대 진보' 대결 패러다임은 '왕정 vs. 민주정'이다. 두 번째는 '자본주의 vs. 사회주의'이다. 그리고 세 번째는 '보편성 vs. 개별성'이다. 1789년 프랑스대혁명으로 시작된 첫 번째 패러다임은 '민주정'의 승리로 끝났다. 19세기 중반 시작된 두 번째 패러다임은 1930년대 대공황과 1990년 전후의 공산권 붕괴로 '혼합경제'로 마무리되고 있다. 사회의 가장 큰 환경인 '정치체제'가 확정되고, '경제체제'가 현실적으로 합의되었다. 이제는 '문화'가 정치의 주요 주제가 되는 세 번째 패러다임으로 들어설 때다.

우리나라 정치의 후진성은 바로 이 정치 진화에서 첫 번째, 두 번째 그리고 세 번째 단계가 한꺼번에 혼재된 모습으로 나타난다. 절대권위 한 사람을 중심으로 모이는 붕당 성격의 '왕정'이 아직도 존속하고, 혼합경제의 복지나 정부정책자금은 당연시하면서 사회주의는 절대 부정, 자본주의는 절대 긍정하는 인식의 혼란이 존재하고, 앞의 두 진화 단계에 아직 머물러 있으면서 세 번째 단계에나 해당되는 '동물권' 인정과 같은 사안이 중요한 정치 이슈로 등장하고 있는 상황이다. 정치 발전 역사에서 고대와 중세 그리고 현대가 함께 뒤섞여 있는 격이다. 사람을 위한 민주주의도 아직 제대로 완성되지 않은 상태에서 동물 민주주의가 진지하게 논의되고 있는 셈이다. 물론 문제는 사람을 위한 민주주의가 아직 제대로 이루어지지 않고 있다는 데 있다. 《상식》의 저자 토머스 페인은 '슬기로운 사람은 어리석은 일에 놀라고, 어리석은 사람은 슬기로운 일에 놀란다'고 했다. 이래저래 놀랄 일이 많다.

논리와 사실에 입각해 정치의 원칙, 정치의 역사를 살펴보고 여기에 우리나라 정치의 현실을 냉정하게 비춰보려 노력했다. 주제가 주제인지라 모든 독자들의 공감을 불러일으키는 데는 한계가 있다.

'정치의 상식'을 통한 '상식의 정치', 그리고 이 땅 모든 이들의 행복을 위하여.

2019년 3월
저자 신동기

본문 주석

1장 보수와 진보의 탄생

1) 에드먼드 버크, 이태숙 옮김, 프랑스혁명에 관한 성찰, 2012, 한길사, 16면 참조

2) 네이버지식백과 두산백과 '보수주의' 참조

3) 플라톤, 최명관 옮김, 파이돈, 2001, 을유문화사, 130면

4) Die Eule der Minerva beginnt erst mit der einbrechenden Dämmerung ihren Flug, 헤겔,, 임석진 옮김, 법철학, 2012, 한길사, 54면

5) 에드먼드 버크, 이태숙 옮김, 프랑스혁명에 관한 성찰, 2012, 한길사, 49면

6) 토머스 페인, 박홍규 옮김, 상식 인권, 2014, 필맥, 179면

7) 에드먼드 버크, 이태숙 옮김, 프랑스혁명에 관한 성찰, 2012, 한길사, 157면 참조

8) 앞 책, 140면

9) 앞 책, 151-2면 참조

10) 토머스 페인, 박홍규 옮김, 상식 인권, 2014, 필맥, 103면

11) 에드먼드 버크, 이태숙 옮김, 프랑스혁명에 관한 성찰, 2012, 한길사, 71면

12) 앞 책, 58면

13) 토머스 페인, 박홍규 옮김, 상식 인권, 2014, 필맥, 93면

14) 앞 책, 134-140면 참조

15) 에드먼드 버크, 이태숙 옮김, 프랑스혁명에 관한 성찰, 2012, 한길사, 113면 참조

16) 앞 책, 82면 참조

17) 앞 책, 336-7면 참조

18) 토머스 페인, 박홍규 옮김, 상식 인권, 2014, 필맥, 143면

19) 앞 책, 143-144면 참조

20) 앞 책, 278면 참조

21) 앞 책, 278-80면 참조

22) 에드먼드 버크, 이태숙 옮김, 프랑스혁명에 관한 성찰, 2012, 한길사, 56면 참조

23) 앞 책, 63, 68면 참조

24) 토머스 페인, 박홍규 옮김, 상식 인권, 2014, 필맥, 140면 참조

25) 앞 책, 208면 참조

26) 앞 책, 287면
27) 에드먼드 버크, 이태숙 옮김, 프랑스혁명에 관한 성찰, 2012, 한길사, 118면
28) 앞 책, 82면
29) 앞 책, 158,272면 참조
30) 앞 책, 328면 참조
31) 앞 책, 341면 참조
32) 앞 책, 252면 참조
33) 앞 책, 188–93면 참조
34) 앞 책, 152면 참조
35) 앞 책, 283면 참조
36) 앞 책, 374면 참조
37) 앞 책, 375–6면 참조
38) 앞 책, 377면
39) 토머스 페인, 박홍규 옮김, 상식 인권, 2014, 필맥, 299면
40) 앞 책, 208면
41) 앞 책, 64면
42) 앞 책, 230면
43) 앞 책, 407면 참조
44) 앞 책, 406면 참조
45) 에드먼드 버크, 이태숙 옮김, 프랑스혁명에 관한 성찰, 2012, 한길사, 159면 참조
46) 토머스 페인, 박홍규 옮김, 상식 인권, 2014, 필맥, 18면

2장 의회의 역사

1) 네이버지식백과 두산백과 '국회의 지위' '국회의 권한' 참조
2) A. 토크빌, 임효선 등 공역, 미국의 민주주의, 2005, 한길사, 625면 참조
3) 시오노 나나미, 김석희 역, 로마인이야기1권, 1996, 한길사, 36면 참조
4) 김현수, 이야기영국사, 2007, 청아출판사, 81면 참조
5) 앞 책, 142면 참조
6) 토머스 페인, 박홍규 옮김, 상식 인권, 2014, 필맥, 29면
7) 에드먼드 버크, 이태숙 옮김, 프랑스혁명에 관한 성찰, 2012, 한길사, 296면
8) 토머스 페인, 박홍규 옮김, 상식인권, 2014, 필맥, 270면 참조
9) A. 토크빌, 임효선 등 공역, 미국의 민주주의, 2005, 한길사, 144면 참조

10) 앞 책, 182–185면 참조

11) 앞 책, 144면, 219면 참조

12) 에릭 홉스봄, 정도영 등 옮김, 혁명의 시대, 2009, 한길사, 155면 참조

13) 토머스 페인 저, 박홍규 역, 상식인권, 2014, 필맥, 212면

14) 앞 책, 213면

3장 보수와 진보는 무엇이 가르는가?

1) 라인홀드 니버, 이한우 역, 도덕적 인간과 비도덕적 사회, 2004, 문예출판사, 30–31면

2) 앞 책, 162–164면

3) 토머스 페인, 박홍규 옮김, 상식인권, 2014, 필맥, 75면

4) 앞 책, 393–6면 참조

5) 에드먼드 버크, 이태숙 옮김, 프랑스혁명에 관한 성찰, 2012, 한길사, 190–193면 참조

6) 앞 책, 7–24면 참조

7) 에릭 홉스봄, 정도영 등 옮김, 혁명의 시대, 2009, 한길사, 449면 참조

8) 에릭 홉스봄, 김동택 옮김, 제국의 시대, 2009, 한길사, 353면 참조

9) 이나미, 한국의 보수와 수구, 2011, 지성사, 18면

10) 박지향, 정당의 생명력, 2017, 서울대학교출판문화원, 5면

11) 이나미, 한국의 보수와 수구, 2011, 지성사, 18면

12) 에드먼드 버크, 이태숙 옮김, 프랑스혁명에 관한 성찰, 2012, 한길사, 158면

13) 앞 책, 377–8면

14) 토머스 페인, 박홍규 옮김, 상식인권, 2014, 필맥, 299면

15) 앞 책, 208면

16) 에드먼드 버크, 이태숙 옮김, 프랑스혁명에 관한 성찰, 2012, 한길사, 181면

17) 플루타르크, 이성규 역, 플루타르크 영웅전 전집, 2003, 현대지성사, 1508면

18) 에드먼드 버크, 이태숙 옮김, 프랑스혁명에 관한 성찰, 2012, 한길사, 157–174면 참조

19) 에릭 홉스봄, 정도영 등 옮김, 자본의 시대, 2002, 한길사, 237면 참조

20) A. 토크빌, 임효선 등 공역, 미국의 민주주의, 2005, 한길사, 316면

21) 에릭 홉스봄, 김동택 옮김, 제국의 시대, 2009, 한길사, 286면 참조

22) 에릭 홉스봄, 정도영 등 옮김, 자본의 시대, 2002, 한길사, 510면

23) 앞 책, 513면

24) 토머스 페인, 박홍규 옮김, 상식인권, 2014, 필맥, 228면

25) 앞 책, 132면

26) 앞 책, 20면

27) 에릭 홉스봄, 정도영 등 옮김, 자본의 시대, 2002, 한길사, 493면 참조

28) 앞 책, 236면

29) 2016.6.21일자 중앙일보 참조

4장 프랑스 혁명

1) 에릭 홉스봄, 정도영 등 옮김, 혁명의 시대, 2009, 한길사, 152면 참조

2) 앞 책, 152면 참조

3) 앞 잭, 156년 참소

4) 토머스 페인, 박홍규 옮김, 상식인권, 2014, 필맥, 187면 참조

5) 에드먼드 버크, 이태숙 옮김, 프랑스혁명에 관한 성찰, 2012, 한길사 340-1면 참조

6) 앞 책, 378면 참조

7) 에릭 홉스봄, 정도영 등 옮김, 혁명의 시대, 2009, 한길사, 178-182면 참조

5장 보수는 개혁이 필수다

1) A state without the means of some change is without the means of its conservation. Without such means it might even risque the loss of that part of the constitution which it wished the most religiously to preserve, Edmund Burke, Reflections on the revolution in France, 2009, Oxford World's Classics, p21-22

2) 시오노 나나미, 김석희 역, 로마인 이야기1권, 1996, 한길사, 156-7면, 207 참조

3) 앞 책, 160-3면 참조

4) 네이버지식백과 두산백과 '리키니우스섹스티우스법' 참조

5) 윤승준, 하룻밤에 읽는 유럽사, 2004, 랜덤하우스중앙, 49면 참조

6) 시오노 나나미, 김석희 역, 로마인이야기3권, 2001, 한길사, 42면 참조

7) 앞 책, 17-21면 참조

8) 앞 책, 37면 참조

9) 앞 책, 56-58면 참조

10) 에드워드 기번, 한은미 역, 로마제국쇠망사, 2005, 북프렌즈, 300면 참조

11) Edmund Burke, Reflections on the revolution in France, 2009, Oxford World's

Classics, p21-22

6장 평등의 문제

1) 이나미, 한국의 보수와 수구, 2011, 지성사, 77면 재인용

2) 박지향, 정당의 생명력, 2017, 서울대학교출판문화원, 77면 재인용

3) 존 로크, 강정인 등 역, 통치론, 2006, 까치, 59면

4) 앞 책, 11면

5) J. J. 루소, 이환 역, 사회계약론, 2002, 서울대학교출판부, 30-1면

6) 에릭 홉스봄, 김동택 역, 제국의 시대, 2009, 한길사, 104면 재인용

7) K. 마르크스, 최인호 등 역, 칼 맑스 프리드리히 엥겔스 저작선집4권, 2003, 박종
   철출판사, 377면

8) 레닌, 문성원 등 역, 국가와 혁명, 2013, 아고라, 167면 참조

9) 몽테스키외, 하재홍 역, 법의 정신, 2012, 동서문화사, 517면 참조

10) A.토크빌, 임효선 등 공역, 미국의 민주주의, 2005, 한길사, 663면

11) 존 로크, 강정인 등 역, 통치론, 2006, 까치, 83면

12) J. J. 루소, 이환 역, 사회계약론, 2002, 서울대학교출판부, 69면

13) 에릭 홉스봄, 정도영 등 옮김, 혁명의 시대, 2009, 한길사, 448면

14) 에릭 홉스봄, 정도영 등 옮김, 자본의 시대, 2002, 한길사, 234면 참조

15) 에릭 홉스봄, 정도영 등 옮김, 혁명의 시대, 2009, 한길사, 154면 참조

16) J. J. 루소, 이환 역, 사회계약론, 2002, 서울대학교출판부, 69면

17) 앞 책, 70면

18) 아리스토텔레스, 이병길 등 역, 정치학, 2006, 박영사, 62면 참조

7장 자유와 민주주의

1) 박지향, 정당의 생명력, 2017, 서울대학교출판문화원, 154&192면 참조

2) 앞 책, 137-8면

3) 에릭 홉스봄, 정도영 등 옮김, 혁명의 시대, 2009, 한길사, 236면

4) 앞 책, 248면 참조

5) 앞 책, 153면 참조

6) 앞 책, 68면 참조

7) 앞 책, 169면 참조

8) 앞 책, 161면 참조

9) A. 토크빌, 임효선 등 공역, 미국의 민주주의, 2005, 한길사, 737면

10) 에릭 홉스봄, 정도영 등 옮김, 혁명의 시대, 2009, 한길사, 148면 참조

11) 헤겔, 임석진 옮김, 법철학, 2012, 한길사, 14면 참조

12) 박지향, 정당의 생명력, 2017, 서울대학교출판문화원, 24면 참조

13) K. 마르크스, 최인호 등 역, 칼 맑스 프리드리히 엥겔스 저작선집1권, 2003, 박종 철출판사, 403면

14) 에릭 홉스봄, 김동택 옮김, 제국의 시대, 2009, 한길사, 198면 참조

15) 라인홀드 니버, 이한우 역, 도덕적 인간과 비도덕적 사회, 2004, 문예출판사, 41면

16) 이나미, 한국의 보수와 수구, 2011, 지성사, 84면

17) 에릭 홉스봄, 김동택 옮김, 제국의 시대, 2009, 한길사, 53&200면 참조

18) 신동기, 오늘 행복에 한 걸음 더 다가갑니다, 2018, M31, 38–39면 참조

19) 이나미, 한국의 보수와 수구, 2011, 지성사, 79면

8장 유토피아와 공산사회

1) 황견 엮음, 고문진보후집, 2004, 을유문화사, 116–9면

2) 플루타르크, 이성규 역, 플루타르크 영웅전 전집, 2003, 현대지성사, 89–118면 참조

3) Bertrand Russell, The History of Western Philosophy, 1972, A Touchstone Book, 105p 참조

4) Plato, Republic, 2008, Oxford world's classics, 159–189p 참조

5) 사도행전4:32–35

6) 大道之行也 天下爲公 選賢與能 講信脩睦 故人不獨親其親 不獨子其子 使老有 所終 壯有所用 幼有所長 矜寡孤獨廢疾者 皆有所養 男有分 女有歸 貨惡其棄於 地也 不必藏於己 力惡其不出於身也 不必爲己 是故謀閉而不興 盜竊亂賊而不 作, 故外戶而不閉 是謂大同, 예기, 2003, 명문당, 618면

7) 大道旣隱 天下爲家 各親其親 各子其子 貨力爲己, 예기, 2003, 명문당, 620면

8) 토머스 모어, 나종일 역, 유토피아, 2007, 서해문집, 91&73면 참조

9) 플루타르크, 이성규 역, 플루타르크 영웅전 전집, 2003, 현대지성사, 111면 참조

10) 버나드 맨더빌, 최윤재 역, 꿀벌의 우화, 2011, 문예출판사, 205면

11) The lesser form factions in order to be equal, the equal in order to be greater, Aristotle, The politics, 1992, Penguin classics, 300p

9장 사회주의와 공산주의

1) 표준국어대사전 참조

2) 에릭 홉스봄, 정도영 등 옮김, 혁명의 시대, 2009, 한길사, 399면 참조

3) 에릭 홉스봄, 정도영 등 옮김, 자본의 시대, 2002, 한길사, 73면 참조

4) 표준국어대사전 참조

5) K. 마르크스, 김수행 역, 자본론1권, 2002, 비봉출판사, 322면 참조

6) 앞 책, 876면

7) 앞 책, 361면

8) K. 마르크스, 최인호 등 역, 칼 맑스 프리드리히 엥겔스 저작선집2권, 2003, 박종
철출판사, 477–8면

9) K. 마르크스, 최인호 등 역, 칼 맑스 프리드리히 엥겔스 저작선집6권, 2004, 박종
철출판사, 472면

10) K. 마르크스, 최인호 등 역, 칼 맑스 프리드리히 엥겔스 저작선집1권, 2003, 박종
철출판사, 400면 참조

11) K. 마르크스, 최인호 등 역, 칼 맑스 프리드리히 엥겔스 저작선집2권, 2003, 박종
철출판사, 478면 참조

12) K. 마르크스, 최인호 등 역, 칼 맑스 프리드리히 엥겔스 저작선집1권, 2003, 박종
철출판사, 198–200면 참조

13) 앞 책, 212&260면 참조

14) 앞 책, 227면 참조

15) 앞 책, 400–413면 참조

16) K. 마르크스, 최인호 등 역, 칼 맑스 프리드리히 엥겔스 저작선집4권, 2003, 박종
철출판사, 377면 참조

17) K. 마르크스, 최인호 등 역, 칼 맑스 프리드리히 엥겔스 저작선집1권, 2003, 박종
철출판사, 413면 참조

18) V. I. U. 레닌, 문성원 등 역, 국가와 혁명, 2013, 아고라, 157면 참조

19) K. 마르크스, 최인호 등 역, 칼 맑스 프리드리히 엥겔스 저작선집4권, 2003, 박종
철출판사, 377면

20) 토머스 모어, 나종일 역, 유토피아, 2007, 서해문집, 73–5면 참조

21) 앞 책, 82–4면 참조

22) K. 마르크스, 최인호 등 역, 칼 맑스 프리드리히 엥겔스 저작선집1권, 2003, 박종
철출판사, 214면

23) V. I. U. 레닌, 문성원 등 역, 국가와 혁명, 2013, 아고라, 136–9면 참조

24) K. 마르크스, 최인호 등 역, 칼 맑스 프리드리히 엥겔스 저작선집1권, 2003, 박종철출판사, 399–433면 참조

25) V. I. U. 레닌, 문성원 등 역, 국가와 혁명, 2013, 아고라, 138면 참조

26) K. 마르크스, 최인호 등 역, 칼 맑스 프리드리히 엥겔스 저작선집4권, 2003, 박종철출판사, 458면

27) V. I. U. 레닌, 문성원 등 역, 국가와 혁명, 2013, 아고라, 70면 재인용

28) 앞 책, 95면

29) 앞 책, 165면

30) K. 마르크스, 최인호 등 역, 칼 맑스 프리드리히 엥겔스 저작선집1권, 2003, 박종철출판사, 402면

31) V. I. U. 레닌, 문성원 등 역, 국가와 혁명, 2013, 아고라, 139면

32) K. 마르크스, 최인호 등 역, 칼 맑스 프리드리히 엥겔스 저작선집1권, 2003, 박종철출판사, 220면

33) K. 마르크스, 최인호 등 역, 칼 맑스 프리드리히 엥겔스 저작선집6권, 2004, 박종철출판사, 191면

34) 라인홀드 니버, 이한우 역, 2004, 문예출판사, 202면 재인용

35) V. I. U. 레닌, 문성원 등 역, 국가와 혁명, 2013, 아고라, 146면

36) K. 마르크스, 최인호 등 역, 칼 맑스 프리드리히 엥겔스 저작선집1권, 2003, 박종철출판사, 420면 참조

37) K. 마르크스, 최인호 등 역, 칼 맑스 프리드리히 엥겔스 저작선집4권, 2003, 박종철출판사, 3–35면 참조

38) 앞 책, 16면

39) K. 마르크스, 최인호 등 역, 칼 맑스 프리드리히 엥겔스 저작선집6권, 2004, 박종철출판사, 331–336면 참조

40) V. I. U. 레닌, 문성원 등 역, 국가와 혁명, 2013, 아고라, 69–95면 참조

41) 앞 책, 95면

42) 앞 책, 164면

43) K. 마르크스, 최인호 등 역, 칼 맑스 프리드리히 엥겔스 저작선집4권, 2003, 박종철출판사, 377면

44) 앞 책, 377면

10장 정치혁명의 구조

1) 토머스 S. 쿤, 김명자 역, 과학혁명의 구조, 2002, 까치, 155면 참조

2) 앞 책, 221면 참조

3) 토머스 페인, 박홍규 옮김, 상식인권, 2014, 필맥, 302면 참조

4) 마르쿠스 툴리우스 키케로, 성염 역, 법률론, 2013, 한길사, 193면

5) J. J. 루소, 이환 역, 사회계약론, 2002, 서울대학교출판부, 110면

6) 토머스 페인, 박홍규 옮김, 상식인권, 2014, 필맥, 302면 참조

7) A. 토크빌, 임효선 등 공역, 미국의 민주주의, 2005, 한길사, 188면 참조

8) 토머스 페인, 박홍규 옮김, 상식인권, 2014, 필맥, 213–4면 참조

9) 에릭 홉스봄, 정도영 등 옮김, 혁명의 시대, 2009, 한길사, 148면 참조

10) 앞 책, 146면 참조

11) 토머스 페인, 박홍규 옮김, 상식인권, 2014, 필맥, 31면 참조

12) 앞 책, 103면 참조

13) 앞 책, 67면 참조

14) 에드먼드 버크, 이태숙 옮김, 프랑스혁명에 관한 성찰, 2012, 한길사, 104면 참조

15) 두산백과 참조

16) 에드먼드 버크, 이태숙 옮김, 프랑스혁명에 관한 성찰, 2012, 한길사, 227면 참조

17) 에릭 홉스봄, 정도영 등 옮김, 자본의 시대, 2002, 한길사, 226면 참조

18) 에릭 홉스봄, 김동택 옮김, 제국의 시대, 2009, 한길사, 198면

19) 에릭 홉스봄, 정도영 등 옮김, 혁명의 시대, 2009, 한길사, 159면 참조

20) 에릭 홉스봄, 김동택 옮김, 제국의 시대, 2009, 한길사, 201–2면 참조

21) 에드먼드 버크, 이태숙 옮김, 프랑스혁명에 관한 성찰, 2012, 한길사, 140면

22) 앞 책, 108면

23) 토머스 페인, 박홍규 옮김, 상식인권, 2014, 필맥, 20면

24) 에릭 홉스봄, 정도영 등 옮김, 혁명의 시대, 2009, 한길사, 40–41면 참조

25) K. 마르크스, 최인호 등 역, 칼 맑스 프리드리히 엥겔스 저작선집2권, 2003, 박종
철출판사, 293–297면 참조

26) 에릭 홉스봄, 정도영 등 옮김, 자본의 시대, 2002, 한길사, 75면 참조

27) 에릭 홉스봄, 김동택 옮김, 제국의 시대, 2009, 한길사, 218면 참조

28) 아리스토텔레스, 이병길 등 역, 정치학, 2006, 박영사, 43면

29) 에릭 홉스봄, 정도영 등 옮김, 자본의 시대, 2002, 한길사, 250면 참조

30) 에릭 홉스봄, 김동택 옮김, 제국의 시대, 2009, 한길사, 225면 참조

31) 앞 책, 578면 참조

32) 헤겔, 임석진 옮김, 법철학, 2012, 한길사, 586-590면 참조

33) 네이버지식백과 두산백과 '역사의 종언' 참조

34) F. 후쿠야마, 이상훈 역, 역사의 종말, 1997, 한마음사, 9면

35) K. 마르크스, 김수행 역, 자본론1권, 2002, 비봉출판사, 956&964면 참조

11장 정당의 종말

1) 2016.7.15일자 중앙일보 기사 참조

2) 네이버지식백과 두산백과 '정당' 참조

3) 2016.3.30일자 중앙일보 참조

4) 2018.3.6일자 및 7일자 중앙일보 기사 참조

5) 2018.8월 월간중앙 기사 참조

6) 21세기 정치학대사전 '정당' 참조

7) 2018.5.23일자 한국경제 참조

8) 2016.3.2일자 중앙일보 이훈범 칼럼 참조

12장 제도는 민주정, 의식은 왕정

1) 2013.7.10일자 연합뉴스 기사 참조

2) 2017.1.15일자 매일경제 기사 참조

3) 월간조선 2017년 1월호

4) 토머스 페인, 박홍규 옮김, 상식인권, 2014, 필맥, 105면

5) 네이버지식백과 두산백과 '권위주의' 참조

6) 近之則不孫 遠之則怨, 논어3권, 2003, 학민문화사, 395면

7) 앞 책, 395면 참조

8) 分均則不偏 埶齊則不壹 衆齊則不使, 순자, 1991, 홍익신서, 104면

9) Plato, Republic, 2008, Oxford world's classics, p167참조

10) That one should command and another obey is both necessary and expedient. Indeed some things are so divided right from birth, some to rule, some to be ruled, Aristotle, The politics, 1992, Penguin classics, p67

11) 존 로크, 강정인 등 역, 통치론, 2006, 까치, 8-11면 참조

12) J. J. 루소, 이환 역, 사회계약론, 2002, 서울대학교출판부, 5면

13) 謂人有男女則可 謂見有男女豈可乎 謂見有長短則可 謂男子之見盡長 女人之見

盡短 又豈可乎, 이지, 김혜경 옮김, 분서1, 2004, 한길사, 492면

14) 刀鋸之賤 只供灑埽 以盡其治家之實, 이이, 정재훈 역해, 동호문답, 2014, 아카넷, 91-2면

15) 族有貴賤 宜辨其等 勢有强弱 宜察其情 二者不可以偏廢也, 정약용, 노태준 역해, 목민심서, 2005, 홍신문화사, 247면

16) 앞 책, 13면

17) 교과서포럼, 대안교과서 한국근현대사, 2008, 기파랑, 163면 참조

18) 2018.11.13일자 조선일보 기사 참조

19) 교과서포럼, 대안교과서 한국근현대사, 2008, 기파랑, 187면 참조

20) 전국역사교사모임, 살아있는 한국사 교과서2, 2002, 휴머니스트, 224면 참조

21) A.토크빌, 임효선 등 공역, 미국의 민주주의, 2005, 한길사, 187면

13장 남북분단으로 인한 정치의 왜곡

1) 2016.7.4일자 중앙일보 참조

2) 네이버지식백과 가람기획 한국근현대사사전 '사회주의 운동' 참조

3) 앞 사전 '상해파고려공산당' 참조

4) 앞 사전 '조선공산당재건운동' 참조

5) 앞 사전 '정우회', '정우회 선언' 참조

6) 앞 사전 '조선인민공화국' 참조

7) 네이버지식백과 박문각 시사상식사전 '좌우합작운동' 참조

8) 네이버지식백과 한국학중앙연구원 한국민족대백과 '김일성' 참조

9) 앞 백과 '조선공산당북조선분국' 참조

10) 교과서포럼, 대안교과서 한국근현대사, 2008, 기파랑, 158면 참조

11) 네이버지식백과 한국학중앙연구원 한국민족대백과 '진보당 사건' 참조

12) 네이버지식백과 두산백과 '인민혁명당사건' 참조

13) 네이버지식백과 박문각의 시사상식사전 '김대중 내란 음모 사건' 참조

14) 앞 사전 '학림사건' 참조

15) 네이버지식백과 두산백과 '부림사건' 참조

16) 네이버지식백과 박문각의 시사상식사전 '강기훈 유서대필 조작 사건' 참조

17) 앞 사전 '서울시공무원 간첩 조작 사건' 참조

18) 네이버지식백과 두산백과 및 한국민족문화대백과의 '김일성', '김정일', '주체사상' 참조

14장 보수의 자격 vs. 진보의 자격

1) 네이버지식백과 두산백과 '민주주의' 참조

2) 2018.2.3일자 중앙일보 사설

3) A. Smith, The wealth of nations, 2003, Bantam classics, 572p

4) 신동기, 회사에 대한 오해와 착각을 깨는 인문학적 생각들, 2016, 티핑포인트, 140-143면 참조

5) K. 마르크스, 김수행 역, 자본론1권, 2002, 비봉출판사, 1050면

6) 신동기, 회사에 대한 오해와 착각을 깨는 인문학적 생각들, 2016, 티핑포인트, 267-330면 참조

7) 유시민, 부자의 경제학 빈민의 경제학, 2002, 푸른나무, 128면 재인용

8) K. 마르크스, 최인호 등 역, 칼 맑스 프리드리히 엥겔스 저작선집4권, 2003, 박종철출판사, 377면

9) 앞 책, 376-377면 참조

10) 박지향, 정당의 생명력, 2017, 서울대학교출판문화원, 48면 재인용

11) 貧而無怨難 富而無驕易, 논어3권, 2003, 학민문화사, 93면

12) 토머스 페인, 박홍규 옮김, 상식인권, 2014, 필맥, 291면 참조

13) 에드먼드 버크, 이태숙 옮김, 프랑스혁명에 관한 성찰, 2012, 한길사, 248면 참조

14) 토머스 페인, 박홍규 옮김, 상식인권, 2014, 필맥, 265면

참고 자료

0. 공동번역 성서(카톨릭용), 1992, 대한성서공회
0. 교과서포럼, 대안교과서 한국근현대사, 2008, 기파랑
0. 김현수, 이야기영국사, 2007, 청아출판사
0. 논어1권, 2003, 학민문화사
0. 논어2권, 2003, 학민문화사
0. 논어3권, 2003, 학민문화사
0. 라인홀드 니버, 이한우 역, 도덕적 인간과 비도덕적 사회, 2004, 문예출판사
0. 레닌, 문성원 등 역, 국가와 혁명, 2013, 아고라
0. 마르쿠스 툴리우스 키케로, 성염 역, 법률론, 2013, 한길사
0. 맹자1권, 2009, 학민문화사
0. 몽테스키외, 하재홍 역, 법의 정신, 2012, 동서문화사
0. 박지향, 정당의 생명력, 2017, 서울대학교출판문화원
0. 버나드 맨더빌, 최윤재 역, 꿀벌의 우화, 2011, 문예출판사
0. 순자, 1991, 홍익신서
0. 시오노나나미, 김석희 역, 로마인이야기1권, 1996, 한길사
0. 시오노나나미, 김석희 역, 로마인이야기3권, 2001, 한길사
0. 신동기, 오늘 행복에 한 걸음 더 다가갑니다, 2018, M31
0. 신동기, 회사에 대한 오해와 착각을 깨는 인문학적 생각들, 2016, 티핑포인트
0. 아리스토텔레스, 이병길 등 역, 정치학, 2006, 박영사
0. 아리스토텔레스, 최명관 역, 파이돈, 2001, 을유문화사
0. 에드먼드 버크, 이태숙 옮김, 프랑스혁명에 관한 성찰, 2012, 한길사
0. 에드워드 기번, 한은미 역, 로마제국쇠망사, 2005, 북프렌즈
0. 에릭 홉스봄, 김동택 옮김, 제국의 시대, 2009, 한길사
0. 에릭 홉스봄, 정도영 등 옮김, 자본의 시대, 2002, 한길사
0. 에릭 홉스봄, 정도영 등 옮김, 혁명의 시대, 2009, 한길사
0. 왕양명, 김동휘 평역, 전습록, 2010, 신원문화사
0. 유시민,부자의 경제학 빈민의 경제학,2002,푸른나무,128면 재인용

0. 윤승준, 하룻밤에 읽는 유럽사, 2004, 랜덤하우스중앙

0. 이나미, 한국의 보수와 수구, 2011, 지성사

0. 이상옥 역저, 예기, 2003, 명문당

0. 이이, 동호문답, 2014, 아카넷

0. 이지, 김혜경 옮김, 분서1, 2004, 한길사

0. 전국역사교사모임, 살아있는 한국사 교과서2, 2002, 휴머니스트

0. 정약용, 노태준 역해, 목민심서, 2005, 홍신문화사

0. 존 로크, 강정인 등 역, 통치론, 2006, 까치

0. 토머스 모어, 나종일 역, 유토피아, 2007, 서해문집

0. 토머스 페인, 박홍규 옮김, 상식인권, 2014, 필맥

0. 토머스 S. 쿤, 김명자 역, 과학혁명의 구조, 2002, 까치

0. 플라톤, 최명관 옮김, 파이돈, 2001, 을유문화사

0. 플루타르크, 이성규 역, 플루타르크 영웅전 전집, 2003, 현대지성사

0. 헤겔, 임석진 옮김, 법철학, 2012, 한길사

0. 황견 엮음, 이장우 외 옮김, 고문진보 후집, 2004, 을유문화사

0. A.토크빌, 임효선 등 공역, 미국의 민주주의, 2005, 한길사

0. F. 후쿠야마, 이상훈 역, 역사의 종말, 1997, 한마음사

0. J.J.루소, 이환 역, 사회계약론, 2002, 서울대학교출판부

0. K. 마르크스, 김수행 역, 자본론1권, 2002, 비봉출판사

0. K.마르크스 등, 최인호 등 역, 칼 맑스 프리드리히 엥겔스 저작선집1권, 2003,박종
철출판사

0. K.마르크스 등, 최인호 등 역, 칼 맑스 프리드리히 엥겔스 저작선집2권, 2003,박종
철출판사

0. K.마르크스 등, 최인호 등 역, 칼 맑스 프리드리히 엥겔스 저작선집4권, 2003,박종
철출판사

0. K.마르크스 등, 최인호 등 역, 칼 맑스 프리드리히 엥겔스 저작선집6권, 2004,박종
철출판사

0. V.I.U.레닌, 문성원 등 역, 국가와 혁명, 2013, 아고라

0. Aristotle, The politics, 1992, Penguin classics

0. A. Smith, The wealth of nations, 2003, Bantam classics

0. Bertrand Russell, The History of Western Philosophy, 1972, A Touchstone Book

0. Edmund Burke, Reflections on the revolution in France, 2009, Oxford World's

Classics

0. Plato, Republic, 2008, Oxford world's classics
0. 네이버 지식백과
0. 동아일보 기사
0. 우리나라 헌법
0. 월간조선 기사
0. 월간중앙 기사
0. 중앙일보 기사
0. 한국경제

이 정도는 알아야 할 정치의 상식

초판 2쇄 발행 2021년 12월 6일

지은이 신동기
발행인 김시경
발행처 M31

출판등록 제2017-000079호 (2017년 12월 11일)
주소 경기도 김포시 김포한강2로 11, 109-1502
전화 070-7695-2044
팩스 070-7655-2044
전자우편 ufo2044@gmail.com

ISBN 979-11-962826-7-7 03300
이 도서의 국립중앙도서관 출판예정도서목록(CIP)은 서지정보유통지원시스템 홈페이지
(http://seoji.nl.go.kr)와 국가자료종합목록시스템(http://www.nl.go.kr/kolisnet)에서 이용하실 수 있습니다.
(CIP제어번호 : CIP2019009341)